全国艺术职业教育系列教材·高职卷

全国文化艺术职业教育教学指导委员会、中国艺术职业教育学会推荐教材

哲学与艺术人生

主　编　鲁雁飞　杜明书

副主编　余会春　李克非　马山堂　吴会丽

参　编　(以姓氏笔画为序)

王含光　刘　莎　吕鸣章　吉莉莉　张丽莉

张明泉　武晓静　高丽英　袁绍成　谭志斌

WUHAN UNIVERSITY PRESS

武汉大学出版社

图书在版编目(CIP)数据

哲学与艺术人生/鲁雁飞,杜明书主编.—武汉:武汉大学出版社,2014.2(2017.7 重印)
全国艺术职业教育系列教材·高职卷
ISBN 978-7-307-12801-9

Ⅰ.哲… Ⅱ.①鲁… ②杜… Ⅲ.①哲学—高等职业教育—教材 ②艺术理论—高等职业教育—教材 Ⅳ.①B ②J0

中国版本图书馆 CIP 数据核字(2014)第 020478 号

责任编辑:程牧原　　责任校对:鄢春梅　　版式设计:韩闻锦

出版发行:**武汉大学出版社**　(430072　武昌　珞珈山)
(电子邮件:cbs22@whu.edu.cn 网址:www.wdp.com.cn)
印刷:武汉中科兴业印务有限公司
开本:787×1092　1/16　印张:13.25　字数:298 千字　插页:2
版次:2014 年 2 月第 1 版　　2017 年 7 月第 3 次印刷
ISBN 978-7-307-12801-9　　定价:28.00 元

总　　序

在我国实施文化强国战略和职业教育事业实现跨越式发展的大背景下，艺术职业教育在办学理念、办学规模、办学效益以及教学改革、培养质量和办学条件等方面都取得了长足进步。六十年传统积淀、十余载创新发展，伴随着中等职业教育的稳定前行，高等艺术职业教育蓬勃而兴，不仅提升了我国艺术职业教育的层次和水平，更为艺术职业教育注入了巨大生机与活力。

当前，艺术职业教育机遇与挑战并存，特色与创新共进。紧跟文化产业发展步伐，适应艺术人才就业岗位需求，厘清艺术职业教育思想，更新艺术职业教育教学方法，完整科学的艺术职业教育教材体系的建立对实现我国艺术职业教育又好又快发展，无疑具有战略意义。

全国艺术职业教育系列教材建设是文化部、全国文化艺术职业教育教学指导委员会、中国艺术职业教育学会启动的艺术职业教育质量工程之一，它是为了适应新形势下我国艺术职业教育发展需要而编撰出版的系列教材。其选编思路是主动适应国家文化产业升级发展需求，对接行业、职业标准；打破学科框架束缚，以项目、任务为导向组织教材内容，突出学生能力培养，体现艺术类专业基于实践的科学合理的学习过程；注重国际视野站位与先进教学技术手段的运用，反映文化艺术行业、产业发展的新方向和新趋势；同时注重收纳具有民族精神与民间特色的非物质文化遗产内容，实现高校文化传承功能。

全国艺术职业教育系列教材涵盖音乐、舞蹈、戏剧、美术等各个艺术门类，分高职卷和中职卷，按照宜统则统，宜分则分，分类分步，梯次推进的原则，重点开展专业核心课、专业基础课、公共基础课教材的开发与建设，计划在“十二五”期间完成60种以上教材的编撰工作。本次系列教材编写联合全国18所高职艺术院校，集中全国艺术职业教育的优质资源，着力打造一批理念先进、内容科学、构架合理、特色鲜明的艺术职业教育精品教材。

全国艺术职业教育系列教材的出版，是对不断深化的艺术职业教育教学改革成果的总结。我们相信，它的广泛使用，将为实现全国优质艺术教育教学资源共享搭建平台，使艺术职业教育教学行为更系统、规范、科学，从而推进全国艺术职业教育教学的整体持续发展，为实现文化强国战略提供坚实的人才支撑与质量保障。

总编委会

2012年9月

目　　录

第一章

哲学基本描述

“哲学”一直以来都是一个既简单又复杂的话题，它从人类诞生之日起就如影相随，在人的一生中我们也总会自觉或不自觉地陷入对哲学问题的思考。什么是哲学？哲学自古就是“智慧之学”，在古希腊语中，哲学即“爱智慧”。作为开篇，本章主要从哲学的定义、哲学研究的基本问题、哲学的功能、哲学素养与人生这四个角度展开探讨，为进一步探究哲学与艺术人生作基础性的铺垫。

第一节　哲学的定义

案例精选

斯芬克斯——狮身人面像

“早晨用四只脚走路，中午用两只脚走路，晚上用三只脚走路。在一切生物中这是唯一的用不同数目的脚走路的生物。脚最多的时候，正是速度和力量最小的时候。”这就是有名的“斯芬克斯之谜”。

传说古希腊底比斯城的人得罪了天神。天神震怒，在底比斯城的土地上降下一个名叫斯芬克斯的女怪。她背上长着翅膀，上半身是美女，下半身却是狮身。她向底比斯城的过路人提出了上述谜语，对这个令人费解的谜语，过路人中没有一个猜中的，于是全被斯芬克斯吃掉了。底比斯城的人民陷入一片恐慌，因为随时都有被女妖吃掉的可能。于是他们起誓：谁破解了这个谜语，谁就将成为底比斯城的国王。

正在这个时候，科任托斯国王波吕玻斯的养子俄狄浦斯来到了底比斯城。当地人告诉他，斯芬克斯是一个异常残忍、吃人不眨眼的妖魔。但是聪明的俄狄浦斯想出了答案，他在会见女妖时说：“这是人呀！在生命的早晨，人是软弱的孩子，他用两脚两手爬行；在生命的中午，他成为壮年，用两脚走路；但到了老年，临到生命的迟暮，他需要扶持，因此拄着拐杖作为第三只脚。”斯芬克斯发现她的谜语被猜中，便跳下山崖摔死了，于是俄狄浦斯被底比斯人拥立为国王。

俄狄浦斯为什么能猜中斯芬克斯的谜语呢？最关键的原因当然是俄狄浦斯聪明，具有超人的智慧。那么，这是一种怎样的聪明与智慧呢？这是一种包罗万象的聪明与智慧，就是对世界上的万事万物，从其发展的历史过程去了解。俄狄浦斯之所以能够猜中斯芬克斯之谜，就是因为他不是孤立静止地看问题，而是用发展的眼光看问题：他从人的幼年、中年和老年三个不同的发展阶段来看问题，便猜中了斯芬克斯的难解之谜。俄狄浦斯这种自觉运用发展变化的观点来认识世界的世界观和方法论就是哲学的核心内容之一。

（出自：http：//www.doc88.com/p-393245827974.html，2013-04-26）

思考与讨论

联系生活实际，谈谈如何理解哲学是一门智慧之学。

要点提示

提示一：哲学是什么、有什么特性，如何理解哲学与艺术的关系，这是我们首要面临的问题。

提示二：哲学是一门追求智慧的学问，它具有阶级性、抽象性、独立性的特点，与艺术创作相辅相成、相互促进。

一、哲学的含义

什么是哲学？这是一个历久弥新的话题。

“哲学”一词在中国的汉语史里是找不到的，但是在中国文化中，“哲”字与“学”字历史悠久，含义丰富。《说文解字》中有“哲，知也”；《尔雅》中有“哲，智也”；《广雅》中有“学，识也”；《尚书大传》中有“学，效也”。哲学对中国文化来说，是一个外来词。19世纪末，日本思想家西周首先用汉语“哲学”翻译了西方的哲学（Philosophy）一词，随后晚清政治家黄遵宪、康有为等把西周的这一译称引入我国，逐渐在我国学术界通行起来。现在所讲的中国哲学，就是我国的先秦诸子百家、魏晋玄学、宋明理学等，它是参照西方哲学的体系建构起来的。

作为一门古老的学科，哲学在人类早期是学科的总汇，包罗万象，集天文、数学、历史、医学、美术、音乐、舞蹈等各学科门类于一体。然而，随着社会生产力的发展和人类认识水平的提高，社会分工的不断细化，许多学科从哲学中分离出来，哲学似乎正逐渐失去其存在的必要性。爱因斯坦说：“如果把哲学理解为在最普遍和最广泛的形式中对知识的追求，那么，哲学显然就可以被认为是全部科学之母。”马克思认为哲学和具体科学的关系是共性和个性的辩证关系。首先，它们的研究对象不同。哲学把整个世界作为研究的对象，研究世界的共同本质和普遍规律；具体科学是把世界的某一领域、某一范围、某一方面作为研究对象，研究具体事物的特殊规律。其次，具体科学是哲学的基础，是哲学研究世界共同本质的前提。哲学指导具体科学的发展，为具体科学的研究提供了世界观和方法论。因此，既不能用哲学代替具体科学，也不能否认具体科学对哲学的基础作用，二者应在共同发展中相互促进，在相互促进中推动人类社会的和谐与可持续发展。

如何理解哲学的抽象与深奥呢？德国哲学家黑格尔对哲学有过许多形象生动而又耐人寻味的比喻。一是“庙里的神”。黑格尔把哲学比喻为庙里的神，庙里的神源远流长，多种多样，个性鲜明，宗派林立，体系健全，职责分明；庙里的神高高在上，熠熠生辉，普照大地；庙里的神需要人们去顶礼膜拜，执着追求；庙里的神成为人们公认的真理代言人，能未卜先知。一座庙因为神而成其为“庙”，如果失去它，这座庙就会失去存在的意义与价值，它是人类的文化殿堂和精神家园。二是“厮杀的战场”。哲学的发展史就像是一个竞技舞台，精彩纷呈。各哲学家轮番上阵，各显神通，都认为自己的观点解决了古往今来所有的哲学疑难杂症，代表了人类最高的智慧。每一次呐喊、宣言，都能召来无休止的唇枪舌剑，哲学发展史上可谓论战不休，好戏连台。三是“密涅瓦的猫头鹰”。密涅瓦是指爱和美的女神维纳斯。人们常常把猫头鹰比作黑暗死神降临前的征兆，沉静、明白而清醒。哲学确实就如黑暗中的沉思，教人以冷静、理性的眼光看待繁华喧嚣背后的真相，在黑暗寂静中反思、反省事物的本质。哲学的特征就是自甘寂寞、自我追问、自我批判。只有不盲从，真理才会显现。

人们对于哲学通常的解释是：哲学是理论化、系统化的世界观，哲学是对自然知识、社会知识、思维知识的概括和总结，是世界观和方法论的统一。哲学是抽象难懂的、捉摸不定的，同时又是高深的、思辨的，人们把它看作是智慧的代名词。哲学的本义就是爱智慧：“爱”在古希腊语中的本义是和谐统一、共同存在；“智慧”一词是指世界万物共存于一个统一体，即一种整体性的存在，你中有我、我中有你的和谐共在。爱智慧就是人与万物的合为一体、相互交融的一种境界，这就是哲学的本义。

二、哲学的特性

哲学作为一门独特的学科，有着区别于其他学科的特点，即阶级性、抽象性、独立性。

1. 阶级性

经济基础决定哲学这一上层建筑，在经济上占统治地位的阶级，让哲学披上了阶级的外衣。在阶级社会里，哲学的阶级性通过复杂曲折的形式表现出来。人们所处的不同的社会历史地位，制约着人们对世界的根本看法，哲学的根本属性依附于它所从属的阶级利益，这就是哲学的阶级性。

哲学上的对立和斗争根本上是阶级利益的争夺和斗争，没有阶级性的哲学是不存在的，无视哲学的阶级性，就会使哲学迷失方向。哲学家们的阶级立场和政治态度，总是会通过对某些基本哲学问题的不同回答逐渐展现在人们面前，超越一切阶级利益的哲学观、处于中立地位的哲学观都是不存在的。马克思主义哲学是代表全世界无产阶级利益，服务于无产阶级斗争需要的科学世界观和方法论，它毫不掩饰地宣称：它代表最广大劳动人民群众的利益，以全人类的解放为目标，是无产阶级的斗争利器。

2. 抽象性

哲学是认识论、方法论，是对具体科学的概括和总结。现象是感性的、具体的、丰富的，理性是本质的、内在的、深刻的。事物的存在和发展都必须遵循其内在的、核心的、抽象的规律。哲学以其高度的抽象性和概括性，揭示了事物发展的科学规律，这就是哲学之所以成为“万学之学”的根本原因。

相对于其他具体科学而言，哲学是抽象的。抽象是指从具体事物中抽取、提炼、概括出来的，具有一般性、共性和普遍意义的东西，从而得出一个超越个性的认识或结论。比如“水果”是从苹果、西瓜、桃子等鲜明具体的可感事物中概括出来的。抽象的意义在于使人们透过个别的、丰富的表面现象，深入地把握某一类事物的普遍特征和共同本质。而哲学的深奥，就在于它能用简单的、一针见血的话语揭示出隐含在纷繁复杂表象下的深刻道理，让人们看到事物的本质和真相，这就是哲学的高度概括性。面对浩如烟海的大千世界，透过光怪陆离的感性世界，哲学去粗取精，去伪存真，提炼出事物最普遍的本质，把隐藏在现实生活中的每一部分化为物质与意识之间的关系。正是基于这种抽象的同一，使我们感觉到一切存在的存在。

3. 独立性

哲学是理论化、系统化的世界观。作为社会意识形态，哲学产生于一定的经济基础，与政治、法律、艺术、道德等构成上层建筑；同时哲学又是对其他学科的概括与总结，哲学距经济基础较远，属于“更高地悬浮于空中的意识形态的领域”①。因此，它具有一定的独立性，由于受经济基础的制约有限，它们之间的相互作用具有一定的滞后性和不同步性，需要经过一系列的中介反映才能达到彼此影响的效果。常常是经济基础发生了很大变化，政治体制也跟着发生了重大变革，但哲学却暂时保持着原态，甚至是一成不变。反之，哲学思想上发生的变革高潮，往往成为经济和政治的后期变革的指引。当然，哲学的发展也具有自身的历史性，哲学的发展史就是多种人类文化成果相互交融、不断演绎的历史，任何哲学总是要继承前人的思想观点，去注解演绎新的哲学发展史。因此，哲学是时代精神的精华，它是对所有社会历史的反思和升华，有其内在独特的逻辑结构。

三、艺术与哲学的关系

哲学在人类艺术史的发展历程中占据着重要的地位，艺术与哲学相辅相成、相互促进，共同推动了人类文明的繁荣与发展。

所谓艺术，是人类以情感和想象为特征，认识和反映世界的一种社会意识形态，是对客观世界形象性、主体性、审美性的反映，包括文学、戏剧、电影、音乐、舞蹈、绘画、雕塑等多种形式。其特点是用典型形象来表现社会生活中最基本的东西，而不是对某些个别事物的简单再现。艺术的本质是反映现实而又高于现实。唯其如此，艺术才能起到感染人、熏陶人、教育人、鼓舞人、启迪人的作用。而哲学是对世界、社会、人生普遍性规律的思考，它是系统化、理性化的世界观。它既是一种科学理念，又是一种社会意识形态；它以逻辑论证为特征，比其他社会意识形态更具概括性，更完整地表达了人们对客观物质世界及其本质的认识；它与经济基础、社会存在的关系，需要通过一系列中间环节才能体现；它从最普遍原则的高度指导人们的社会生活实践与思想活动。哲学不仅是认识论，更是方法论，它使人达到思维的自觉、自省，把握思维运动的客观规

---

① 《马克思恩格斯选集》第4卷，人民出版社1995年版，第703页。

律与内在逻辑，从而实现理论自觉。艺术哲学作为哲学的特殊形态，就是用哲学的方法去发现美的规律，塑造美的形象，完善人类的美育。

在一般人看来，艺术和哲学是两回事。艺术是感性的，哲学是理性的。而黑格尔把艺术与哲学的结合称作美学，把艺术提升到哲学的高度来研究。他认为艺术与哲学相互联系，“艺术是哲学思考世界的重要途径”①，“艺术因哲学而更伟大”②。中国传统美学中“画以立意”“乐以象德”“文以载道”“诗以言志”等美学思想，深刻反映了艺术与哲学的密切关系。可见只有把二者很好地结合起来，才能达到“美”的至高境界。

由此可见，哲学与艺术在一定程度上是相辅相成的。艺术的表现形式丰富多样，而哲学的表现形式则相当抽象晦涩。艺术用形象来说话，哲学用命题来说话。但哲学家认为不但艺术中蕴含哲学，而且当代哲学只有借助艺术才能臻于完美。当然，艺术家也并不排斥哲学，许多艺术家以自己的作品有哲学意蕴而骄傲。艺术通过丰富多彩、形式多样的形而下的形态探索形而上的哲学意蕴，艺术的哲学意义是艺术家进行创造的永恒的潜在动力。艺术的高度是用哲学来衡量的，如戏剧《哈姆雷特》《赵氏孤儿》《窦娥冤》，音乐《命运交响曲》《二泉映月》《田园交响曲》，雕塑《思想者》《拉奥孔》，绘画《肯特海滩》《自由引导人民》等作品，它们所蕴含的哲学人生观是惊世骇俗的。艺术作品是艺术家的思想化身、心灵寄托，它们直接或间接地反映着创作者的世界观、人生观和价值观。创作中的构思及思维角度成为评判、决定艺术作品社会价值的重要标尺，艺术作品中蕴含的哲学思想则直接体现了作品的品位。同时，艺术也成为哲学家观察社会、改造世界的重要途径。现代主义文学、后现代主义文学的崛起，与西方后现代主义哲学的盛行密切相关，艺术家们在哲学思潮的引领下对人生、世界进行了更深刻的思考，对社会、人性进行了创造性的表现。德国著名哲学家尼采既是音乐家，又是西方现代哲学的开创者，他认为艺术就是哲学。艺术同哲学的区别，比之于它同其他科学的区别，显然要小得多。这个区别不在于哲学是抽象思维而艺术是形象思维，而在于哲学必须借助于语言的中介而艺术则不是。哲学的陈述不外乎一系列语言符号的变换过程。语言不明确就意味着推理形式松散，通过语言的中介，哲学力求使情感概念化、明确化。于是情感在哲学中变成了思想，感性动力在哲学中凝固为理性结构。德国存在主义哲学家雅斯贝尔斯认为哲学每每达到其极限时，总是求助于艺术，艺术比哲学更优越。

哲学与艺术相互影响。哲学意识决定了艺术的发展方向和审美趣味，而艺术形式反过来又影响着哲学的深入发展。19 世纪初，我国在艺术与哲学领域均有深造者，应该以国学大师王国维为最上。王国维从西方哲学家叔本华、尼采那里汲取了一些美学观念，并将其与中国传统美学思想结合起来，从而开中国近代美学之先河。王国维在《人间词话》中说：“古今之成大事业、大学问者，必经过三种之境界：‘昨夜西风凋碧

① ［德］黑格尔：《美学》第一卷，商务印书馆 1997 年版，第 133 页。
② ［德］黑格尔：《美学》第一卷，商务印书馆 1997 年版，第 130 页。

树，独上高楼，望尽天涯路。’此第一境也。‘衣带渐宽终不悔，为伊消得人憔悴。’此第二境也。‘众里寻他千百度，蓦然回首，那人却在，灯火阑珊处。’此第三境也。”这三句词本来都是词中佳句，却被王国维用以表现“悬思—苦索—顿悟”的治学三重境界。他巧妙地把词中蕴含的哲理意趣与治学理论结合，赋予这三句词深刻的哲学内涵。古希腊哲学家亚里士多德说，写诗这种活动比写历史更富于哲学意味，因为诗歌能更好地反映出事物的本质。德国作家施莱格尔认为，诗的应有任务，似乎是再现永恒的、永远重大的普遍美的事物。法国著名现代派诗人波德莱尔倡导运用各种艺术可能提供的方法，来表现亲切感、精神性、色彩、对无限的追求。英国著名诗人雪莱指出，一首诗是生命的真正的形象，用永恒的真理表现了出来。法国著名小说家福楼拜说：“我总是强迫自己深入到事物的灵魂，停止在最广泛的普遍性上。”德国作曲家瓦格纳感慨道：“音乐所表现的东西是永恒的、无限的和理想的。”从《荷马史诗》《楚辞》到《红楼梦》《等待戈多》，再到当代艺术的众多杰作，始终贯穿着这种人类独有的哲学思考。总之，哲学和艺术是相辅相成的关系。时代的变化和历史的进步引起了哲学的变化，而哲学的变化使艺术变得更加深刻，更富含美学价值，令人终生难忘。

第二节　哲学研究的问题

案例精选

材料一：

泰勒斯（约公元前624—前547年），古希腊米利都学派的创始人，西方哲学史上第一位哲学家，出身于米利都的名门望族。据说他最早研究天文学，曾预言过公元前585年5月25日的一次日食。他第一次用非神话的形式提出了万物的本原或原始要素是什么这一哲学问题，并用有形的、具体的东西——“水”作为这个问题的答案。泰勒斯说：“你们知道什么是世界的本原吗？我可以明确地告诉你们是水！”泰勒斯的基本观点是：水有着滋养万物的作用；大地及其以上的万物由水生成之后，水仍然作用于万物；水推动万物的力量叫作“湿气”，它存在于我们周围，无处不在，水的晃动甚至可以引起地震！

泰勒斯

（出自：http：//zhidao. baidu. com/question/49379960. html，2013-04-26）

材料二：

20 世纪中叶爆发的第二次世界大战的根源在哪里？对此，有一位外国学者认为：希特勒在《我的奋斗》一书中宣扬了极端的民族沙文主义和民族复仇主义，这才导致了这场战争；如果世界上主要国家的开明政治家在阅读了该书后，能采取一些预防措施，这场战争本来是可以避免的。显然，这位学者所坚持的就是一种典型的唯心史观，他夸大了希特勒个人的作用，夸大了政治家对历史发展的作用，看不到这场战争实际上是帝国主义各种矛盾发展的必然结果，看不到希特勒的思想实际上适应了当时德国垄断资产阶级对外扩张的利益需求，看不到其中深刻的经济根源。

（出自：http：//www. doc88. com/p-808573005335. html，2013-04-26）

思考与讨论

哲学归根到底研究的是什么问题?

要点提示

哲学研究是对人与自然、人与社会、人与自我的关系进行深刻反思的过程。

哲学研究不是自我封闭的冥思苦想，它以整个人类大千世界为背景展开关于哲学问题的研究与探索。哲学研究的问题通常围绕以下三个问题展开：人与自然之间的问题、人与人之间的问题、人与自身之间的问题。即天人关系、人际关系、知行关系。

一、人与自然的关系

人与自然的关系问题，是哲学研究的首要问题。哲学研究的问题是围绕人类社会的产生发展逐步展开的。当人类刚刚从蒙昧、混沌的大自然中挣脱出来，首先就会追问：我们从哪里来？我们与这个陌生的、迷茫的大自然到底是什么关系？先有人类，还是先有自然？大自然这个客观世界是真实的物质存在，还是上帝或精神的产物？它们的存在方式是什么？运动还是静止，变化还是不变？事物的存在有何属性，事物是如何发展变化的，变化有无规律可循？事物发展的动力是什么？等等。人类面对自然界，又是如何认识客观事物的，认识的本质是什么，认识有无规则可循，什么样的认识才是正确的，真理与谬误之间的界限是什么，这些都成为了哲学研究深入探讨的问题。

二、人与社会的关系

人与社会的关系问题，是哲学研究的本质问题。人是从自然界衍生进化出来的高等动物，而且群居一直就是人类的生存模式。这个世界上不存在离群索居、与世隔绝的人。人的本质，在其现实性上是一切社会关系的总和。人的存在是需要他人的存在来确认的，没有天马行空的独行侠，没有游离于人类文明之外的单个的人。人类社会存在发展的内在机制是什么？社会发展的动力机制是什么？人类社会是一个自然历史过程，还是一个受上帝意识支配的过程？人类社会发展的方向和前途是什么？社会内在结构是如何建立起来的，有何丰富的内涵？个别英雄人物能否主导历史发展的前进方向？人类社会的走向如何？这些问题都包含在人与社会之间的关系的范围内，是哲学探讨的主要问题。

三、人与自我的关系

人与自我的关系问题，是哲学家研究哲学问题的最终归宿。哲学源于人类对世界的惊讶和疑惑，而哲学最早的目标就是解惑，实现人类自身的最终发展。人们对世界万物的认知到底能达到一个什么样的水平？理论和实践的屏障表现在哪些方面？知识和行动的内涵是什么？人类的道德如何实现自律？道德的标准如何来确认？人的身心如何达到和谐？人如何实现修身、齐家、治国、平天下的理想？这些都是哲学关注的主要问题。每个时代的哲学家都结合当时的社会生产条件与时代要求，站在不同的历史角度和历史地位，对哲学所关注的问题给予了创造性的回答，从而构成了哲学史波澜壮阔的思想历程。

四、哲学的基本问题

马克思之前的哲学家们对浩如烟海的哲学问题进行了多方位、深层次的探索，但是他们却一直未明确指出什么是哲学的基本问题。其中，黑格尔、费尔巴哈等都提出过，思维和存在的对立与斗争，是哲学首要解决的问题。它构成了所有哲学问题的全部意义，哲学史就是对这个问题的详细阐释。但是，他们自身的局限性决定了他们不能对哲学的基本问题作出科学的表述。

马克思主义哲学认为哲学的基本问题包含两个方面：第一，世界的本原是什么。是物质决定精神，还是精神决定物质；物质和精神到底哪个是第一性的、哪个是第二性的，哪个是本原、哪个是派生的。第二，我们的思维能否正确认识存在。客观世界到底是不是可以被认识把握；精神和物质有无同一性，精神能否认识物质。我们把第一个问题简称为“是什么”的问题，把第二个问题简称为“能否认识”的问题。对“是什么”的问题的不同回答，划分出唯物主义和唯心主义两大派别；对“能否认识”的问题的不同回答，划分出可知论和不可知论。哲学基本问题的这两个方面是互相联系、互相制约、不可分割的，共同构成了所有哲学问题的基础。

物质和精神的关系问题，是所有哲学必须首先回答的问题。人类社会诞生以来，世界上的事物千差万别、纷繁复杂，哲学家对人类文明的分析研究，归结起来就是物质和精神这两大类。因此，物质和精神的关系问题就成为联结一切哲学理论的最基本的哲学命题。分门别类的具体科学，如天文、地理、化学、生物等，可能很少直接探讨它，因为具体科学所研究的领域只是大自然的某一方面。但对哲学来说，这个问题是高度抽象的深刻问题，是具有绝对普遍性的问题，它构成了哲学研究的主题。哲学所研究的整个世界的普遍本质决定了它必须对这一问题作出解答，否则哲学就失去了自己的使命和职能。

物质和精神的关系问题，是解决哲学的其他问题的前提和基础，决定着哲学派别的性质和方向。哲学研究的一切问题，如运动的载体是什么、时空是物质的存在形式还是意识的形式、内容和形式的关系、认识的源泉和动力、认识的规律等，这些问题的解决，首先取决于如何回答物质和精神的关系问题。如果持唯物主义立场，那结论就肯定运动是物质的运动，是物质的根本属性，时间和空间是物质的存在形式。这就坚持了从物质到感觉和思维的唯物主义哲学路线。反之，如果持唯心主义立场，那就认为运动是精神的运动，时间和空间只不过是人们主观意念的产物，这就遵循了从感觉和思维到物质的唯心主义哲学路线。对这个问题的不同回答，形成了不同的哲学理论。

物质和精神的关系问题，是人类社会生活中的基本问题，也即主观和客观的关系问题。人类每天所面对的，一个是外在的自然界，一个是人类主体自身。人与自然界不停地进行着物质与精神信息的沟通与融合；人们不断地认识客观世界，通过认识世界来更好地改善世界，人与自然的互动永不停息。主观与客观的矛盾，会不可避免地、经常性地困扰着我们，影响着我们的论断。我们社会实践的效果，取决于能否正确地处理好主客观之间的矛盾，这是我们社会发展、事业成败的关键。哲学的基本问题是哲学所有问题的核心和基础，决定着哲学的性质和哲学发展的方向，并最终影响着我们科学认识世界和有效改造世界的方法。

第三节　哲学的功能

案例精选

材料一：

有个学生曾经问美国著名的哲学家罗尔斯为什么要研究哲学，哲学有无作用。罗尔斯的回答是这样的："每个文明都应该有人去思考这些问题。而且这种研究本身就有价值，一个没有人认真去思考形而上学、知识论、道德与政治哲学的社会，其实是一个残缺不全的社会。构成文明社会的部分条件，正在于意识到上述问题及其可能的答案。这些答案会影响我们如何看待自己在世界中的位置，而哲学如果研究得好，需要提出合理的答案，让一般愿意去沉思的人知道这些答案，并成为文化的一部分。艺术和音乐也是这样，如果你是好的作曲家或画家，你的工作也会深化我们的理解。"

（出自：李忠谦《图解哲学》，天津教育出版社2007年版，第14页。）

材料二：

一个多世纪前，张之洞为清朝廷拟定大学章程，视哲学为无用之学科，在大学课程中予以削除；青年王国维即撰文指出："以功用论哲学，则哲学之价值失。哲学之所以有价值者，正以其超出乎利用之范围故也。且夫人类岂徒为利用而生活者哉，人于生活之欲外，有知识焉，有感情焉。感情之最高之满足，必求之文学、美术。知识之最高之满足，必求诸哲学。"作为对世界和人类根本问题的思考，哲学代表了一个民族在精神上所站立的高度，决定了它能否作为一个优秀民族在世界上发挥作用。

（出自：http：//vip. book. sina. com. cn/book/chapter_ 48131_ 179138. html，2013-04-26）

思考与讨论

结合现实生活，谈谈哲学的功能。

要点提示

哲学有助于提升我们的认识水平，提升人生境界，改变世界，促进人的全面发展。

人们常常会问：学哲学到底有什么用？这个问题看似简单，但又不可能三言两语把它说清楚。在通常情况下，人们不是把哲学看得太复杂，就是把哲学看得太简单，这在一定程度上夸大或贬低了哲学的功能。美国著名哲学家威尔·杜兰特说："科学给予我们知识，哲学给予我们智慧。"哲学是一门智慧之学，它有助于我们重新审视世界，推动社会进步。

一、提高认识水平

哲学是以"究天人之际，通古今之变"为目标的智慧之学，它是人们探求客观世界的必然产物，是揭示自然、社会和思维的一般规律的科学。它一旦形成，便以对世界规律的揭示和自身的逻辑为标尺，为人们提供认识事物的方法论，为人们认识事物提供逻辑思维和方法支撑，深化人的认识水平，指导人们认识、改造客观世界，并预测事物发展的方向。人们不管采取什么样的态度、方法，始终受着各种各样的哲学思想的教化和支配。这些哲学思想影响着人的思辨能力和认识水平，并发挥着潜移默化的作用。一个人受到的哲学教育与他的认识水平一般来说是成正比的。

人们对事物的理性把握，必须借助于哲学思维。现象和本质是有差异的，理解事物内在的本质和规律，不是通过人的感性体验直接感知的，需要借助于哲学概念、判断、推理的抽象思维。"一个民族想要站在科学的最高峰，就一刻也不能没有理论思维。"①

---

① 《马克思恩格斯全集》第20卷，人民出版社1971年版，第384页。

哲学是人类最富深度的普遍的理论思维方法，哲学的概念和逻辑为人们总结经验教训，超越感性认识，上升到理性认识，揭示事物的本质规律，提供了指引和导向。哲学不但揭示世界真相，还总是在预见未来，总是在发生变革的时代起着引路的作用。哲学通过对一些普遍性问题的探讨，启发人们思索、探求、实践，引领人们奔向人类文明的高地。哲学以它特有的时代感、宽广的情怀和思辨的理论走在时代的前列。思想有多远，我们就能走多远。哲学的功能是要对整个世界作出启示，通过向人们提供新的观念、新的思维和新时代的精神诉求，实现一切变革。

哲学不仅为人们提供了认识功能，更重要的是为人们提供了批判功能。认识是有局限性的，而批判是永恒的，批判是哲学永葆生机活力的重要手段。哲学帮助人们掌握认识客观世界的基本规律，指导人们进行实践改造、自我扬弃，带领人们冲破种种迷雾，转变思想观念，改变思维定势，抛弃错误的僵化观念，从而使人类的思想观念、思维能力甚至包括哲学本身得到不断的发展和解放。哲学的真正功能在于它对现存事物的批判，没有批判功能的哲学是僵死的教条主义和本本主义。哲学批判是事物合理性的通行证，是改造世界的一种必然形式，事物只有在批判的基础上才能实现深入发展与自我完善。哲学批判是认识事物自身的有效途径，它能够使理论实现对其自身的不断否定和超越，从而最大限度地提升人的认识水平和思维能力。

二、提升人生境界

哲学是提升人生境界的关键，浩如烟海的哲学思想为人们提升精神境界提供了弥足珍贵的源头活水。人生境界对一个人的成长与发展至关重要，它决定着人的发展方向和前途命运，只有不断提升自己的精神境界，完善自己的哲学修养，才能成就自己的事业。一个人拥有高尚的人生境界、健全的人格，才能真正成为对社会、国家、民族有用的人。人生与哲学休戚相关，没有哲学的人生是迷茫的人生。哲学是人生的良师益友，是黑暗与邪恶的敌人，生命中有了哲学，人生才显现彩虹。

哲学作为一种社会自觉意识，始终关注着人类的生存问题，而且一直试图把影响人类生存发展的根本性问题提炼出来，并加以升华。随着政治、经济、文化等领域全球化的步伐加快和社会转型发展，人们总会遇到许多冲突与困惑，人们的思想发生了深刻的变化。当下社会物欲横流，金钱、权力崇拜甚嚣尘上，人们对利益的追逐达到痴狂的程度。商品经济对人生价值和人的精神境界产生了巨大的冲击，人生意义迷失于物质堆积起来的花花世界，思想道德世界变得虚无飘渺起来，人的精神世界杂草丛生、一片荒芜，为人类发展埋下了重重隐患。哲学为我们提供了人生智慧，它面对人们所遇到的各种冲突，能赋予人生以新的理解方式和新的价值标准。因此，提升人生境界，必须提高哲学修养。哲学是构筑人类精神家园的基础和核心，哲学的灵光能够照亮人的心灵，驱散思想的阴霾，抚慰心理的伤痕，指引人穿越现实的迷雾，求真、向善、致美，在文明之路上畅行无阻。

真正的哲学是时代精神的内核，它总是适应时代的要求并且努力成为时代精神的化身。法国作家雨果说，人有了物质才能生存，有了理想才能生活。哲学能使人摆脱愚昧无知，变得深刻睿智。哲学能滋养人的心灵，使人生焕发异彩。人一旦善于哲思，就会超越个体而富于包容，超越浮华而展现真实。“修身、齐家、治国、平天下”的抱负，“为天下立心，为生民立命，为往圣继绝学，为万世开太平”的宏愿，“天下兴亡，匹夫有责”的胸襟，“富贵不能淫，贫贱不能移，威武不能屈”的正气，“穷则独善其身，达则兼济天下”的秉性，无不展现了哲学思想带给人的精神力量。积极进取，勇于担当，悲天悯人，追求自由，实现人类、自然、社会的完美结合，这种精神境界，要求人们胸怀天下、宁静致远、超凡脱俗、寓情于理，达到“民胞物与”的至高境界。

三、改造客观世界

哲学的魅力不仅在于引导我们科学地解释客观世界，更在于它告诉我们如何改造客观世界。通过反思、批判，哲学归根结底是面向社会现实的。哲学来源于社会实践，实践为哲学理论的产生与丰富创造了前提和基础，哲学最终的目的是服务于实践，发挥改造客观世界的功能。单纯满足于用哲学解释世界，会使哲学丧失生命力，与实践紧密结合起来改造客观世界，是哲学的活力所在。历史上往往有不少哲学家忽视哲学的实践改造功能，把哲学营造成一个孤芳自赏、高深莫测的自我世界，自我陶醉，自我解读，使哲学流于理论的抽象思辨，制约了哲学的可持续发展。哲学立足于改造世界，可以让哲学家积极地面对现实生活，开拓理论发展的空间。随着全球性问题的不断显现，政治多极化趋势的不断加强，各种矛盾、问题日益复杂，我们面临前所未有的挑战，让哲学从哲学家的书斋和书本里解放出来，变成广大人民群众改造客观世界、实现社会和谐的法宝，这在当前具有重要的现实意义。历史昭示，人类文明的辉煌成果无不孕育于实践哲学，因此哲学必须承担历史赋予的光荣使命，自觉改造客观世界。

学哲学的目的是用哲学，哲学同样离不开社会实践的检验，否则就是僵死的教条和陈旧的本本。要用马克思主义的“望远镜”和“显微镜”来看待国内外社会生活中出现的新问题，并将其提升到普遍原则的高度，去探讨哲学、发展哲学。“批判的武器当然不能代替武器的批判，物质力量只能用物质力量来摧毁，但是理论一经掌握群众，也会变成物质力量。理论只要说服人，就能掌握群众；而理论只要彻底，就能说服人。所谓彻底，就是抓住事物的根本。但是，人的根本就是人本身。”① 仅仅纸上谈兵只能画饼充饥，于哲学，于生活，都毫无益处。哲学要发展，要创新，要有来自实践又能指导实践的理论成果，就要研究社会、深入现实。生活实践为哲学提供了丰厚的土壤，哲学

---

① 《马克思恩格斯选集》第1卷，人民出版社1995年版，第9页。

只有在改造客观世界的实践中才能实现飞跃。

四、促进全面发展

实现人的全面发展既是整个人类社会发展的必然趋势，也是人类的共同诉求。哲学的本质是育人，是提高人的综合素质，促进人的全面发展。哲学的最终目的是解放人，培养全面发展的人。哲学就是人学，它是以人为根本对象不断展开的。人的发展是哲学探究的最高目标和归宿。人的发展不仅在于知识的增长，还在于人的德行和修养的提升。欧洲文艺复兴运动和启蒙运动，借用人文主义哲学思想和科学理性之光普照人类，打破封建专制制度束缚人类自由理想的枷锁，开展为实现人类自由平等和个性解放而奋斗的狂飙运动，提倡人的完整性和丰富性。知识经济时代，在世界复杂化、经济全球化、政治多极化、文化多元化背景下，人的社会化程度日益加深，片面的人、单向度的人的生存空间已逐渐萎缩，这就要求我们日益完善人的培养。

哲学教育是人文教育的灵魂，是树立正确世界观、人生观、价值观的精神支柱。大学是陶冶精神的家园。培养德艺双馨、全面发展的人是艺术高职教育的根本趋向和价值追求。

第四节　哲学素养与人生

案例精选

邓亚萍，1973 年生于河南郑州，5 岁学打乒乓球，1988 年进入国家队。曾获 4 枚奥运会金牌，14 次获得世界冠军头衔，连续 8 年女子乒乓球世界排名第一，是世界上唯一一位蝉联奥运会乒乓球单打金牌的运动员。1997 年退役，先后到清华大学、英国诺丁汉大学和剑桥大学学习。现任国际奥委会运动员委员会委员、中国奥委会执行委员等职。

邓亚萍在清华大学学习哲学时，结合自己打乒乓球的经历，写了一篇《运动员学哲学》的文章。她在这篇文章中说："作为一名乒乓球运动员，我感到在中国乒乓球队，时常闪烁着唯物辩证法的光芒，遗憾的是当时我对哲学理论的知识知之甚少，更没有自觉地、有意识地用哲学理论来指导实践，也没有把实践上升到哲学原理的高度来认识。所庆幸的是，在我即将结束在清华大学学习之前弥补了马克思主义哲学原理这一课，这对我来说意义是极其深远的。""回顾中国乒乓球队称雄世界乒坛 40 多年长盛不衰的历史，我觉得其中重要原因是，我们在平时的训练中，在重大的国际赛事中，能自觉或不自觉地用唯物辩证法作为指导，从而取得了辉煌的战绩。"

思考与讨论

结合一个人的成长历程，谈谈哲学在其发展过程中的地位。

要点提示

哲学是自我求证、自我完满与自我超越之学。

哲学修养是衡量生命质量的标尺。生命质量展现一个人的哲学修养。哲学修养制约、影响着生命质量。哲学作为一种人的本质性活动，它是人的存在在本质上的再现。一个人从青年开始，总会有一些自己的哲学思想，有自己的世界观、人生观与价值观。在人们追求理想信念的过程中，正是哲学思想对人们的熏陶和培养，使人们能不断地认识社会、认识自我，发掘自己的人生价值，逐渐成长、成熟起来，确证自身的存在。由此可见，哲学改变人生，塑造人生，丰富人生，完善人生，是人生须臾不能离的精神食粮。

一、哲学：自我求证之学

"人是什么"一直是一个难解的"斯芬克斯之谜"。"人是环境的产物"，"人是上帝的工具"，"人是社会关系的总和"……各种答案层出不穷，而问题似乎远远没有解决。社会生活的复杂性，促使人类不停反思自身。尤其在当今社会，人被复杂的社会现象与对其的片面解读所掩盖，难免陷入彷徨、沉迷甚至癫狂的境地。只有通过哲学的追思，通过无休无止的反思和批判，人才能保持自身的清醒与理性，人的生活境况才能不断得到改善，人的生命才能保持活力，生活才有价值。

哲学探究世界整体性的普遍原理，其他学科探究某一领域内的特殊原理。尽管哲学不能为我们直接创造感性的物品，但它是人类的灵魂，人类的精神食粮，能把人从蒙昧无知中解放出来，让人摆脱花花世界的世俗的束缚，保持清醒澄明的头脑。没有哲学的普世之光，人类将寸步难行，长期停滞在混沌世界之中。浩如烟海的世界哲学史，昭示着我们人类走过的曲折的历史轨迹，人类的每一个脚印，通过哲学的中介，变得异常清晰且让人铭记，人类因哲学而正名，哲学因人类而丰富。

二、哲学：自我完满之学

法国著名思想家帕斯卡尔说："人只不过是一根苇草，是自然界最脆弱的东西；但他是一根能思想的苇草。用不着整个宇宙都拿起武器来才能毁灭他；一口气、一滴水就足以致他死命了。然而，纵使宇宙毁灭了他，人却仍然要比致他于死命的东西高贵得多；因为他知道自己要死亡，以及宇宙对他所具有的优势，而宇宙对此却是一无所知。

因而，我们全部的尊严就在于思想。”① 人的生命是高贵的，高贵之处在于思想。思想是人之所以为人，以及人超出万物的主要标志；思想使人在自然界中有着绝对的优势；思想可以超越自然，超越物质，可以由有限转化为无限，这是人被称为“宇宙的精华，万物的灵长”的根本原因。

拥有哲学和追求智慧，是人与动物、文明与野蛮、进步与落后的本质区别。哲学指导人生行为养成，引导社会风尚潮流。没有哲学的生存就像盲人摸象，以偏概全；就像在黑暗中前行一样，裹足不前。哲学能够给人类带来福音，促进科技发展，利用一切知识为人类谋利益。哲学使人更善于发现真理，掌握真理，从而担当起历史的重任，最终获得心灵的健全和人生的幸福。因此，我们必须学哲学，用哲学，提升认识能力，增进智慧涵养，把握事物的真谛。古罗马哲学家奥勒留认为：“只有哲学能够引导人，它可以使人内心保持神性，从而淡定从容地接受生活的任何挑战，担当起为它派定的一切重任；使人率真自如，从而既不必虚情假意、矫揉造作，也无须寄人篱下、仰承鼻息；使人超越苦乐之感，从而免受人生诸般痛苦和烦恼的伤害、摧残；使人视死如归，从而坦然面对死亡。”② 西方近代哲学史上重要的理性主义者斯宾诺莎在《知性改进论》中认为：“财富、荣誉或感官享受等通常被视为幸福之源的东西惑乱人心，妨碍人们追求更高尚更美好的人生目标，而哲学有助于摆脱这些世俗营求对人心的诱惑和困扰，促使人们追求心灵的快乐，通过真知与整个自然契合无间之至善，从而达到人生的至上完满境界。”③

三、哲学：自我超越之学

学哲学，能够使人成为超越其生物意义的“人”，而不是成为特定的、片面的、机械的“人”，即“某种人”。通常情况下，对具体科学的学习使人能够成为某种人，即掌握一定职业技能的人。成为“人”则需要“大智慧”，需要以哲学的怀疑、反思和批判精神，对人进行熏陶和锻炼，促使其不断超越自我，实现“人的生成”这一目标。作为时代精神之精华的哲学，是每一时代智慧的集大成学问，它能够启迪人的心灵，反思人的行为，批判人的思想，塑造人的灵魂。人类社会永远处在从对相对真理到对绝对真理的追寻中，哲学不仅持续熏陶、培养、教育和提升人，还是唯一可以“指挥”人的东西。我国著名哲学家冯友兰认为，中国哲学的功用不在于增加积极的知识，而在于提高心灵的境界。亚里士多德说：“我们不为任何其他利益而寻找智慧；只因人本自由，为自己的生存而生存，不为别人的生存而生存，所以我们认为哲学为唯一的自由学术而深知探索，这正是因为学术自身而成立的唯一学术。”④ 只有通过哲学，我们才能

---

① ［法］帕斯卡尔：《思想录》，何兆武译，商务印书馆 1986 年版，第 156 页。

② 杨方：《哲学概论》，岳麓书社 2010 年版，第 245 页。

③ 杨方：《哲学概论》，岳麓书社 2010 年版，第 247 页。

④ ［古希腊］亚里士多德：《形而上学》，商务印书馆 1981 年版，第 5 页。

实现并超越自身的价值，成为一个顶天立地的“人”。

“当你因琐事细故烦恼苦闷时，哲学会告知你：这是不值得的，人生还有更加重大更加高尚的事务有待你去完成。当你因失败挫折而悲伤痛苦时，哲学会劝慰你：这是不必要的，人生难免挫折和失败，人生的乐趣恰在挫折中积累经验从而更加自信地驾驭顺畅，从失败中吸取教训从而更加自豪地迈向成功。当你因无所事事或碌碌无为而感到无聊乏味时，哲学会激励你：每个人都有他自己自我成就的方式和领域，你完全可以找到你自己的荣誉，你一定能够赋予你的人生以独特的意义。当你因耽于逸乐或迷于声色而消沉颓废时，哲学会提醒你：人之为人就在于他能超越感官欲望而致力于精神追求，不为物役的生活才是真正幸福的生活。”① 人有思想，这是人的伟大之处。社会的飞速发展，知识经济时代的到来，要求我们必须拥有能够驾驭知识技术的哲学情怀，唯有这样，人的价值才能得到提升，生命才能更稳健，人类才能更和谐。思想能给人带来乐趣和幸福，但它同样也能给人带来痛苦、烦恼和不安；哲学使人摆脱不安，变得豁达、开阔，使人能够从容面对困境，感觉到幸福。哲学赋予生活以新的意义，使我们超越对生活的狭隘理解，获得思想的自由和幸福，达到一种全新的“物我俱忘，自得其乐”的幸福人生境界。

课后思考

1. 从自身实际生活出发，谈谈如何提高哲学修养。
2. 举例说明生活中蕴含的哲学智慧。

① 杨方：《哲学概论》，岳麓书社2010年版，第263页。

第二章

哲学思想经典

哲学往往被人们看成是高深莫测的学问。其实，哲学与人们的日常生活片刻不能分离。不管是自觉还是不自觉，一个人总会用一定的立场、观点和方法看待世界、思考问题和从事活动，而此中就蕴涵着哲学。从中西方哲学史上看，古今中外的哲学家们的思想往往都是通过提出新的哲学命题，或是对已有哲学命题进行新的论证、丰富、发展或否定与批判来加以表达的。由此，哲学命题就成为哲学思想的集中表现形式。毫无疑问，理解和把握某一个哲学家或某一哲学流派的经典命题，也就理解和把握了该哲学家或哲学流派的核心思想。而学习、了解哲学经典思想正是运用哲学指导艺术人生的必要前提。

第一节　中国哲学思想经典

案例精选

道家开山鼻祖、古代大思想家老子和儒家创始人、大思想家孔子都是历史名人。一般认为，老子比孔子大二三十岁，老子为长。

相传有一天，年轻的孔子来到东都洛阳，向老子请教学问。彼此一番见面礼仪之后，老子突然张开了自己的嘴让孔子看，然后问道："你能看得见我的牙齿吗？"孔子感觉很是奇怪，先生为什么要问这个问题呢？于是据实回答："您的牙齿，已经全都掉光了。"老子接着又问："那么我的舌头呢？你看它还在我嘴里吗？"孔子立即回答说："它还在您的嘴里，完好无损。"于是，老子不慌不忙地说出一个道理："你明白了吧？牙齿因为太坚硬，老是与各种食物咬来碰去，还自己跟自己咬来碰去，因此时间长了就掉光了。可是，舌头不同。舌头柔软，虽然常常在牙齿同食物的磕碰中被挤过来挤过去的，但始终都只是默默地品味儿，不参与牙齿跟食物任何一方的磕碰争斗；最终，食物碎了，牙齿掉了，而舌头却能完好无损地伴随人的生命直到终点……"

孔子恍然大悟。老子这是在用自己的牙齿和舌头作比喻，深入浅出地说明了一个"弱柔生存""不偏不倚"的道理。

思考与讨论

中国哲学思想博大精深，其经典内容有哪些魅力？

要点提示

在中国，哲学是每一个受过教育的人都关注的领域。中国哲学包含了以真、善、美等价值观为中心的人生观；同时，中国人认为整个宇宙是充满生命的，亦即宇宙中没有任何孤立的东西，因此，中国哲学又包含了以生命为中心的宇宙观。

一、《易经》：厚德载物

民国初期，梁启超在清华大学任教时，曾给当时的清华学子作了《论君子》的演讲，他在演讲中希望清华学子们都能继承中华传统美德，并引用《易经》中的“自强不息”“厚德载物”等话语来激励清华学子。此后，清华人便把“自强不息，厚德载物”八个字写进了清华校规，后来又逐渐演变成为清华校训。有人曾说，我国学校校训之最佳者，当推清华大学的校训，因为它表述了中国传统文化的精粹。

在《易经》中，最核心的逻辑起点是“乾坤”两卦。乾卦的核心观念是“天行健，君子以自强不息”，意思是说，相应于天刚强劲健的运动，君子应刚毅坚卓，奋发图强；坤卦的核心观念是“地势坤，君子以厚德载物”，其意思为，大地的气势厚实和顺，君子应增厚美德，宽以待人，容载万物。古代中国人对天地的理解是：天在上，地在下；天为阳，地为阴；天为金，地为土；天性刚，地性柔。他们认为天地最大，包容万物；天地合而万物生焉，四时行焉；天地就是宇宙，宇宙就是天地。所以，八卦中乾卦居首，坤卦次之；乾在上，坤在下；乾在北，坤在南；天高行健，地厚载物。然后，从对乾坤两卦物象的属性解释中进一步引申出人生哲理，即人生要像天那样高大刚毅而自强不息，要像地那样厚实广阔而厚德载物。这两句话既是古代中华民族精神的集中体现，也是现代中华民族精神的传承血脉和源头活水，是中华民族实现“和平崛起”的丰厚资源，更是中华民族实现伟大复兴“中国梦”的基石。

自强不息就是要求人们效法上天，在学、行各方面不断去努力。传统文化强调“天人合一”，人源于天地，是天地的派生物，所以天地之道就是人生之道。古代中国有不少学者能深刻体认这种精神，并自觉加以践履，如孔子自述“发愤忘食，乐而忘忧，不知老之将至”。孔子有一次在河边对学生说：“逝者如斯夫，不舍昼夜。”就是激励他们效法自然，珍惜时光，努力进取。明末顾炎武①认为：“有一日未死之身，则有一日未闻之道。”王夫之②于垂暮之年，疾病卧床，克服各种无法想象的困难，勤奋著书。他们身上所体现的都是这种精神。

厚德载物是指人们积蓄了高尚的道德，德性淳厚，就可以容纳天下万物。古人常用“德”来衡量人，就“厚德载物”而言，就是要求人们以宽厚的态度去兼容不同的事物，崇尚“以和为贵”的宽容精神。这正是孟子强调的“天时不如地利、地利不如人和”，以及孔子主张的“礼之用，和为贵”。

---

① 顾炎武（公元1613—1682年），著名思想家、史学家、语言学家，与黄宗羲、王夫之并称为明末清初三大儒。本名继坤，改名绛，字忠清；南都败后，改炎武，字宁人，号亭林，自署蒋山佣，汉族，南直隶苏州府昆山（今属江苏）人。学问渊博，于国家典制、郡邑掌故、天文仪象、河漕、兵农及经史百家、音韵训诂之学，都有研究。晚年治经重考证，开清代朴学风气。

② 王夫之（公元1619—1692年），又称王船山，汉族，湖南衡阳人。中国朴素唯物主义思想的集大成者，与黄宗羲、顾炎武并称为明末清初三大儒。王夫之一生著述甚丰，其中以《读通鉴论》《宋论》为代表之作。王夫之一生主张经世致用的思想，坚决反对程朱理学，自谓“六经责我开生面，七尺从天乞活埋”。

正如著名的哲学家、国学大师张岱年所揭示的那样，自强不息的哲学基础是重视人格的以人为本的思想，厚德载物的哲学基础是重视整体的以和为贵的理论。天道的刚健进取与地道的柔顺退让相辅相成。因此，只有在做人与做事两方面都顺应天地，努力拼搏，宽厚待人，才能承担起历史所赋予的重任。

二、老子：无为而无不为

老子的《道德经》一文中指出："道常无为而无不为。侯王若能守之，万物将自化。化而欲作，吾将镇之以无名之朴。镇之以无名之朴，夫将不欲。不欲以静，天下将自正。"意思是：一个理想的治国之道，在无为而自化。所谓自化，是指人民自我化育，自生自长，自我体现。而"无为"是符合老子天道自然观中顺其自然的思想宗旨的，它主要是针对"有为"，因为人的"有为"常常是"妄动"。换句话说，如果统治者自身能做到清静、真朴、不起贪欲，对人民能做到不骚扰、不奢靡、不扩张私人意欲，百姓的生活就可以获得安宁，社会自然和谐。

老子强调的"道常无为而无不为"，实际上包含着以下几个层面的哲理意蕴。"道"作为天地万物的存在根本，具有生化养育万物的功能，所谓"道生一，一生二，二生三，三生万物"①。"道"对于天地万物的生化养育，虽然是一种创造制作的活动，却又纯粹是出于无目的、无意图的自然而然，亦即所谓"道法自然"②。"道"在无目的、无意图地生化养育天地万物的时候，又能够实现合目的、合意图的有常有序，以致可以说"道"仿佛是有目的、有意图地生化养育天地万物。正是在这个意义上，老子认为："道"虽然"常无为"，却又"无不为"。

由此可以推理，老子要人"无为"，并不是主张人们根本不去从事任何创造活动，而是热切希望人们像"道"那样无目的、无意图地从事创造活动。因此，老子不仅强调"无知无欲""绝圣弃智"③，而且号召"虚其心、实其腹，弱其志、强其骨"④。一方面要求人们削弱那些旨在产生"目的意图"的"心""志"动力；另一方面却又鼓励人们加强那些旨在从事"创造制作"的"腹""骨"实力。老子将人的这种"无为而无不为"的存在范式落实到人与自然、人与人之间关系的各个方面。首先，在对待自然万物方面，老子明确要求"以辅万物之自然而不敢为"。换句话说，人只有"无为"于"物"，才能够"无不为"地实现"万物将自宾"的目的。其次，在对待个体发展方面，老子明确要求"圣人后其身而身先，外其身而身存；非以其无私邪？故能成其私"。也就是说，人只有"无为"于"私"，才能够"无不为"地实现"成其私"的目的。

老子还提到，万物之本源为"道"，而"道"以"无为"为其本性；它是自己如

---

① 《道德经》第四十二章。
② 《道德经》第二十五章。
③ 《道德经》第二十九章。
④ 《道德经》第三章。

此，自然而然的，非有意造作而然，非外力所推动。一切人为造作，往往会成为人类万恶之渊薮。生活在因长期战乱而陷于瘫痪的春秋战国时代的老子，当时就洞察到：天下不宁，乃因在上位者施行种种权谋、智巧，滥用权力。所以，他开出一剂“无为而治”的良方，不仅是要统治者消除嗜欲，自化自正，更要让人们彻底认识“无为而治”的规律，让统治者效仿自然无为的天道。

不难看出，虽然老子明确倡导“无为”，但无论是在道的本质特征上，还是在人的存在方式及社会治理上，他都充分肯定了“无不为”的积极意义，以致在《道德经》的文本中，“无为而无不为”构成了一个有机的整体。因此，我们在将老子哲学的基本倾向概括为“无为”的同时，不应该忽略它其实还包含着“无不为”的内在因素。

三、庄子：天人合一

“天人合一”是中国古典哲学的根本观念之一，最早是由庄子阐述的，后被汉代思想家、阴阳家董仲舒①发展为“天人合一”的哲学思想体系。这不仅是中国传统哲学的一个基本命题，而且是中国传统文化的一种基本精神。

“天人合一”之“合”主要表现在两个方面：一是天作为人性的赋予者或来源与人性合一，人通过锻炼自己的德性努力回归于天；二是天道和人道合一，天道是人道的前提和基础，人道是对天道的顺承、效法和补充。“天人合一”是一个简明有力的论断，尽管不能简单地将其理解为“自然与人”的统一，但是，它确实表述了人与大自然和社会整体的关系。

在自然界中，天、地、人三者是相应的。《庄子·达生》曰：“天地者，万物之父母也。”《易经》中将天、地、人并立起来，并将人放在中心位置，说明人的地位之重要。天有天之道，天之道在于“始万物”；地有地之道，地之道在于“生万物”；人也有人之道，人之道就在于“成万物”。天、地、人三者各有其道，又相互对应、相互联系。天地之道是生成原则，人之道是实现原则，二者缺一不可。“天人合一”是指人与自然在本质上是相通的，故一切人和物都应该顺乎自然规律，达到人与自然的和谐。老子说：“人法地，地法天，天法道，道法自然。”表明人与自然的一致与相通。孟子②说：“尽其心者，知其性也。知其性，则知天矣。”其逻辑前提是“人性天授”。所以，只要充实人性，就可以达到“知天”的境界。到了汉代，董仲舒则明确指出：“天人之际，合而为一。”即在“天人相类”的基础上实现天人合一的“天人感应”。这一学说

---

① 董仲舒（公元前179—前104年），西汉哲学家、政治家，广川（今河北景县董故庄）人。汉景帝时，董仲舒因为研究《春秋》时，学习和教学非常刻苦，留下“三年不窥园”的美名。公元前134年，他提出《举贤良对策》，建议“罢黜百家，独尊儒术”，为汉武帝采纳。后回家著书，朝廷每有大事，都要去问他。死后，武帝出游途经其墓地，竟为之下马致哀，墓地被称为“下马陵”。

② 孟子（约公元前372—前289年），名轲，今山东邹县人，曾受业于子思之门人，为战国中期儒家学派的主要代表，哲学家，政治家。孟子使儒家成为“显学”，并使儒家学说更为完善，被封为“亚圣”，唐宋代以后更被看成是儒家道统的真正继承人。孟子最著名的思想是“性善论”。

讲的大体上是人与自然的关系，但它的“天”只是具有自然外貌而实为有意志、有目的的至上神，所以这种神学化的“天人合一”论，所反映出的只能是一种被扭曲的人与自然的关系。后来，北宋大儒张载和理学家二程（程颐、程颢）阐扬了孟子“性天相通”说的内在精髓，扬弃了董仲舒“天人感应论”的粗陋形式，从而达到了中国传统哲学中“天人合一”理论的高峰。

儒家“天人合一”的思想是以人为中心，由天、地、人三者所形成的一个整体结构和体系。当然，“天人合一”的观念显示出，古人将人与自然万物看成是精神价值的统一，并把天地万物当作是人的观念来源和情感对象。这样一种价值取向标示出中国传统主流思想确实没有征服自然的强烈意识，这对在现代化进程中陷入生态危机的现代人而言，确实可以提供一个消除人与自然的对立的、极富启发意义的“根本解决之道”。当代著名学者季羡林在题为《“天人合一”新解》的文章中指出：西方文化被其占主导地位的分析思维模式所支配，在处理人与自然的关系方面，指导思想是征服自然，暴烈索取；而作为东方综合思维模式的最高和最完整体现的“天人合一”思想，则可以济西方分析思维模式之穷。人类只有按照“天人合一”的思想，去同大自然交朋友，彻底地改“恶”向“善”，才能继续幸福地生存下去。这一新解无形中为“天人合一”的思想增添了新的生命力。

四、庄子：内圣外王

最早提出“内圣外王”哲学命题的是先秦道家集大成者——庄子。在《庄子·天下篇》中有言：“是故内圣外王之道，暗而不明，郁而不发，天下之人，各为其所欲焉，以自为方。”但是，对“内圣外王”之道论说得最多的、阐释得最全面的还是儒家。孔子说的“修己以安人”“修己以安百姓”，就是“内圣外王”之道。其中“修己”就是“内圣”，“安人”“安百姓”就是“外王”。“圣”是理想人格的最高境界，达到这一境界的人格就是“圣人”。而主体一旦达到仁、圣的精神境界，必然要释放出巨大的精神力量，见之于政治实践，成就“外王”事业。“内圣”与“外王”互为表里，相辅相成，其最高境界是合而为一。继孔子之后，孟子、荀子①对“内圣外王”的思想作了进一步的阐发。就“内圣”而言，孟子明确地提出了性善论，荀子提出了“慎独”的思想；就“外王”而言，孟子在性善论的基础上进一步提出了仁政思想，荀子则主张行“王者之政”，并强调“庶人安政”。

可见，“内圣外王”是儒家思想体系最核心的价值理念，其实质是强调主体的道德人格是一切社会价值创造的终极源泉。这一思想分为两个层面：首先是“内圣”方面，作为理想人格，它是一个社会、一个民族在一定时期所推崇的人格类型的典范，代表着

① 荀子（约公元前313—前238年），名况，字卿，汉族，周朝战国末期赵国人。著名思想家、文学家、政治家，儒家代表人物之一，时人尊称“荀卿”。荀子对儒家思想有所发展，提倡性恶论，常被与孟子的性善论比较。

这个社会的道德标准和价值标准；其次是“外王”方面，作为理想政治，儒家提倡仁政、民本等思想，要求统治者具备或者接近这样的理想人格，然后再用自己的人格力量去治理天下百姓。也就是修身、齐家、治国、平天下。由此可见，这一系列过程是以修身为前提的，亦即从我做起、从个人做起，具有人文主义色彩。

因此，儒家的“内圣外王”，首先体现了个人与社会的高度统一。儒家很重视人的社会本性，荀子说：“人生不能无群。”个人要想生存，就必须把个人与社会的关系处理好。孟子说：“爱人者，人恒爱之；敬人者，人恒敬之。”每个人要想得到他人的尊敬和爱戴，前提是先尊重和爱护别人，而敬人爱人又必须从自尊自爱做起。故荀子说：“仁者自爱。”另外，这一思想体现了自我价值与社会价值的统一。孔子说：“夫人者，己欲立而立人，己欲达而达人。”己立、己达是起点，立人、达人是归宿。所以，要想实现自我价值，就必须使自我价值与社会价值相统一；只有自我价值转化为社会价值时，人生才有意义。

在“工具理性”被过分夸大的现代，人们价值失落，人际关系冷漠，利己心膨胀，容易导致精神家园的丧失；因此，更需要弘扬传统文化的精髓，来调整与平衡人们的心态。“内圣外王”的价值取向对于矫正现代人过于自私自利的心理、提高现代人的道德心理意识和社会责任感都有重要的作用。

五、孔子：仁者爱人

孔子思想体系的核心是“仁”。他认为“仁”即“同情和爱人”。学生樊迟曾问老师孔子：“什么是仁?”答曰：“爱人。”爱别人，关爱别人，就是“仁”，即“仁者爱人”。这是孔子思想也是儒家学说的最高道德理念，是儒学所主张的爱的方式。孔子认为，凡事都要推己及人。他说：“己所不欲，勿施于人”，“己欲立而立人，己欲达而达人”。先礼后人，先上后下，先人后己，这是做人的准则，亦即所谓“忠恕”之道。

“忠”以孝悌为前提，孝悌以“忠”为目的。孝，指孝顺父母；悌，指尊敬兄长。孔子非常重视孝悌，认为孝悌是做人和做学问的根本。孔子所说的“爱人”，首先是爱自己的家庭成员，然后把对亲人的爱扩展到对其他社会成员的爱，再扩展到对整个国家和社会的爱，即从“爱亲”扩展到“爱众”，也就是孔子所说的“四海之内皆兄弟也”。当然他也认为，“爱”是有等差的，是由近推远，由人而物，不断扩大爱的外延。因此，儒家认为，在家中实行了孝悌，内部就不会发生“犯上作乱”的事情；再把孝悌推广到劳动民众中去，民众也会绝对服从，而不会起来造反，这样就可以维护国家和社会的安定。在春秋时代，周天子实行嫡长子继承制，其余庶子则分封为诸侯，诸侯以下也是如此。整个社会从天子、诸侯到大夫这样一种政治结构，其基础都是封建宗法血缘关系，而“孝悌”说正反映了当时宗法制社会的道德要求。由此可见，孝悌与社会的安定有直接关系。所以，孔子指出，孝悌即为“仁”的根本。自春秋战国以后的历代封建统治者和文人，都继承了孔子的“孝悌”说，主张“以孝治天下”，对整个中国传统文化产生了深远的影响。

“恕”是指“己所不欲，勿施于人”，即自己不想要的东西，切勿强加给别人。孔子所强调的是，人应该宽恕待人，应提倡“恕”道，唯有如此，才能达到“仁”的境界。孔子所阐释的“仁”以“爱人”为中心，而“爱人”包括着宽恕待人这一方面。《论语》中提道：“夫子之道，忠恕而已矣。”这句话所阐释的正是处理人际关系的重要原则。孔子所言是指，人应当以自身的行为为参照物来对待他人。人应该有宽广的胸怀，待人处事时切勿心胸狭窄，而应宽宏大量，宽恕待人。倘若将自己所讨厌的事物硬推给他人，不仅会破坏与他人的关系，甚至还可能将事情弄得不可收拾。人与人之间的交往确实应该坚持这种原则，这是尊重他人、平等待人的体现。人除了关注自身的存在以外，还得关注他人的存在，人与人之间是平等的，“己所不欲，勿施于人”。

“忠”和“恕”的做人原则就是“仁”的原则。因此，一个人按“忠”“恕”的原则行事为人，也就是进行了“仁”的实践。这种实践引导人去承担对社会的责任和义务，因此，“忠”和“恕”乃是人的道德生活的开头。

六、孔子：中庸之道

中庸之道，亦即君子之道，是传统儒家修行的法宝。孔子所提出的“中庸之道”，是要反对“过”与“不及”，要在“过”与“不及”这两端之间把握一个中间的点或度，以此来保持事物的常态不变。从孔子的“仁”学及“礼”学的构建可知，中庸之道已经成为其“仁智统一”说的哲学基础。但是，孔子对“中庸之道”的阐述只是零散的，缺乏系统性和完整性，孔子的嫡孙子思①所作的《中庸》弥补了这一缺憾。

《中庸》对于“中”的意义作了发挥。“中”的真实含义是“恰如其分”“恰到好处”。公元前3世纪，中国诗人宋玉曾经在《登徒子好色赋》中描绘一个美人时说：“增之一分则太长，减之一分则太短；着粉则太白，施朱则太赤。”② 文中描绘的这位美女，身体和容貌都恰到好处，这就是儒家所谓的“中”。在“中”这个概念里，时间是个重要元素。儒家往往把“时”与“中”联系在一起，即“时中”，是指懂得“适当其时”、“恰如其分”地行事。孟子称孔子：“可以仕则仕，可以止则止。可以久则久，可以速则速。”③ 这正是“时中”的体现。

《中庸》第一章写道：“喜怒哀乐之未发，谓之中；发而皆中节，谓之和。中也者，天下之大本也；和也者，天下之达道也。致中和，天地位焉，万物育焉。”意思是说，人的感情还未迸发出来时，内心里无所谓“过分”或“不及”，这称为“中”。当人的感情倾泻出来，而保持恰如其分，这时也仍然是“中”。“和”来自“中”，“中”又是调和各种心情所必需的。这种思想既适用于人的感情，也适用于人的欲望。个人的行为

---

① 子思（公元前483—前402年），名孔伋，字子思，孔子嫡孙。春秋战国时期著名的思想家。子思受教于孔子的高足曾参，孔子的思想学说由曾参传子思，子思的门人再传孟子。后人把子思、孟子并称为思孟学派。

② 见《文选》卷十九。

③ 《孟子·万章下》。

或人的社会关系中，都有一个“中”点，使人在表达感情和满足欲望时，知乎所止。当人的感情和欲望表达得合乎分寸时，他内心便达到一种平衡，这是精神健康的表现。整个社会也是如此，如果各种人都懂得适度地表达自己的感情和欲望，社会便是和谐、安定、秩序井然的。“和”意味着和谐，它承认不同，把不同联合起来成为和谐一致。这种和谐需要一个条件：各种不同成分之间要有适当的比例。这就是“中”，“中”的作用是达成“和”。比如，一个有组织的社会里，有各种不同才能的人、不同行业的人，他们各有自己的地位，产生不同的作用，各得其所，彼此没有冲突。一个理想的社会，便是这样一个和谐体。

要特别指出的是，中庸之道与所谓的折中主义并非一回事。所谓的折中主义，无非就是东取一片、西取一片，把它们凑合在一起而成的杂碎汤，其要害就是缺乏原则性。而孔子的中庸之道在被用来处理各种问题时，必须遵守“过犹不及”的原则，强调的是“中和”与“时中”的统一。在孔子看来，做成任何事物，亦即达到成其为这一事物的“度”，“不及”则达不到成其为这一事物的“度”，而“过”则超过了成其为这一事物的“度”，两者都有所偏颇。在肯定原则性的前提下强调灵活性，这就是中庸之道的合理性所在。孔子的中庸之道在中国的影响可谓深远，从个人修养到治国安邦，都离不开这一具有普遍意义的原则与方法。遇事不走极端已经成了中国人普遍遵从的思维原则，它对维护和巩固统一的多民族国家显然也起了重要作用。

七、孔子：知者乐水　仁者乐山

“知者乐水，仁者乐山”，这句话出自《论语·雍也》。孔子的原话是这样说的：“知者乐水，仁者乐山。知者动，仁者静；知者乐，仁者寿。”一般人的理解是：聪明的人喜好水，仁人则喜好山；聪明的人常动，仁人则常静；聪明的人常快乐，仁人多长寿。然而，这段话中的深刻寓意和哲理绝非其字面意思那么简单。

朱熹解释道：“知者达于事理而周流不滞，有似于水，故乐水；仁者安于义理而厚重不迁，有似于山，故乐山。”“知”通“智”，“知者”指智者，也就是聪明人。聪明人通达事理，反应敏捷而又思想活跃，性情好动就像水不停地流一样，所以用水来比喻智者。而且水是多变的，具有不同的面貌，它没有像山那样固定、执着的形象，它柔和而又锋利，可以为善，也可以为恶。聪明人和水一样随机应变，常常能够明察事物的发展，“明事物之万化，亦与之万化”，而不固守一成不变的某种标准或规则。因此这样的人能破除愚昧和困危，取得成功；即便不能成功，也能随遇而安，寻求另外的发展。所以，他们总是活跃的、乐观的。水是外表最柔弱、最平静的东西，本质上却最有力量。水滴石穿，最坚硬的东西，都可以被水磨平、击穿。因而水含有一种智慧，拥有一种力量，所以“知者乐水”。仁者也就是仁爱之人。仁爱之人安于义理，仁慈宽容而不易冲动，性情好静就像山一样稳重不迁，不为外在的事物所动摇，所以用山来进行比拟。仁爱之人喜欢与山为伍，临山而居，正如大山一般宽容仁厚，不以物喜，不以己悲。所以，仁爱的人总是心胸宽广，福寿绵长，故说“仁者乐山”。

孔子借山水设譬，这是古代所谓“能近取譬”。人性出于自然，自然之美映现于人心。所以，将山水之性喻于人性，是孔子讲究思想艺术的深刻体现。在中国儒家哲学中，仁是处于主导地位的，智在其次，所以以智济仁，其仁始立始达。仁以处常，智以处变；智可前进，仁可安守。任何人处身立世，既须步步前进，又须步步安稳，亦即“知者动，仁者静”。仁可生智，仁必摄智；若专尚理智，则必陷于功利而失其仁，从而丢失中国传统文化中最本质的东西。因此，孔子强调，仁者安仁，智者利仁。仁是心之本体，智是心之功能；本体是发出功能者，而功能是协于、利于、护于本体者。失去本体，也就无所谓功能。

因此，儒家是主仁而又重智的。由一山一水透出一静一动，动中必有静，静中亦必有动。同样，大仁必有大智，大智也必富仁。

八、荀子：虚壹而静

《荀子·解蔽》中指出：“凡万物异，则莫不相为蔽，此心术之公患也。”意思是，一切事物的差异，都会造成人们认识事物时的片面性，这是思想方法上的共同毛病。为了克服这一毛病，荀子提出了道。他认为，有了道，就可以明辨是非。而要获得道，则要靠“心”的“虚壹而静”。荀子指出，想求得道，只有“虚”才能进入；想学习道，只有“壹”才能穷尽；想研究道，只有“静”才能清楚。因此，只有做到“虚壹而静”，才能正确地认识客观事物。

所谓“虚”，荀子是这样说的：“人生而有知，知而有志。志也者，藏也。然而有所谓虚，不以所已藏害所将受，谓之虚。”① 也就是说人生下来就会有认识，而有认识就有记忆，这就是“藏”。不以已有的知识去妨碍将要接受的认识，叫作“虚”。我们在认识事物时，往往会有“先入之见”或者“一偏之见”。这种“先见”或者“偏见”，都会影响我们的认识，所以要予以清除。而要清除，最好的办法就是“虚心”和“静因”。所谓“虚”，就是要求去知去欲，无求无藏，即否定或者取消记忆。但是，荀子所讲的“虚”不是“无藏”的“虚”，而是“不以所已藏害所将受”的“虚”。也就是说，荀子是在肯定或保持记忆的前提下来讲“虚”的，所以要求“不以所已藏害所将受”。显然，这种“虚”是要求人们在认识事物时，一方面要使自己的“心”保持开放性，不要先入为主，不以自己心中原来的固定看法去损害将要接受的事物；另一方面也不能毫无准备，完全没有知识和经验的积累，因为这种准备不是只有负面影响。

所谓“壹”，简单地说就是“专一”。荀子说：“心生而有知，知而有异，异也者，同时兼知之。同时兼知之，两也。然而有所谓一，不以夫一害此一，谓之壹。”② 亦即人的认识活动不是单一的，必定会遇到多种事物，进行多方面的认识活动，而这会造成注意力分散。所以，荀子要求“壹”，即在认识活动中要集中注意力。荀子通过“两”

---

① 《荀子·解蔽》。
② 《荀子·解蔽》。

和“壹”的对比来谈“壹”，要求我们获得知识时要扩大认识、深化认识，要专心致志。只有这样才能认识到事物的本质，而不是浮于表面。

所谓“静”，不是纯粹的“内静”，而是“动中求静”。荀子说：“心，卧则梦，偷则自行，使之则谋。故心未尝不动，然而有所谓静。不以梦剧乱之，谓之静。”① 意思是说，心，睡觉时会做梦，闲散时会随便想，使用时会出谋划策，所以“心”这个“思之官”时时刻刻都在活动。但是，不要让这些干扰正常的认识活动，这就需要“静”。

荀子在正确处理了“藏”与“虚”、“两”与“壹”、“动”与“静”三对矛盾关系后，深入地阐述了“虚壹而静”的观点，对前人的观点进行了吸收和发展。这一认识方法对后世产生了深远的影响，为我们求学谋事提供了科学的方法论。

九、朱熹：格物致知论

格物致知是中国古代儒家思想中的一个重要概念，源于《礼记·大学》，其中有“欲诚其意者，先致其知；致知在格物，物格而后知至，知至而后意诚”一段。但《大学》中只有此段提及“格物致知”，却未在其后作出任何解释，也未有任何先秦古籍使用过“格物”与“致知”这两个词汇，遂使“格物致知”的真正意义成为儒学思想的难解之谜。

“致知在格物，格物而后知至”，可见“格物”是“致知”的前提。这句话大意是：推究事物，才能获得事物的真知。然而，“格”的意思并非那么简单。郑玄注解《大学》的“致知在格物”时指出：“格，来也。物犹事也……言事像人所好来也。”所以，宋代理学家程颐②在其著作《程氏遗书》中就进一步指出：“格，至也。穷理而至于物，则物理尽。”他还强调格物须积蓄涵养，格物致知须“察之于身，其得尤切”。也就是说，亲身体会很重要，要知得切，就必须察之于身。

对这一命题研究得最深入、最透彻的，是南宋哲学家、教育家、理学的集大成者——朱熹③。朱熹立于认识“天理”的高度，构建了一个完整系统的格物致知论。在他的论述中，认知论与修身观内在地关联在一起。朱熹强调，凡有一物，必有一理，穷而知之，才是真正的格物。因此，格是“至”，则致为“尽”。理积累到一定程度，“自当脱然有悟处”。他坚信：“格物，是逐物格将去。致知，则推得见广。”朱熹指出，世界之大，常常是物我一理，才明彼，即晓此，故称此为“合内外之道”。朱熹深刻地认识到：致知之要，当知至善之所在。由此可见，他特别重视真与善的高度统一。朱熹最大的功劳在于，他对格物致知有更深层次、更系统的理解，即或考之于事物之间，或

---

① 《荀子·解蔽》。

② 程颐（公元1033—1107年），字正叔，北宋洛阳伊川（今属河南）人，世称伊川先生，北宋理学家、教育家，历官汝州团练推官、西京国子监教授。与其胞兄程颢共创“洛学”，人称“二程”，为理学奠定了基础。

③ 朱熹（公元1130—1200年），南宋哲学家、教育家、理学的集大成者。字元晦，一字仲晦，号晦庵，别称紫阳。徽州婺源（今属江西）人，侨寓建阳（今属福建）。在哲学上发展了“二程”关于理气关系的学说，集理学之大成，建立了一个完整的客观唯心主义的理学体系，世称程朱学派。

察之于念虑之微，或求之于文字之中，或索之于讲辩之际。他真正做到了把知识论与道德修身论融会贯通，即“尊德性，道问学”。可见，他在将格物致知作为求知方法的同时，更将它视为提高人的道德境界的修养方法。

但是，有些后人并没有真正领会朱熹的精神要领。有一个著名的故事便能说明问题。明代学者王守仁①带着极大的兴趣读完朱熹的格物致知论后，即刻便身体力行，面对庭院的竹子，穷“格”七日，结果大病一场，没有什么收获。从此以后，王守仁反对格物的求理于外，坚持所谓天下无心外之事，亦无心外之物。他认为，人之所以为人的当然之理，就是人心中之理，即良知。这完全把朱熹的格物致知论转化成了另一种新的格物致知论了。王守仁把“格”的本意解释为“正”，所谓正其不正，以归于正，便是格物；亦即“为善去恶便是格物”。但是，若要正其不正，以归于正，前提是要深知不正为不正，亦深知正为正。由此可见，求善与求真并不矛盾，目的是善，但求真有补于求善。这实质上还是“尊德性，道问学”的观点。

时至今日，针对格物致知论依然存在很多争议，但是，随着时代的发展，格物致知也在不断被赋予新的内涵。

十、王守仁：知行合一

明正德三年（公元1508年），时任明代兵部主事的王守仁因开罪宦官刘瑾，触怒了当朝皇帝，被廷杖四十大板之后，由聚落千万家的京城贬谪到偏僻、荒凉、冷寂的贵州龙场当驿丞。他在深感绝望时，开始用“生命的体验”来直面人生。这也成了他学术思想的转折点，他从此走向了一条新的思想之路。

心学集大成者王守仁在贵阳文明书院讲学时，首次提出“知行合一”说。他认为，知是指科学知识，行是指人的实践，知与行合一，便是认识事物的道理并在现实中运用此道理，此二者是密不可分的。只有把“知”和“行”统一起来，才能称得上“善”。他主要是针对朱学而发，与朱熹的思想对立；反对程朱理学“将知行分作两件去做，以为必先知了然后能行”的知先行后说，以及由此造成的重知轻行的学风。王守仁提倡“知行合一”，正是为了救朱学之偏。

在王守仁看来，将“知”“行”分为两事会产生以下弊端：一是只顾向外追求事物的知识，而忽略内心道德意识的修养，只顾表面做得好看，不顾是否符合道德；二是今日格一物，明日格一物，支离烦琐，最后仍然没有抓住要害，结果与追求圣贤背道而驰。因此，只有“求理于吾心”，才能“补偏救弊”，在圣贤的正道上前行。

所谓“知”，主要指人的道德意识和思想意念；“行”，主要指人的道德践履和实际行动。因此，知行关系，指的就是道德意识和道德践履的关系。王守仁的“知行合一”

---

① 王守仁（1472—1529年），幼名云，字伯安，号阳明子，谥文成，人称王阳明。浙江承宣布政使司绍兴府余姚县（今浙江省余姚市）人。明代最著名的思想家、教育家、文学家、书法家、哲学家和军事家。他是陆王心学之集大成者，非但精通儒、释、道三教，而且能够统军征战，是中国历史上罕见的全能大儒。

思想包括三层意思。第一，“知是行的主意，行是知的功夫”。意思是说，道德是人行为的指导思想，按照道德的要求去行动是达到“良知”的功夫。王守仁认为知行是一回事，不能分为“两截”，“知行原是两个字，说一个功夫”。从道德教育上看，王守仁极力反对道德教育上的知行脱节及“知而不行”，突出地把一切道德归于个体的自觉行动，这是有积极意义的。因为从道德教育上看，道德意识离不开道德行为，道德行为也离不开道德意识，二者互为表里，不可分离。第二，“知是行之始，行是知之成”。意思是说，在道德指导下产生的意念活动是行为的开始，符合道德规范要求的行为是“良知”的完成。第三，“知之真切笃实处即是行，行之明觉精察处即是知”。知必然要表现为行，不行不能算真知。道德认识和道德意识必然表现为道德行为，如果不去行动，不能算是真知。王守仁认为：良知，无不行，而自觉的行，也就是知。这无疑是有其深刻之处的。

王守仁的“知行合一”说深化了道德意识的自觉性和实践性的关系，克服了朱熹提出的“知先行后”观点的弊病，但是同时也抹去了朱熹知行说中的知识论成分。王守仁的观点虽然有利于道德修养，但忽略了对客观知识的学习，这就造成了以后的王学弟子任性废学的弊病，清初的思想家甚至把明亡的原因归于王学的弊端。

第二节　西方哲学思想经典

案例精选

在美国音乐界，金·奥特雷这个名字可谓是如雷贯耳，他独特的音色与演唱风格，为他赢得了数不尽的鲜花与掌声。但是，如同大多数名人一样，在成功以前，他也走了为时不短的一段弯路。

金·奥特雷出生于美国得克萨斯州的乡下，刚到纽约发展时，他觉得自己满口的家乡话又土气又难听，所以决定改掉乡音，像整个城市的绅士那样说话和做事。从此，他便自称为纽约人，与人交流时也会小心翼翼地行动，一板一眼地遵循着当地绅士的行为标准。但是，尽管他处处精心模仿，人们还是看出了他的矫揉造作之态，因此经常在私下里耻笑他，甚至大肆攻击他是个伪君子。

得知大家对自己这样的评价后，金·奥特雷陷入了极度的迷茫，他不知道应该怎么做。想了许久之后，他决定做回原来的自己——如果造假是令人讨厌的行为，那么就来真的吧，哪怕人们因此更笑话自己的土气，最起码自己不会那么累。

但是连金·奥特雷自己也没想到，当他操着自己原有的音色演唱属于家乡的老歌时，听众们竟然听得如痴如醉。从此，他便开始了他那了不起的演艺生涯，并最终成为世界上在电影和广播两方面皆颇负盛名的西部歌星之一。

（出自：http：//www. qidian. com/Bookreader/1638732，28588009. aspx，2013-05-13）

思考与讨论

问题：金·奥特雷的成功说明一个什么样的人生哲理？

要点提示

西方哲学的风貌，从古至今都是百家争鸣，因为西方哲学家因“爱智”而研究哲学，慎思明辨，追求真理，为此甚至自创一套名词、自寻一种方法、自立一套架构，然后供人品评。因此阅读西方哲学，可以培养理性思辨的习惯，这种习惯正是人的全面发展所应具备的。凡事但求合理，进而推究理性之依据，设法建立共识，这也正是注重沟通的现代社会所需要的修养。

一、赫拉克利特：人不能两次踏进同一条河流

赫拉克利特

赫拉克利特（约公元前535—前475年），古希腊哲学家，生于以弗所，出身于贵族家庭。他一生都保持着十足的贵族气，极端轻蔑民主政治。他是一个出色的作家，富有机智，并有创造性的言论，致力于发表神谕性的言词而不试图加以证明。他的朴素唯物主义世界观，以及深刻的辩证法思想，构成了一个富有特色的哲学体系，但他的著作只有片段留传下来。

在古希腊哲学中，将水流与运动联系在一起的人是赫拉克利特。他提出：“人不能两次踏进同一条河流。”① 因为“踏进同一条河流的人，不断遇到新的水流”②，就像“太阳每天都是新的，永远不断地更新”③ 一样。可见，赫拉克利特从哲学上论述了“一切皆流，无物常住”的辩证法思想。同时，这一命题也包含了河流在一瞬间还具有稳定性的寓意。因为在他看来，河流中的水处于流动状态，当人们第二次踏进河流的时候，河流中的水已经变成了新水，所以运动是绝对的。但是，人们在踏入河流的一刹那，河流中的水却是静止不动的，因而人们能再一次踏进同一条河流，这就说明了相对静止的存在。这一命题科学地说明了绝对运动和相对静止的关系。

赫拉克利特在承认世界运动变化的同时，还承认运动变化的普遍规律性。他指出：“这个世界，对于一切存在物都是一样的，它不是任何神所创造的，也不是任何人所创

---

① 北京大学哲学系外国哲学史教研室：《西方哲学原著选读》（上卷），商务印书馆2003年版，第23页。

② 北京大学哲学系外国哲学史教研室：《西方哲学原著选读》（上卷），商务印书馆2003年版，第23页。

③ 北京大学哲学系外国哲学史教研室：《西方哲学原著选读》（上卷），商务印书馆2003年版，第23页。

造的；它过去、现在、未来永远是一团永恒的活火，在一定的分寸上燃烧，在一定的分寸上熄灭。"①"逻各斯"②就是"永恒活火"燃烧和熄灭的"分寸"，是驾驭一切的至上的力量。人们只有认识了"逻各斯"，才会有理智和智慧，说出"真理"。赫拉克利特认为："每一个人都能认识自己，都能明智。"③因为人的特点就是有思想，而"思想是最大的优点，智慧就在于说出真理，并且按照自然行事，听自然的话"④。但要真正认识真理却不是一件容易的事情。一方面，因为"自然喜欢躲藏起来"⑤；另一方面，因为"逻各斯"虽然遍布于一切事物之中，但是仅凭感性是不能把握到它的，还必须充分发挥理性思维的作用。

赫拉克利特认为："只有了解那引导万物，使之流转于万物之间的智慧，才是聪明的。"⑥所以，我们要服从理性的命令，过唯理的生活，这样才合乎伦理。理性是我们一切人和全世界所同样具有的，因此，我们要根据唯理的原则来约束自己。显然，赫拉克利特的"永恒的活火"中增添了许多理性气息，反映了人类理性思维能力的提高，但却始终不能脱离事物个别的印痕，也就无法突破具体事物所固有的感性的羁绊。

二、普罗泰戈拉：人是万物的尺度

普罗泰戈拉（约公元前490—前420年），古希腊哲学家，阿布德拉人，后到雅典，并长期居住在那里。他是智者派著名的代表人物。据说是德谟克利特的学生，曾向这位原子论学者学习哲学和修辞学。在政治上他是奴隶主民主制度的拥护者，是雅典民主派首领伯里克利的好朋友。也正是因为这种朋友关系，普罗泰戈拉被伯里克利的政敌攻击为不敬神的人，逐出雅典，在去西西里岛的航行中被淹死。

普罗泰戈拉继承了赫拉克利特万物皆变的"流动哲学"思想，认为一切事物都处在运动和变化之中。在认识论上，他肯定感觉是一切认识的来源，有感觉的都是真理。于是，他提出著名的命题："人是万物的尺度，是存在者存在的尺度，也是不存在者不

---

① 北京大学哲学系外国哲学史教研室：《西方哲学原著选读》（上卷），商务印书馆2003年版，第21页。

② 欧洲古代和中世纪常用的哲学概念，赫拉克利特最早将这个概念引入哲学，在他的著作残篇中主要是用来说明万物的生灭变化具有一定的尺度，虽然它变幻无常，但人们能够把握它。在这个意义上，逻各斯是西方哲学史上最早提出的关于规律的哲学范畴。亚里士多德用这个词表示事物的定义或公式，具有事物本质的意思。

③ 北京大学哲学系外国哲学史教研室：《西方哲学原著选读》（上卷），商务印书馆2003年版，第25页。

④ 北京大学哲学系外国哲学史教研室：《西方哲学原著选读》（上卷），商务印书馆2003年版，第25页。

⑤ 北京大学哲学系外国哲学史教研室：《西方哲学原著选读》（上卷），商务印书馆2003年版，第26页。

⑥ [美] 梯利：《西方哲学史》，伍德增补，商务印书馆1995年版，第22页。

存在的尺度。"① 这既是一个相对论的命题，也是一个怀疑论的论断。意思是说，衡量事物的真伪、好坏都应以人为标准，不能以别的东西为标准。"因而可以说，对于每一个感知者来说，事物就是他所感知的那个样子"②。所以，"对我来说，事物就是对我所呈现的样子，对你来说，事物又是对你呈现的样子，而你我都是人"③。真理就是人感觉到的一切，一切都因人而异，没有统一的标准。

普罗泰戈拉

一方面，这一命题反映了人们对社会现象的初步认识，似乎社会上的一切都是人为的、相对的，无所谓真理。另一方面，由于强调人们的感觉的相对性，并把这种相对性夸大为绝对，以至于他认为衡量事物的真伪、好坏都以人为标准。由于感觉是随时随地变动着的，我们也就处于一种相对状态之中了。事物到底是怎样的，只能根据每个人那一瞬间的感觉来认识，根据每一个人在那一瞬间与该事物的关系来定。比如，一阵风吹来，有些人冷，有些人不冷。其实，风本身不存在冷与不冷的问题，冷与不冷是根据人的主观感觉来判断的。因此，不存在对人们普遍有效的知识，而只有个人关于某时刻的现象的知识，只有对个人有效的知识，这种个人的观念和知识也仅仅是从感觉出发的，不存在另外的知识。

普罗泰戈拉以极端的方式，突出强调了人的作用，在西方哲学史上第一次把人提到非常高的位置上，这是对传统宗教观念的批判。他在一本书的开头写道："至于神，我既不能说他们存在，也不能说他们不存在，因为阻碍我认识这一点的事情很多，例如问题晦涩，人寿短促。"④ 就是这段富含怀疑论的开场白给他招来了灾难，雅典贵族们把他看作"眼中钉"，视为"洪水猛兽"，焚烧了他的著作，并把他逐出雅典。他对神的质疑提高了人的作用，贬低了神的地位，进一步解放了人的思想，使人的行为不再听从神意和权威的旨意，而代之以个人的独立判断。他指出，雅典的每个公民都有权独立地进行思考，有权根据自己的个人利益来公开发表自己的意见，并在雅典的政治舞台上平等竞争，充分展示自我，而不存在任何的个人有超越任何普通公民之上的特殊权利；这就为雅典民主制度的存在提供了理论依据。而在伦理学上，普罗泰戈拉将判断万物的尺度建立在人的感觉之上，也为亚里斯提卜之流提出及时行乐的享乐主义观点提供了根据。

普罗泰戈拉的论点一方面打击了宗教的禁欲主义，否认了正当的伦理道德要求，另一方面为希腊的民主制度的存在提供了根据，对当时的社会产生了不小的冲击和破坏作

---

① 北京大学哲学系外国哲学史教研室：《西方哲学原著选读》（上卷），商务印书馆 2003 年版，第 54 页。

② 苗力田：《古希腊哲学》，中国人民大学出版社 1989 年版，第 181 页。

③ 苗力田：《古希腊哲学》，中国人民大学出版社 1989 年版，第 181 页。

④ 北京大学哲学系外国哲学史教研室：《西方哲学原著选读》（上卷），商务印书馆 2003 年版，第 55 页。

用。因此，他的这个命题是一把双刃剑。

三、苏格拉底：美德即知识

苏格拉底（约公元前469—前399年），出生于雅典。他和他的学生，以及学生的学生，即柏拉图与亚里士多德，都在雅典从事哲学探讨。他把哲学从天上召了回来，使它进入城邦乃至家庭，让它考虑生活和道德、善与恶，指明了古希腊哲学家深入研究的新方向。他认为，人只有真正摆脱肉体的欲望，才能达到自我认识。他把全部的内容集中到一个命题：美德即知识。

苏格拉底

苏格拉底是古希腊的思想家、哲学家和教育家，更被后人广泛认为是西方哲学的奠基者。他的观念和理想统治西方文明达两千年之久，他在古希腊哲学的发展过程中起到了一种承前启后的作用。他改变了古希腊自然哲学在自然界中寻找世界终极原因的哲学传统，首创了在人的内心世界寻求终极原因的哲学传统，让哲学重视研究社会和人生，强调“哲学是人的思想的本性”。由此，哲学从向外求索转向向内求索，从宇宙学、物理学变成了伦理学和人学。

苏格拉底心目中最重要的问题是：我将怎样安排生活？什么是生活的合理途径？一个有理性的动物，一个人，应该怎样行动？什么是善本身？什么是至善？苏格拉底认为：知识是至善；正确思维是正确行动所不可缺少的；一个人要掌舵，必须要有关于船的构造和功能的知识，要治理国家，就必须有关于国家的性质和目的的知识。因此，他认为：“‘国王’和‘司令官’，并非那些仅仅手拿王笏的人，也不是那些由十字街头的人选出来的人，也不是那些由抽签而获得权柄的人，也不是那些靠暴力或欺骗而取得权柄的人，而是那些知道怎样发号施令、统帅指挥的人。”① 知识是德性的基础，具有哪方面的知识才能做哪方面的事。要为善就必须具有善的知识，也就是说，知道什么是善也就不作恶了。恶就是愚昧无知造成的，有知识的人必定从善不从恶。所以，他说无人有意作恶，其所以作恶，皆因不明善的道理。

苏格拉底还强调：“假定了美德就是知识，则无可怀疑地美德是由教育来的。”② 教育可以造就人的善行，知识可以改善人的心灵。人通过学习知识可以获得理性，学会明智地控制自己的情感和欲望，从而在行动中做到择善弃恶，这也正是知识的修身养性的作用。苏格拉底毕生都在探讨永恒不变的美德知识，而且不断地通过对话的方式去教育人们如何获得知识，实践善行。下面就是他和一位想做政治家的青年欧提德谟斯的一

---

① 周辅成：《西方伦理学名著选集》（上卷），商务印书馆1996年版，第52页。

② 北京大学哲学系：《古希腊罗马哲学》，商务印书馆1961年版，第166页。

段关于什么是善行的对话：

欧：请问苏格拉底，什么是善行？

苏：盗窃、欺骗、卖人当奴隶，这几种行为是善行还是恶行？

欧：是恶行。

苏：欺骗敌人是恶行吗？把原来敌人占领的城市的人卖作奴隶是恶行吗？

欧：这是善行。不过我说的是朋友，没有说敌人。

苏：照你说，盗窃对朋友是恶行。但如果你的朋友打算自杀，你盗窃了他准备用以自杀的工具，这是恶行吗？

欧：是善行。

苏：你说对朋友欺骗是恶行，可是在战争中，军事统帅为了鼓舞士气，对士兵说：援军就要来到。但实际上并没有援军，你说这种欺骗是恶行吗？

欧：这是善行。①

可见，一件事情、一种行为，不仅对于不同的人，而且对于同一种人，可以是善行也可以是恶行。于是苏格拉底就得出结论：具体的、有条件的善是不真实的；只有一般的善，才是真正的善行，只有永恒不变的、普遍的“善”的知识才是真正的知识。苏格拉底在被雅典民主派指控一不研究天文，二败坏青年，三信奉新神，而判处死刑时，还教育人们：“不要只顾个人和财产，首先要关心改善自己的灵魂，这是更重要的事情。我告诉你们，金钱不能带来美德，美德却可以给人们带来金钱，以及个人和国家的其他一切好事。”②

苏格拉底的“美德即知识”是他的伦理道德观之一，虽然此观点有一定的历史局限性，其哲学依据也带有一些主观色彩，但是它却有着重要的现实意义。它能使我们正确地认识美德和知识的关系，科学地分析二者在人的发展中的作用和地位，使人在求知的过程中形成美德，完善自己的道德品质；同时也使每一种美德均具有相应的科学知识基础。只有这样将德与智结合起来，才能使德成为真正的、稳固的德，智成为有益于社会的智，最终使人的素养不断提高，社会不断进步。

四、笛卡儿：我思故我在

勒奈·笛卡儿（公元1596—1650年），法国数学家、物理学家、哲学家，近代欧洲哲学的创始人之一。他认为，哲学的任务就是要帮助人们获得真理，以推动科学发

---

① 参阅［古希腊］色诺芬：《回忆录》（第四卷），吴永泉译，商务印书馆1984年版，第145～147页。

② 北京大学哲学系外国哲学史教研室：《西方哲学原著选读》（上卷），商务印书馆2003年版，第69页。

展，征服自然界。为此，他提出了“我思想，所以我存在”即“我思故我在”这个命题。他突出强调了理性认识在整个认识中的作用，要人们凭借理性，独立思考。他看到了感性认识的局限性，提倡运用理性演绎法，以取得具有普遍性、必然性的知识，这对当时的科学发展起到了促进作用。

笛卡儿

“怀疑”是人的思考能力之一。笛卡儿把怀疑作为方法，认为在没有把握之前，不认可任何真理。他主张在一开始时，我们应该对每一件事都怀疑。笛卡儿首先对以往的一切被信以为真的东西都加以怀疑，对一切可疑的东西都予以排斥。他主张人们在认识之前，要先把过去接受的一切思想、观念，都提到“理性”面前来审查。他说：“我对每一件可以使我怀疑、可以使我不相信的事，都特别加以思考；同时，把以前潜入我的心灵的一切错误都通通从我心中拔除干净。”① 当然，笛卡儿指出，他的普遍怀疑，“并不是模仿那些为怀疑而怀疑，并且装作永远怀疑不决的怀疑派；因为正好相反，我的整个计划只是要为自己寻求确信的理由，把浮土和沙子排除，以便找出岩石和黏土来”②。笛卡儿怀疑一切旧哲学，因为一方面他不希望他的思想建立在一个不确定的基础上，这就好比如果地基垮了，整栋房子也会倒塌一样；另一方面他希望用全新的材料来建造这栋房屋，以便确定他所建构的新思想体系能够站住脚，在兴建一栋属于自己的新房子以前，他想清除地基上所有旧瓦砾。

笛卡儿所怀疑的不只是前人的理论，他还认为我们不能信任自己的感官感觉，因为感官可能会误导我们。他认为感性认识不能给人以具有普遍性和必然性的知识。相反，感性认识往往给人以错觉，使人形成错误认识。如一座方塔，让人们远看却是圆的；一根筷子，插在水中却可以被看成是折断了的。所以，感性认识只有在理性的指导下，才能形成正确的认识。笛卡儿提倡人们凭借理性，独立思考；提倡人们运用理性演绎法，取得具有普遍性、必然性的知识。可见，他把理性认识的作用抬到了很高的位置，但却贬低了感性认识的作用。因而他讲的理性认识，是一个脱离了感性经验的先验的领域，在认识论中陷入了唯心论。

当笛卡儿怀疑一切的时候，他说：“有一件事情却是不可怀疑的，就是我在怀疑。”“我在怀疑”，表示“我”的认识不完满，而不完满的东西，是不可能造出完满的概念来的。笛卡儿所说的“我思故我在”中的“我”并不是指人的身体，而是指脱离物质的“心灵”。他说：“我只是一个在思想的东西，也就是说，我只是一个心灵，一个理智或一个理性。”③

① 北京大学哲学系：《十六—十八世纪西欧各国哲学》，商务印书馆1975年版，第112页。
② 北京大学哲学系：《十六—十八世纪西欧各国哲学》，商务印书馆1975年版，第112页。
③ 北京大学哲学系：《十六—十八世纪西欧各国哲学》，商务印书馆1975年版，第162页。

笛卡儿在肯定人的本质是心智之外，还注意到了心智和身体的相互关系。身体带来的各种刺激，会使人产生情欲。它们在本性上是好的，但是容易受到误用及过度放纵，所以需要节制。笛卡儿认为，人生的幸福来源于三个规则：第一，尽一切能力去“知道”在人生中该做的与不该做的事情；第二，坚定实践理性的指示，不受情欲左右；第三，不去追求自己能力范围之外的事物——这便是知足常乐。

总之，作为笛卡儿哲学体系的第一原理的“我思故我在”，把自我、理性原则提到哲学的高度，同中世纪神学权威直接对立起来，对反对封建神学，启示新兴资产阶级的理性主义、启蒙思潮和一般哲学主体性原则等，都具有重要意义。但是，以笛卡儿、康德为代表的近代哲学对“确然性”理想的追求，使得现代西方哲学转向了实用哲学，最终导致哲学成为科学的“副产品”。

五、休谟：习惯是人生的伟大指南

休谟

大卫·休谟（公元1711—1776年），苏格兰哲学家，从小热爱文学与哲学，曾做过英国驻法大使馆秘书，在留居法国期间写成了《人性论》。作为英国经验主义的集大成者，休谟通过观察人们日常生活的习性得到了颇为深刻的认识，他认为人们行善未必是为了受称赞，但是，受称赞无疑可以鼓励人们行善。他对人性的看法显然较为实在。康德坦承，是休谟使他从独断论的迷梦中惊醒。阅读休谟的散文，会有亲切的明晰之感。其代表作有《人类理解研究》《道德原理研究》《大不列颠历史》《自然宗教对话录》等。

休谟在西方近代哲学史上曾经提出一个非常著名的关于因果性或因果关系的哲学论证，而“习惯是人生的伟大指南”这一命题就是对这个论证所作的结论。休谟认为，一切有关事实的推理，都是建立在因果关系的基础上的。只要依照这种关系来做推论，我们便能超出我们的记忆和感官的见证。例如，一个人如果在荒岛上发现一只表或者其他的器械，他就会断言这个荒岛上曾经有人到过。再如，每当烈日照耀时，我们就会感觉到石头会发热；由此，人们就会把阳光的照射说成是原因，而把石头发热说成是结果。那么，我们有什么根据把前者看作原因，把后者看作结果呢？休谟认为，在人类的感觉经验中，只存在现象或事件之间的空间邻近关系和时间先后关系，根本就不存在什么客观的因果关系和必然联系。人类的一切知识都应该来源于感觉经验，它们不过是由于经验的重复而在人类心灵中造成的一种心理联想、习惯和信念而已。“我们从来感觉不到因果之间的任何联系，我们只是由于经验到因与果的恒常结合，才得到有关这种关系的知识……宇宙中没有什么原因，或产生原则，甚至神自己也不是。”①

---

① ［英］休谟：《人性论》（上册），关文运译，商务印书馆1983年版，第276页。

当一个人刚刚来到这个世界上的时候，他并不知道什么是因果观念；他所看到的只是在空间上相互接近和时间上先后相随的各种物象，而这些物象，在他看来也只是偶然地、任意地结合在一起。但是，当某两个相互接近并先后相随的物象在他的经验中重复多次之后，就会在其心理上造成一种惯性的力量，使他在一个物象出现之后，总期待着另一个物象会随着出现。心灵由习惯或习俗所推动而相信那两种东西有联系、永远结合在一起。换言之，经验到对象的经常联结，使得人们相信它们有联系。比如，一个弹子撞上另一个弹子后，就会把运动传给那一个弹子；于是人们不必等到这件事情出现，就可以确定地宣布这件事情一定会发生。这就是受了习惯的影响。“习惯到了最深的程度，不但掩盖了我们天生的无知，甚至隐蔽了习惯本身，好像没有习惯这回事似的，这只是因为习惯已经达到了最高的程度。”①

如果两件事物经常联系在一起，例如火与热，重量与固体，我们便会由于习惯由这件事物的出现而期待那一件事物。但是，为何我们能从一千个实例中得出一个推论，却不能使这个推论从一个实例中得出来，而这个实例从各方面来看都与其他实例并无不同？主要原因就是，一切从经验而来的推论都是习惯的结果，而不是运用理性的结果。

“因此，习惯是认识的伟大指南。只有这个原则才能使我们的经验对我们有用，使我们期待将来出现一连串的事件，与过去出现的事件相似。如果没有习惯的影响，我们除了直接呈现于记忆和感觉的东西之外，对于其他的事实就会一无所知；我们就会根本不知道如何使手段适应目的，或者运用我们的自然力量来产生效果；一切行动就会立刻停止，思辨的主要部分也会停止了。”② 所以，休谟强调说，经验和习惯是他的第一原理，对于指导人生至关重要。

休谟通过分析证明，在人类的经验中并不存在因果性的东西，从经验中归纳出来的结论在逻辑上并不具有必然性。这对于传统的旧知识当然是一个致命的打击。但遗憾的是，在该问题上，休谟却从一个极端走向了另外一个极端。他以在经验中根本找不到因果联系和必然性的东西为理由，去否认一切客观的因果性和必然性，只是把它归结为一种人的心理联想和习惯。这显然是错误的，也是以偏概全的。

六、爱尔维修：人是环境的产物

克劳德·阿德里安·爱尔维修（公元 1715—1771 年），法国启蒙思想家，唯物主义哲学家，与法国伟大的启蒙思想家、哲学家卢梭是同时代的人。他出生于巴黎一个宫廷医生的家庭，从小受到良好的教育，对唯物主义哲学家特别是洛克的著作兴趣浓厚。

---

① 北京大学哲学系外国哲学史教研室：《西方哲学原著选读》（上卷），商务印书馆 2003 年版，第 521 页。

② 北京大学哲学系外国哲学史教研室：《西方哲学原著选读》（上卷），商务印书馆 2003 年版，第 528 页。

爱尔维修

爱尔维修从唯物主义感觉论出发，认为人的精神、才智和道德等面貌都是后天获得的，是由环境造成的，由此他提出了“人是环境的产物”的著名论断。

20世纪20年代，在印度加尔各答市东北的一个名叫米德那波尔的小城，人们在狼窝里发现了两个裸体的小女孩，其中大的七八岁，小的约两岁。后来两个孩子被送到孤儿院去抚养；第二年，小的就不幸死了，大的又活了九年。这就是曾经轰动一时的印度“狼孩”一事。“狼孩”一事引起了各界专家的关注，仁者见仁，智者见智。有一种观点认为，“狼孩”之所以有狼的言行举止，与其从小受狼群的悉心照料分不开，与其后天成长的环境分不开。这似乎印证了法国著名哲学家爱尔维修的著名论断——人是环境的产物。

爱尔维修说：“儿童在离开母胎、打开生活的门户之际，是毫无观念、毫无感情的投入生活的。他所感到的唯一需要是饥饿的需要。”① 正是在这种需要的推动下，他们从生活环境中逐渐获得各种观念，周围的对象便成了他们真正的老师。因此，笛卡儿所谓的天赋观念是根本不存在的。爱尔维修认为，人的智力和品德天生都是一样的。人都是自然界的生物，具有认识事物的同等能力。因此，“人生而无知，并非生而愚蠢”②。人按其本性来说，无所谓善恶，人之所以向善或向恶，都是后天形成的，是他们所处的环境和所接受的教育造就的。所以，爱尔维修提出了著名的论断：人是环境的产物。

爱尔维修所指的环境，包括风俗、道德、法律、教育等社会环境，而且他特别强调法律和教育对人的改造作用。他认为，法律是决定性的，是环境的主要方面，“一个民族的美德和幸福并非宗教神圣的结果，而是具有其法律明智的结果”③。反之，“造成各个民族的不幸的，并不是人们的卑劣、邪恶和不正，而是他们的法律不完善”④。因此，要振兴民族，消灭社会上的罪恶，就要改变政体和立法。而爱尔维修认为，法律是由人的理性决定的；法律的不完善是由人类的愚昧无知造成的；只有改善人的理性，才能改善法律，才能改善环境。那么，用什么方法改善人的理性呢？爱尔维修提出，依靠教育。

“人的幸福，既取决于支配人们生活的法律，也取决于人们所接受的教育。”⑤ 要使自己幸福，“问题只在于改善教育的科学”。爱尔维修看到了教育在人和社会中的作用，但由于过分夸大了教育的作用，结果得出了“教育万能”的错误结论。毫无疑问，

---

① 北京大学哲学系：《十八世纪法国哲学》，商务印书馆1963年版，第500页。
② 北京大学哲学系：《十八世纪法国哲学》，商务印书馆1963年版，第480页。
③ 北京大学哲学系：《十八世纪法国哲学》，商务印书馆1963年版，第524页。
④ 北京大学哲学系：《十八世纪法国哲学》，商务印书馆1963年版，第537~538页。
⑤ 北京大学哲学系：《十八世纪法国哲学》，商务印书馆1963年版，第478~479页。

教育是个人成长和发展的主要手段和必要补充。一个人所受教育的程度和条件，在一定程度上决定了其成长和发展的过程和层次。从这个意义上讲，“人”是教育这个环境的产物。“狼孩”的事实也说明了教育对于人成长的重要性，同时也说明人是高度“社会化”了的人。

爱尔维修还提出了终生教育的思想。他认为，人应当终生接受教育，学校教育只是教育的一部分。他说：“我的教育‘会在什么时候结束？在我再也不能接受教育的时候：我死的时候。我的一生其实只是一场长期教育’。”① 这不正是中国谚语“活到老，学到老”的西方版本吗？

七、康德：人是目的

伊曼努尔·康德（公元1724—1804年），德国哲学家，德国古典哲学的创始人，德国古典美学的奠基者。出生于东普鲁士的科尼斯堡城，一生未离开过家乡。他的一生就像是一个最规则的动词，而且还是一个从不与其他词搭配的动词。康德发动了哲学上的哥白尼革命和伦理学上的卢梭革命，揭示了理性与自由的矛盾，阐明了“人是目的”这一命题，捍卫了人的道德和尊严。康德以纯粹理性批判、实践理性批判、判断力批判“三大批判”实现了他理想中的真、善、美的统一，构筑起三位一体的神圣的哲学殿堂。

康德

为了将欧洲文艺复兴运动以来高扬自由、平等和尊严的人本主义思想提升为一个普遍的道德价值观念，康德最早在《道德形而上学的基础》一书中提出了“人是目的”这一经典命题；后来又在《实践理性批判》中进一步阐述，对后世产生了巨大的影响。

康德把人分离为属于现象世界的感性存在和属于本体世界的理性存在。他认为，作为感性存在的人，与一般的动物没什么区别。但是，作为理性存在的人，则与其他世界万物有本质的区别。因为有理性，人就有“自由意志”，有选择自己行为的自由，能“自己立法，自己遵守”，所以才有道德的评价，合法与非法的分界。康德指出：“人，总之一切理性动物，是作为目的本身而存在的，并不是仅仅作为手段给某个意志任意使用的。我们必须在他的一切行动中，不管这行动是对他自己还是对其他理性动物的，永远把他当作目的看待。”② 这一命题高度概括了人与动物的根本区别，即人的精神性存在，也就是人的价值和尊严之所在。它体现了人类精神终极关怀的最高理想，即人类价值尊严的自由问题，这正是形而上学的精髓所在。

① 北京大学哲学系：《十八世纪法国哲学》，商务印书馆1963年版，第481页。
② 北京大学哲学系外国哲学史教研室：《西方哲学原著选读》（下卷），商务印书馆2003年版，第317页。

那么，人如何实现自己的自由呢？康德指出两个途径：一是应该遵循先天理性为我们内心制定的道德律令或准则；二是必须遵守先天理性为我们制定的现实的社会法律。针对第一个途径，康德提出了三条先验的道德准则：

第一，道德准则必须是普遍有效的。道德要求行善趋恶，但是，世间所谓的善都是相对而有条件的。唯一的、无条件的、在其自身可以称为善的，只有“善的意志”，就是“出于义务”而做的行动，而不是“符合义务”而做的行动。前者是由内而发，是理性给自己的命题；后者只是响应外在的要求。例如，做生意奉行“童叟无欺”的准则。如果我的出发点是想本于诚信而获得效益，则没有道德价值可言；如果出发点是出于尊敬“童叟无欺”的普遍原理，那么，个人的准则与原理结合，行为就具有了道德价值。

第二，人是理性的存在者，人本身即是目的，不能被当成手段和工具。康德在《道德形而上学的基础》中指出，有理性者与世界的其他物类的分别就在于他能替自己立个目的。康德还指出：“你的行动，要把人性，不管是你身上的人性，还是任何别人身上的人性，永远当作目的看待，决不仅仅当作手段使用。”① 比如，我们乘出租车时，不能把司机仅仅当成工具，而要把他当成一个人来尊重。另外，康德反对自杀，因为在他看来，自杀是通过消灭自己来解除痛苦，以至于完全忘了自己也是应予尊重的目的。实际上，就是把对人的尊重提升为一条普遍的道德原则。

第三，人作为理性存在者为自己立法，所以道德意志不是他律，而是自律。康德认为，既然道德是自律，就不能由环境、利益、欲望、他人或者神灵所支配。受他物支配，就不是自律。人有理性，有选择自己行为的自由，所以才能自己立法，自己遵守，才有意志自律。也就是说，道德准则必须体现人的自由本质。

当然，人不仅仅是一个理性存在者，而且是一个感性存在者。很多时候人往往不能自觉遵守道德准则，所以要制定法律给人的自由一个限制。康德认为，法律的强制力来自于国家的权利，法治应是国家维持秩序的根本手段。只有服从法律才能使人人获得和平的生活和现实的自由，所以，法律也是以人为目的的。康德强调在道德领域必须肯定人的主体性，坚持“以人为本”的价值理念，在社会生活中必须将尊重个人的自由和人格统一起来，必须将道德和法律统一起来。这些思想对于现代社会的依法治国与以德治国相结合带来了一定启示。

八、黑格尔：凡是现实的都是合理的，凡是合理的都是现实的

格奥尔格·威廉·弗里德里希·黑格尔（公元1770—1831年），德国哲学中由康德开启的德国唯心主义运动的顶峰。虽然他对康德时常有所批评，但假使原来没有康德的学说体系，就绝不会产生他的体系。黑格尔的影响固然现在渐渐衰退了，但以

---

① 北京大学哲学系外国哲学史教研室：《西方哲学原著选读》（下卷），商务印书馆2003年版，第318页。

往一向是很大的，而且不仅限于德国。19 世纪末期，美国和英国一流的学院哲学家大多都是黑格尔派。

黑格尔

黑格尔在《法哲学原理》中提出了一个著名的论题："凡是现实的都是合理的；凡是合理的都是现实的。"当时黑格尔此论一经提出，就激起了德国社会的轩然大波。如恩格斯所说："不论哪一个哲学命题都没有像黑格尔的一个著名命题那样引起近视的政府的感激和同样近视的自由派的愤怒"①。这指的就是上述命题。显然此命题并非像普鲁士政府所想的那样，认为现存的一切都是无条件合理的，不是在为普鲁士专制制度唱赞歌。当然，也不是像资产阶级自由派所指责的那样：黑格尔的哲学不是长在科学花园里，而是长在阿谀奉承的粪堆上的"哲学毒瘤"。这个表面看起来极端保守的命题中实际隐藏了革命的成分。

对于这一命题，黑格尔给出了合理的解释和补充：

第一，在黑格尔的哲学体系中，"现实"属于"本质论"的范畴，是与普遍必然性密切联系在一起的，这与我们日常所说的现实存在重大差别。后者是指此时此地的存在，属于"存在论"的范畴，有一部分是现实，也有一部分是现象，即"偶然的存在"。在《小逻辑》一书中，黑格尔以通俗易懂的笔调写道："在日常生活中，任何幻想、错误、罪恶，即一切坏的东西、一切腐败幻灭的存在，尽管人们都随便把它们叫做现实，但是，甚至在平常的感觉里，也会觉得一个偶然的存在不配享有现实的美名。"②实际上，当时的专制制度、专断司法、书包检查制度等就是所谓的"偶然的存在"，在一定限度内是合理的。因此，"凡是现实的都是合理的"，可以理解为：只有那些具有普遍必然性的存在才是现实的，才具有合理性；而那些偶然的存在只是稍纵即逝的，没有意义，没有合理性，是注定要灭亡的。这样一来，一个表面上看起来为专制制度唱赞歌的命题，变成了为推翻这种制度而欢呼的革命口号。

第二，黑格尔所说的"现实的都是合理的"，并不是指现实的东西都是绝对符合理性的，都是好东西。他认为，有一些坏东西也多少符合理性，否则它们就不存在了。但是现实的东西不是僵死不变的，世界上各种具体事物都是"绝对理念"发展过程中的各个环节和阶段。当一个具体事物符合"绝对理念"的发展要求时，它具有必然性，因而是现实的。但随着时间的推移和条件的变化，它就慢慢地丧失其必然性，变成不现实的、趋于灭亡的东西。正如恩格斯所说的那样，按照黑格尔的思维方法，这一个命题就变成了凡是现存的，都是应当灭亡的。用这个观点再去观察普鲁士政府，就变成了在一定限度内，它是现实的，超出限度，它就变成了归于灭亡的东西了。

黑格尔的这一命题包含了深刻的辩证法思想。他认为一切现实存在的东西随着时间

① 《马克思恩格斯选集》第 4 卷，人民出版社 1995 年版，第 211 页。
② ［德］黑格尔：《小逻辑》，贺麟译，商务印书馆 1980 年版，第 299 页。

的推移和条件的变化都会变成不现实的，趋于灭亡的。而凡是合理的东西，即符合事物发展规律的东西，都注定要成为现实的。所以，我们要遵循规律，不断地接受新事物的出现。

九、尼采：上帝已死

尼采

弗里德里希·威廉·尼采（公元1844—1900年）出生于德国新教（路德教派）的牧师家庭。他是19世纪后半叶对后世有重要影响的德国哲学家，对西方传统的基督教文化持批判态度，大声疾呼“上帝死了”。他主张“重新评估一切价值”，并创造新的价值观。尼采认为，人生下来有什么生命力，就必须让他发展，在发展的时候，必须勇于与世俗决裂，不应在乎世俗的肯定、批判，不应迎合群众，而应该对自己负责，忠于自己内在超越的要求。

尼采在一本书的开头写了一个故事。故事说有一个人，大清早拿着灯笼在街上走，别人看到就笑他：“嘿！你干吗拿灯笼呢？”那个人就说：“现在是晚上啊！一片漆黑，你们不觉得吗？”别人说：“怎么会一片漆黑？这么亮，我们都看得很清楚啊！”他说：“不会啊！我觉得一片漆黑，所以要拿灯笼。”别人问他为什么，他说：“上帝死了！”这就是尼采的著名论断。他看不惯打着宗教或上帝的名号的虚伪浮夸，他要“重新估定一切价值”。

“上帝死了”代表什么？宇宙没有光明，一切没有了意义。因为传统西方信仰以基督教为主，上帝是信仰的基础。因为有上帝，所以一切才有意义。如果上帝不在，一切就变成了虚无。当时很多人都在言行不一地信仰着上帝，生活在半空中，互相制造一些虚浮的世界，忘记了脚踏实地，做自己应该负责的事情。他们越是宣扬信仰上帝，越说明上帝死了，而且还死了很久。在当时的西方社会，宗教变成了一个世俗的工具，没有任何超越性，对人的精神没有任何启发。因此，尼采说“上帝死了”，他要重估价值。尼采看到一般人的价值已经开始腐化，价值等于工具，并没有真正的价值。所以，他要重新检讨依靠宗教而建立起来的道德。

“上帝死了”，是指人们的价值观已经腐化了，因为上帝无所谓生死，生死属于人的世界。当人们看到一个年轻人，有理想、有抱负，就会觉得他很有生命力，很有希望。再过几年一看，怎么变成这个样子了？被世俗同化了，从说话到行动，完全跟随世俗的标准。这时候，我们会觉得这个人不再像以前那样纯洁可爱了。也许再过几年，他又改过迁善以后，我们会觉得他好像又“重新做人”了。重新做人就好像重新建立价值系统，好像一个人的生命由死到生一样。所以，尼采反对的不是宗教或基督，而是背叛了耶稣的基督徒。因为人在本质上，的确有重新振作的需要，也许人性的弱点就在这里。人必须不断在认识自己的真相之后，重新出发，而不能以某一个固定的系统认定自己是对的。一个人一旦狭隘静止地认定自己是对的，就会马上骄傲、狂妄，从而偏离人性的基础。

在尼采看来，宗教都是对生命说“不”，要求戒这个戒那个。而尼采一再强调要对生命说“是”。他认为，生命的本质就是“权利意志”，人生最大的挑战是征服自己，无法服从自我的人，将会被人领导。所以要做自己的主人，不向别人寻求自己行动的理由，由此便会产生自由精神。尼采在《查拉图斯特拉如是说》中指出：“人的精神有三变，一变为骆驼，就是听别人对你说‘你应该如何’；二变为狮子，就是你对自己说‘我要如何’；三变为婴儿，就是肯定‘我是’。”亦即，生命的每一个当下都是全新的开始，有如新生而充满希望的婴儿。我们的成长历程亦是如此。

尼采“上帝已死”的观点实际是为了实现价值的转换，建立起一种新的人生价值观念。尼采揭开了传统道德“正义”“仁慈”的假面具；揭露了它们压抑扼杀生命本能，否定人的自由、能动性和创造性的罪恶行径；此外，尼采还力图让人们自己决定自己的命运，恢复人的自由和尊严等。尼采的这些思想无疑是十分深刻且具有积极意义的。

十、萨特：存在先于本质

让-保罗·萨特（公元 1905—1980 年）是法国著名的文学家、哲学家和政治评论家。他出生于巴黎，幼年丧父，因病右眼失明，自幼养成自由思考的习惯及叛逆性格。由于长辈信奉天主教而言行不一，他最后成为无神论者。他毕业于巴黎高等师范学院，结识终身伴侣波伏娃。后来到德国留学，在德国哲学家胡塞尔门下研究哲学。1964 年获得诺贝尔文学奖，但是他由于坚信无政府主义而拒绝领奖。

萨特

萨特“存在先于本质”的经典命题，来源于海德格尔的“存在”对本质具有优先地位的思想。萨特在海德格尔区分了“存在”和“存在者”基础上，进一步区分了“自在的存在”和“自为的存在”。他把在人的意识之外的独立存在物称作“自在的存在”，也就是还未进入人类的意识，未被意识所关照和把握的“存在”，它们只是“自在地存在着”，因此是机械的、惰性的、僵死的东西，没有任何意义。而“自为的存在”是指作为个人意识的存在。因为有意识，所以，人的存在总是主动的，要不断追求，不断创造，自己造就自己，所以叫作“自为的存在”。

所谓“存在”，是指选择成为自己的可能性，必须先选择自己要成为什么样的人，最后才会变成这样的人。比如，一个人要想成为演员，一般而言，他在考大学时就要报考表演专业，然后经过长期艰苦的努力，最后才能成为演员。而演员就像是这个本质，而这个本质就是由过去的选择所形成的结果。所以，“存在先于本质”就是指，一个人不是由上帝或别人来决定自己的本质，而是用自己的自由意志和自由行动来创造自己的本质，自己决定自己成为一个什么样的人。

作为“自为的存在”，我们应该不断地关照自身，通过自身的生存活动，通过对愿望和理想的追求，不断否定和超越自己的现状，选择自己的未来，创造自己的人格，规定自己的本质。由此可见，人的本质并非固定不变的，是人在生存活动中不断选择和创造的产物。当然，人既然作出了选择，就要对自己的所选负责任，不论选择的结果能否预见。但是，生活中有些人不愿承担责任，往往陷于“自欺”（坏的信念），亦即：第一，该选择而不选择，把自己混同于无意识的物；第二，否定自己的自由，认为自己只能按既定要求行动；第三，信奉一种决定论，自己从不作出选择，所有一切都由别人来安排，自己只是一味地接受。一旦接受成了习惯，本质就只是虚浮了，就等于这个人从来没有真正地存在过。

萨特强调，人生的确充满了“烦恼”“孤寂”“绝望”。但是，他认为“烦恼”只是人们在作出自己的行为选择时的一种责任感或左右为难的心情。由于上帝不存在了，人总是时时面临着行为的选择，因而人总是在烦恼中。诚然，有些人无忧无虑；但是，他们只是隐藏了忧虑，只是在逃避忧虑。逃避忧虑本身就说明有忧虑。由此可见，“存在先于本质”这一命题，一方面指出了人作为“自为的存在”具有选择的自由；另一方面也指出了人们在选择时应当承担的责任，这正是人的意义和价值所在。

从上述中西方哲学思想经典命题的对比可以看出，整个西方哲学可以说是来源于古希腊文化，其中的主要代表人物是苏格拉底、柏拉图、亚里士多德等。苏格拉底的“是什么、为什么”的提问模式，为后来的西方哲学奠定了基本的研究方法，因此刨根问底的学习、思考方式成为了西方人的习惯。而中国的哲学思想来源于讲究阴阳的“周易”，当西方哲学“犯困”于怎么定义“一”的时候，中国人的思考已经超出了对于词的定义范畴，也明白了绝对真理的不可追求。如《道德经》中：“道可道，非常道。名可名，非常名”；“天下万物生于有，有生于无”；“道生一，一生二，二生三，三生万物。万物负阴而抱阳，冲气以为和”。可以说，中国哲学在很多方面比西方哲学更进一步。正是中国哲学观念的先进和超脱才使得我们不会像西方人那样“追根探底”。应该说中国的先哲们为后辈提供了思维和学习的方式，使得后来人免遭现在西方人面临的哲学困惑；但这也使得中国人缺乏刨根问底的学习精神，“中庸”“过犹不及”等思维模式也在一定程度上导致中国人缺乏积极进取的精神。

课后思考

1. 结合生活中遇到的问题，谈一下你对中国哲学思想的理解。

2. 选择一个你喜欢的中西方哲学经典命题或哲学家，结合自己的理解，谈一下他（它）对人生的指导作用。

第三章

艺术人生之道

古往今来，人们都把真善美作为共同的价值取向，但是人们探索和追求真善美的过程并不是一帆风顺的。这不仅因为与真善美同行的还有假恶丑，更因为人们在追求真善美的过程中还会遇到这样那样的迷惘、困惑和失误。那么，我们在当今社会应该怎样获得真才实学？如何做真实的自我？如何处理人与人之间的关系？怎样认识人的外在美与内在美的重要性？……这一系列追求真善美的课题，都需要我们不断地反思和践履。

第一节 求 真

案例精选

京剧表演艺术家　梅兰芳

年幼时的梅兰芳言不出众，貌不惊人，身手还不够灵敏，八岁时曾拜一位姓朱的师傅，这位朱师傅是著名小生演员朱素云的哥哥，有家学渊源。教了一段时间，朱师傅就没有耐心了，瞅着梅兰芳说："祖师爷不赏饭啊！"（意思是你不适合学戏）而此时梅兰芳立志，要通过勤学苦练来弥补先天条件的不足。

梅兰芳从小眼睛就近视，眼皮下垂，没有神采，而且还有迎风流泪的毛病。他一直很苦恼：这样的眼睛是很难演好旦角的，这可怎么办呢？一天，梅兰芳发现，天上的鸽子飞得再高再远，养鸽人也能认出自己的鸽子，这都是他们长期训练的结果啊。这时，他的心里产生了一个想法：靠辨认鸽子来训练自己的眼神。

开始时是放养几对鸽子，后来发展到几十只。梅兰芳先生后来回忆起养鸽时说："养鸽子等于训练一个空军部队，没有组织能力，是养不好的。我训练它们的方法，是把鸽子买来，两个翅膀用线缝住，使它们仅能上房，不能高飞。为的是先让它们认识房子的部位方向。等过了一个时期，大约一星期到十天，先拆去一个翅膀上的线，再过几天，两翅全拆，就可以练习起飞了。"鸽子起飞，需要指挥，梅兰芳用一根长竹竿，上面挂着红绸，一挥动，是叫鸽子起飞的信号；竹竿上挂上绿旗，一挥动，是叫鸽子下降的标示。他先训练一部分熟悉的鸽子，使其能飞得高远并能返回，然后逐步加入一两只生鸽子。他养的鸽子，有几个种类，并有些珍品。每天天刚亮，大约五六点钟，梅兰芳就起床，洗漱完毕，打开鸽子窝，打扫卫生，然后给鸽子喂食、喂水。之后，就要开窝放鸽。

他先让飞行力量强的一队飞上天，过了一会儿，再放第二队、第三队……望着天上飞翔的鸽子，主人的眼睛要随时追随它们，眼睛圆睁，眼球灵活转动，而且要极力远望，日久天长，梅兰芳眼皮下垂的毛病改过来了，迎风不再流泪，眼球转动灵活了。

演出时，人们看到梅先生眼睛异常有神，精气内涵，即使坐在最后一排的观众，也感到梅先生的眼睛在注视着他。养鸽子，不仅训练了眼神，也锻炼了体力。每天举着竹竿子挥动，使两臂的肌肉、腰腿得到锻炼。这样，他在舞台上表演《霸王别姬》中的剑舞、《天女散花》中的红绸舞，都能得心应手。每天早起，呼吸新鲜空气，有益于肺活量的增加。这些，都为梅派艺术的形成提供了身体条件。

（出自：http：//news. chinaxinge. com/shownews. asp？id=12969，2013-05-17）

思考与讨论

问题一：梅兰芳年幼时曾被师傅认为不适合学戏，但他后来又是如何成为一代京剧大师的呢？

问题二：在当今社会，你如何做一个真实的我？

要点提示

提示一：一分耕耘一分收获，只有不断地勤学苦练，才能拥有真才实学，才能实现我们的艺术梦想。

提示二：求真的最终目的是要进入真的人生境界。达到真的境界的人即为真人，真人就是时时处处都表现自己的本质、本性，不虚伪、不欺骗。

一、真才之道

没有文化积淀的艺术是浅薄的艺术，不论是戏曲、音乐、舞蹈、广告、美术，还是节目制作、影视动画、服装设计等，都需要文化积淀。真正热爱自己的专业，想在专业上有所成就，不仅要勤学苦练，还要涉猎许多方面的知识，汲取各种养料。

1. 拥有广博的文化知识

我们今天处在知识经济时代，生活的内容越来越丰富多彩，这就要求我们必须具有广博的文化知识。文化功底对于一个人的意义，不是今天或者明天就能看到成效的，特别是在艺术专业领域里。当有朝一日意识到自己文化知识的浅薄已经阻碍了专业的发展，致使自己再难以在艺术领域里得到提高时，就为时晚矣。苏联作家法捷耶夫曾说过："知识对任何工作都有帮助，但是对艺术家来说，全面的教育和渊博的知识更是必需，如果他想成为一个生活的真正表达者的话。"在艺术史上，优秀的艺术家，无一不是学识渊博、多才多艺的人。达·芬奇是文艺复兴时期意大利著名美学家、自然科学家、工程师和哲学家，他不仅以其杰出的代表作《最后的晚餐》《蒙娜丽莎》使当时绘画的现实主义发展到一个新的历史阶段，还在军事、天文、地质、土木工程、生物学、生理学等方面，具有卓越的成就。中国伟大的现实主义作家曹雪芹所著的《红楼梦》，堪称是一部百科全书，书中反映出他对于诗词歌赋、工艺美术、建筑、园艺、医药、烹调以至农业知识样样精通。再如中国当代著名电影表演艺术家赵丹，他擅长书画，懂得拳术，会表演魔术，写过小说、散文和剧本，对艺术理论也颇有研究。由于兴趣广泛，知识丰富，加上具有不懈地探求艺术真谛的精神，从20世纪30年代开始，赵丹共演出过话剧三十多场，主演和导演电影近六十部，在舞台和银幕上扮演了近百个角色，创造性地塑造出性格不同、色彩迥异的众多人物形象，如李时珍、林则徐、聂耳、许云峰等。他的表演艺术在我国电影发展史上写下了灿烂辉煌的一笔。

现在的社会，行业分工越来越细，一个人很难成为一个全才。在这个日益专业化的社会，普通人只要拥有一项专门技术，就会有生存发展的机会。凡事都要辩证地来看，“一技之长”也是如此。在钻研一门学问或技术的时候，也要考虑全面发展，不可将一个人必需的文化修养偏废。鲁迅先生在《给颜黎民的信》中这样说道：“昨天收到十日来信，知道那些书已经收到，我也放了心。你说专爱看我的书，那也许是我常论时事的缘故。不过只看一个人的著作，结果是不大好的：你就得不到多方面的优点。必须如蜜蜂一样，采过许多花，这才能酿出蜜来，倘若叮在一处，所得就非常有限，枯燥了。专看文学书，也不好的。先前的文学青年，往往厌恶数学、理化、史地、生物学，以为这些都无足轻重，后来变成连常识也没有，研究文学固然不明白，自己做起文章来也糊涂，所以我希望你们不要放开科学，一味钻在文学里。譬如说罢，古人看见月缺花残，黯然泪下，是可恕的，他那时自然科学还不发达，当然不明白这是自然现象。但如果现在的人还要下泪，那他就是糊涂虫。”在这里，鲁迅先生给青年颜黎民讲解了“博取”和“专长”的关系，现在依然值得我们借鉴。中国有句老话叫“工夫在诗外”，某项专长的积累，需要大量的其他知识来协助。适当的博取，可以使一技之长得到更好的发挥。梅兰芳曾向青年演员指出：“不论演员或剧作者都必须努力开扩自己的眼界。除了多看多学多读，还可以在戏剧范围之外，去接触各种艺术品和大自然的美景，来多方面培养自己的艺术水平，才不至于因孤陋寡闻而不辨精、粗、美、恶，在工作中形成保守和粗暴。”

2. 注重知识更新

现代社会信息爆炸，知识更新非常快。只有不断学习新知识，才能适应时代的发展。人们必须与时俱进，及时更新自身固有的习惯和观念，使自己有更强的竞争力，才能在人生发展中抓住有利机会，取得成功。一个人如果过于安于现状，不积极主动地学习新知识、新技能，他在职场中的竞争力会很快变弱，一旦工作出现波动，将很快处于劣势。

英国影响力最大的报纸之一《泰晤士报》摄影部招聘一名摄影记者。经过层层选拔，艾拉和杰克进入了最后的面试阶段。面试官说：“两位都十分优秀，可惜报纸董事会仅仅给了摄影部一个名额。很遗憾你们两个人当中只能录取一人。现在给你们一个自由答辩的机会，你们可以陈述一下自己对摄影的见解。”杰克是英国的一位资深摄影师，他从技术角度谈了自己对摄影的看法，在场的面试官不停点头，露出赞许的眼神。听完了杰克的陈述，艾拉感到压力很大，她深深地吸了一口气，努力使自己镇静下来，对面试官说道：“我觉得数码相机的面世必将给报刊新闻摄影带来巨大的变革……”一周后，杰克接到一封措辞婉转的信，信中写道："作为新闻行业工作者，我们更加注重员工对新知识、新动向的掌握和了解。尽管杰克先生的摄影技术无可挑剔，但是艾拉女士显然对摄影行业的新技术和新动向更加敏感。她所认为的'数码相机的面世，必将给报刊新闻摄影带来巨大的变革'，我们认为很具有前瞻性。"

当时是 1989 年，柯达公司刚刚推出第一款数码相机。事实上，正如艾拉所预测的那样，数码技术的广泛应用，给摄影界带来了一场深刻的革命。它丰富了传统影像的表现手法，改变着摄影人的思维方式、创作理念和拍摄技法，极大地推动和拓展了摄影创作的艺术表现力，从而提高了摄影作品的质量。

艾拉酷爱摄影，进入《泰晤士报》工作，是她的第一大梦想。她在钻研摄影的同时，更加注重对摄影行业新知识的学习和新动向的了解。当柯达推出第一款数码相机，一些用惯了胶卷的摄影师不以为然的时候，艾拉就开始了解和学习数码技术了。她预测的准确性，全部来源于她对新知识的汲取和积累。艾拉对新知识的学习，不但帮她得到了梦寐以求的工作，还为她今后的人生发展奠定了坚实的基础。数年后，她成了《泰晤士报》的一名资深记者。

从幼年、少年、青年、中年直至老年，学习将伴随人的整个生活历程并影响人一生的发展，因而我们每个人都不要间断对知识的获取。只有经常学习，不论年少年长，学问越多心里就越亮堂，才不会盲目处事、糊涂做人。师旷是我国春秋时期著名的音乐家。一天，师旷正为晋平公演奏，忽然听到晋平公叹气说："有很多东西我还不知道，可我现在已 70 多岁，再想学也太迟了吧！"师旷笑着答道："那您就赶紧点蜡烛啊。"晋平公有些不高兴："你这话什么意思？求知与点蜡烛有什么关系？答非所问！你不是在故意戏弄我吧？"师旷赶紧解释："我怎敢戏弄大王您啊！只是我听人说：年少时学习，就像走在朝阳下；壮年时学习，犹如在正午的阳光下行走；老年时学习，那便是在夜间点起蜡烛小心前行。烛光虽然微弱，比不上阳光，但总比摸黑强吧。"晋平公听了，点头称是。古人说："书山有路勤为径，学海无涯苦作舟。"没有止境地学习，是每一个向上者都应该做到的。人要想不断地进步，就得活到老学到老，在学习上不能骄傲自满，要不断地学习，注重知识更新。

青春年华不可虚度，掌握真才实学也不能等。"人最宝贵的东西是生命，生命对人来说只有一次，因此，人的一生应当这样度过：当一个人回首往事时，不因虚度年华而悔恨，也不因碌碌无为而羞愧。"这是苏联作家奥斯特洛夫斯基所著的《钢铁是怎样炼成的》中的一句名言。人的一生，只有短短几十年，我们要将宝贵的生命充分利用，要养成"活到老，学到老"的学习习惯，千万不可荒废人生。坚持终身学习，一定会让你受益终身。

3. 勤学苦练技能

"天才出于勤奋"，这句话适用于一切艺术家。莫扎特之所以成为天才的音乐家，不仅出于天赋，更重要的是因为后天的教育和不懈的努力。莫扎特的父亲是一位宫廷乐师，他从小就受到音乐的熏陶和严格的音乐技能的训练。他每天一大早就到客厅练琴，因为个子小，每次弹琴时都得在座位上垫一大叠书，方可练习。他对音乐有着疯狂的热爱，不论是高兴或悲哀，不论是谈话或聊天，他脑中总是闪现出美妙的旋律。由于天赋和勤奋，他攀上了时代音乐的高峰。虽然只是短暂的35年，但他却给人们留下了600多部作品。

俗话说"台上一分钟，台下十年功"，可见只有勤学苦练、坚持不懈，我们的技能才会取得长足的进展。1649年，达·芬奇投师于名画家佛罗基奥，佛罗基奥没有给他大讲绘画理论，也不让他临摹名画，而是要他画蛋。开始时，他很有兴趣，也画得认真，每画一张，都请老师修改。可是连续十几天只是画蛋，达·芬奇终于不耐烦了，认为老师小瞧了他，让他画这么简单的鸡蛋。老师看出了他的心思，意味深长地说："这个蛋可不简单，世上没有两个完全相同的蛋，即使是同一个蛋，由于观察角度不同，光线不同，它的形状也不一样啊。"达·芬奇恍然大悟，原来老师是为了培养他观察事物和把握形象的能力呀。从此以后，他废寝忘食地训练绘画基本功，学习各类艺术与科学知识，为他以后在绘画和其他方面取得卓著的成就，打下了坚实的基础。达·芬奇一生在绘画上不懈追求，为我们留下许多名垂千古的杰作。

那种在练基本功上缺乏耐心，好高骛远、急于求成的人，那种畏难怕苦、浅尝辄止，不把艺术工作当成终身事业的人，哪怕先天条件再好，也往往功亏一篑，半途而废，令人惋惜。被世人誉为"活武松"的盖叫天很重视苦练基本功，他在和青年演员谈到学艺时曾说："不受一番冰雪苦，那得梅花放清香？咱们练功，得下狠心练。练功如打铁，打了再烧，烧了再打，打尽一切杂质，百炼而后成了纯钢。"他坚持练功，几十年如一日，虽已七十高龄，仍"夏练三伏""冬练三九"。中国唐代的吴道子有"画圣"之称。他二十岁开始学画，五十多年没有间断过艺术生活。他画的人物，前人形容有"八面玲珑的妙处"。传说他初学画时画过许多鸡蛋，因此画起圆圈来，画笔一挥，就像用圆规画成一样，"令人看见惊栗"。晋代著名书法家王羲之，就是凭着"临池学书，池水为墨"的工夫，写字才入木三分，下笔如神，被后人尊为"书圣"的。

勤劳是一个人生存发展的需要，是修身立德最基本的要求，同时也是人生历程中不断前进的资本。勤劳一日，可得一夜安眠；勤劳一生，可得幸福长眠。生命的旅程就是一次远航，以勤作桨，生命的大船才能驶向远方，驶向彼岸，人生也才会更有意义。

学无止境，艺无止境，"峰高无坦途"。我们需要紧跟时代步伐，不断提高自身文化修养，刻苦磨练艺术技巧，积极参加艺术实践，创造出更多的无愧于我们伟大时代的艺术作品。

二、真诚之道

真诚，即真实诚恳。真心实意，坦诚相待，以从心底感动他人而最终获得他人的信任。真诚守信能够使我们广结善缘，使人生立于不败之地，能够创造幸福美满的人生。真诚守信能使人笑口常开，好运连绵，利于我们构建和谐社会、温暖人间。

1. 诚信立身

真诚守信自古以来是中华民族的传统美德，一代代地传承着，沉淀在我们的灵魂深处，是公民的第二个“身份证”，是日常行为的诚实和正式交流的信用的合称。孔子说：“人而无信，不知其可也。大车无輗，小车无軏，其何以行之哉？”①。意思是说：“一个人怎么可以不讲信誉！如果大车没有车轴，小车没有车轴，怎么能开动呢？”可见诚信的重要性。德国著名音乐家、钢琴家门德尔松有一次到英伦三岛作访问演出，维多利亚女皇特别欣赏他，特地为他举行了一场盛大的招待会。招待会开始了，女皇致贺词，她在贺词中提到了门德尔松的《伊塔尔兹》，并说：“单凭这首曲子，就足以证明他是一位天才！”大家以为门德尔松会很高兴，但事实恰恰相反，他面红耳赤，显得很不自然，动作也极不协调，在场的人都感到很奇怪。女皇致完词后，门德尔松局促不安地走上前去，以极其认真而诚实的态度对女皇说：“尊敬的女皇陛下，那首曲子不是我创作的，是我妹妹芬妮的作品。很抱歉，我必须向您说清楚，不然我会羞愧一辈子的。”在那个时代，人们对女性艺术家有很大的偏见，芬妮创作后，决定以门德尔松的名字来发表，这样才容易受到大众的青睐。现场的人一下子都没反应过来，随之便是一片热烈的掌声。事后有人问门德尔松怎么有勇气给大家一个诚实的交代，他只说了五个字：“人，必须诚实。”② 他的举动正应验了一句名言：“诚实者永远会成功，说谎者永远会失败。”可见，诚实守信给人以襟怀坦荡、心底无私天地宽的美好情怀，让人陶醉在真诚的情愫之中，从而获得友谊、爱情的温暖和追求美好生活的决心。

现实中确实有人能把假的说成是真的，把黑的说成是白的，而且能够使一些人在短时期内相信。也可以说，当这个世界还存在着虚伪、欺诈，以及人与人之间的紧张、隔阂、冷漠时，坚守诚信确实需要有一种无私无畏的精神。2005 年，在《惊情神农架》上海电影节首映宣传活动中，主演柯蓝直言：“剧组造孽，我是帮凶！”《惊情神农架》是暂别主持生涯的柯蓝接手的第一部电影，然而到了拍摄片场，柯蓝才发现自己将要拍摄的电影和当初合约上签的是两回事：“我到了剧组第一天才知道导演刚被换掉，而且剧本每天都在换，我都不知道拍出来的是什么。但是我知道的是，要热爱大自然，我非常痛心疾首，因为在神农架看到到处都是塑料瓶子，还有偷猎金丝猴，金丝猴离我们越来越远。我实在很矛盾，既想让大家知道神农架的美丽，呼吁大家去保护它，又怕别人去打搅它。”柯蓝对于剧组破坏神农架的行为颇有微词：“剧组在神农架的自然保护区里居然搭了一个木屋，我觉得是在造孽。拍完以后，我和导演都建议把它拆除，可是当地不让，要留着作为一个景点来招徕游客，而且还要求我们在戏里多放一些有关野人及风光的镜头，来吸引游客的猎奇心理，我觉得这是在造孽，我是帮凶。所以我回来以后一直希望加入保护金丝猴的组织来补偿一下。”③ 电影《惊情神农架》主演柯蓝公开指责剧组破坏神农架生态，《新民晚报》对此进行了系列报道。制片方中国电影集团认为名誉受到严重侵犯，将柯蓝和新民晚报社告上法庭。最后，海淀法院认定中国电影集团

---

① 《论语·为政》。

② 谢友国：《艺术家的故事》，湖南人民出版社 2011 年版，第 270 页。

③ http：//iptv. cnhubei. com/2005-11/18/cms2264article. shtml，2013-11-18。

违规进入自然保护区，影响了当地环境，最终驳回了中国电影集团的诉讼请求。① 邪不压正，真理终究战胜谬误。我们应该像罗曼·罗兰评价贝多芬时说的那样，即："世界上只有一种真正的英雄主义，那就是在认识了生活的真相之后，依然热爱生活。"

2. 真诚给力

世界著名影星索菲亚·罗兰曾这样说过："如果你很害羞，就不要去硬充社交场合的中心人物；如果你的舞跳得很糟，就不要整晚去踩别人的脚趾头。但如果你颇为自己的歌喉骄傲，那也别掩饰。当你把自己独有的一面显示给别人，魅力就随之而来。"② 真诚能使我们的努力有一个真实而非自欺欺人的起点，因此，真诚具有以下意义：

第一，真诚使人与人之间容易沟通。与他人成功沟通，是人走向社会的第一步。其实，在人与人沟通的过程中，表现出一些小缺点更易被人接受，因为缺点会被认为是真实的。这根源于众所周知的原因：人无完人，金无足赤。毫无瑕疵的事物根本不存在。据心理学家分析，一个人如果有一些微小的失误，不仅不会影响人们对他的好感，相反会让人们从心里感觉到他很真诚，值得信任，从而拉近他与人们之间的距离。而如果一个人表现得完美无缺，从外面看不到他的任何缺点，反而，人们觉得有些不真实，影响人们对他的信任度，从而使他与人们之间产生距离。

第二，真诚能培育纯真的友谊。完整的人生，友谊必不可少。而友谊需要双方互相信任，以诚相见，推心置腹，相互关心、爱护、了解，相互承担责任并尽义务。如果不是这样，双方只能称为熟人。如果只是一方付出真诚，而另一方总是有所戒备，这种"友谊"不会长久。真诚可以获得友谊，友谊可以转化成责任、义务甚至是爱。朋友是财富，爱是财富。那么，真诚可以让你获得财富，让你变得越来越富有。一代伟人毛泽东所追求的为人处事的风格便是本色、真诚、实在。他青年时代在长沙创办的新民学会，就要求加入学会的人在品行上应该"诚实不华"。他一生厌恶虚伪做作的人，而喜欢和坦率、洒脱的人接近。

第三，真诚会增加成功的机会。在人们通向成功的路途中，真诚是助动器、润滑油，真诚会使人们更容易成功。因为，人是社会的人，成功是不可能离开他人的帮助的。为人真诚能够较易获得别人的信任，有了信任才可能给予你任务，有了任务才可能有机会。真正的成功需要社会的认可，需要社会的正面评价、相应的社会尊重和成功后相应的利益获得。

三、真我之道

俗话说的好，"知人难，知己更难"。静下心来想想，你的真心有没有被伪装所掩饰呢？你戴在脸上的面具是不是忘了摘下来呢？认识自己，是成功的必要条件。认识自己的第一步，是做真实的自己。

---

① http://news.xinhuanet.com/newscenter/2006-07/18/content_4846743.htm，2013-07-18。

② ［意］索菲亚·罗兰：《女人的魅力》，郭少波译，浙江文艺出版社 1987 年版，第 164 页。

1. 面对自我心坦然

“做真实的自己”，这是两千多年前古希腊大哲学家苏格拉底的一句名言。这句话包含了无穷的真理，如果我们能领悟这句话的真谛并认真实践，我们的一生必将受益无穷。但现实生活中，越来越多的人都觉得做真实的自己越来越难，甚至成为一种奢望，于是，我们的生活变得模糊、纠缠、郁闷不堪，似乎不真实比真实更痛苦，那么如何做真实的自己？关键是要有勇气。一个人如果拥有了“做真实的自己”的力量，在面对现实时，就不会“顾影自怜”，也不会把时间花在掩饰自我缺点上，而是会充满勇气地面对自己，以实力去奋斗和拼搏，并最终取得成功。欧文·柏林是美国著名的作曲家，而葛希文在认识柏林时还是个无名青年。虽然柏林很赏识葛希文的才华，愿付相当高的工资请葛希文当音乐助理，但是十分怜惜人才的柏林还是直言相告：“如果你接受了，可能会成为一个二流的柏林；但如果你秉承自己的本色奋斗下去，你会是一流的葛希文。”葛希文接受了柏林的忠告，果然成为美国当代最著名的音乐家。一个人如果拥有了“做真实的自己”的力量，在与人交往时，就会放下虚张声势的“架子”和“面具”，像一块没经过雕刻的玉。他们所流露的赤子之心也会受到人们真心的爱戴。有位诗人曾说过：“伟大无须装饰，也不可形容，伟大只能是它自己。”

2. 真我本色见功夫

现在社会上出现假身高、假学历、假慈善、假冒伪劣产品等现象，可能当时是获得了荣誉和经济利益，但从长远来说就失信于人，也就是说，造假、掩饰的结果最终一定是得不偿失。一个勇于做真实自我的人，是一个富有智慧的人。法国杰出的现实主义画家米勒曾经为了生存，不得不去适应市场，运用华丽的手法，创作了一些牧歌式的作品和肖像画。这时，他的经济收入提高了，但米勒又陷入了矛盾，一方面他厌恶自己目前的状态，另一方面也不知道自己今后的路该如何走。在一个偶然的机会下，他清醒了，把画笔转向了他最热爱、最熟悉的农民生活，并由此开创了一代画风。直到这时，他才敢理直气壮地说：“我是农夫！”所以，当你正确认识你自己时，你就成熟了。综观世界各行各业成功人士的事例，他们成功的要诀就在于有充分的自知之明，也就是认识自己之后，不断地改造自己，最终取得成功。

现代舞之母伊莎多拉·邓肯诞生于美国一个平民之家。她的音乐和舞蹈天赋来自她的母亲，一位音乐教师。她小时候唯一的娱乐就是在母亲的钢琴伴奏下翩翩起舞，但在她看来，“芭蕾一点儿也不美！将来的舞蹈必须是肉体与灵魂的结合，肉体动作必须发展为灵魂的自然语言”。为了实现自己的舞蹈审美理想，她第一个抛弃了当时舞蹈界流行的古典芭蕾紧身衣和脚鞋，赤足登台，自由起舞，把舞蹈恢复到了纯真自然的境界。但当时的美国观众并不欣赏她的这种貌似无技术的“自由舞”，而只是迷信俄国芭蕾明星巴甫洛娃和她的代表作《天鹅之死》一类的古典芭蕾。这使她不得不去英国和法国碰运气，但结果不理想，原因除了那里（特别是法国）有着深厚的古典芭蕾传统外，还由于西欧舞蹈剧场的观众普遍比较保守。邓肯真正的成功之路始于中欧的匈牙利首都布达佩斯，随后她的舞步才遍及欧洲各大城市。她那灵魂与肉体高度统一、身心沐浴在自由阳光之下的舞蹈在观众心中卷起了一阵阵波澜。

但丁说："走自己的路，让别人去说吧！"只有认真分析了别人的观点，最终判断自己是对的，并坚持原则的人，才会这样说。不以物喜，不以己悲，尽管四周满是阻力，尽管不明前方是康庄还是羊肠，是光明还是黑暗，在社会道德和法律允许的范围内，勇敢地做自己，成功就一定属于你。

第二节 向 善

案例精选

丛飞（公元1969—2006年），原名张崇，生于辽宁省盘锦市大洼县庄台镇的农村，自小努力向上，是深圳著名男歌手。他在37岁的短暂人生中，先后参加了400多场义演，收入并不丰厚，但进行了长达11年的慈善资助。他资助了183名贫困儿童，累计捐款捐物300多万元。2005年5月12日被确诊为胃癌晚期。令人震惊的是，他根本拿不出治病的钱，在他那50多平米简陋的家里，没有任何值钱的家当，衣柜里的衣服都是三五十元的便宜货，唯一有些档次的是他常穿的白色演出服。

爱心大使丛飞生前立下遗嘱捐献眼角膜，履行他最后的爱心之举，为活着的人留下光明。在去世的10天前，丛飞和父亲向医院郑重提出，停止静脉补药治疗，仅保留镇痛治疗。丛飞说："我希望能把这些费用用到其他有治疗价值的人身上。"他还提出，去世后捐出眼角膜。丛飞捐献的眼角膜使5名眼疾患者受益。

丛飞被评为2005年感动中国人物和100位新中国成立以来感动中国人物之一。2005年感动中国人物颁奖词是这样写他的："从看到失学儿童的第一眼到被死神眷顾之前，他把所有的时间都给了那些需要帮助的孩子，没有丝毫保留，甚至不惜向生命借贷，他曾经用舞台构筑课堂，用歌声点亮希望。今天他的歌喉也许不如往昔嘹亮，却赢得了最饱含敬意的喝彩。"

（出自：http：//baike. baidu. com/view/19039. htm，2013-06-14）

思考与讨论

问题一：丛飞为什么被评为2005年感动中国人物和100位新中国成立以来感动中国人物之一？

问题二：丛飞身上有哪些品质值得我们学习？

要点提示

提示一：事情虽小，善心却大，从一件小小的好事便可以看出一个人纯洁的心灵和高尚的品格。

提示二：我们关心他人、尊重他人、理解他人，这必将赢得社会的尊重和人民的赞扬；我们为人宽容，解人之难，就能得到谅解、和睦、友谊。

一、勿以善小而不为

勿以善小而不为，一滴水可以折射出太阳的光辉，一件好事可以反映出一个人高尚纯洁的心灵。我们要从小事做起，从点滴做起。一个人做一件好事并不难，难的是一辈子做好事。如果一个人坚持做好事而不做坏事，那么，他必然会得到社会的尊重、人民的赞扬。

1. 勿以恶小而为之，勿以善小而不为

这是三国时期蜀主刘备去世前给其子刘禅的遗诏中的话，原句为："勿以恶小而为之，勿以善小而不为。唯贤唯德，能服于人。"目的是劝勉他要进德修业，有所作为。好事要从小事做起，积小成大，也可成大事；坏事也要从小事开始防范，否则积少成多，也会坏了大事。所以，不要因为好事小而不做，更不能因为不好的事小而去做。小善积多了就成为利天下的大善，而小恶积多了则"足以乱国家"。这句话深刻揭示了"小中有大"的哲理。"小"水滴不断滴下，力可透石；"小"火星足以燎原；"小小"的一句话，足以影响一国之兴衰；"小"不忍，足以乱大谋；一丝"小小"的微笑，能给人无限信心；每日一个"小小"的善行，足以广结善缘。勿以善小而不为，"善小"不是"不足道"的，"善小"也含有"大义"。小事是大事的基础，大事是小事的累积，轻视一件件平凡的好的小事，就不会做出伟大的事情。轻视一滴水，就不会有浩瀚的海洋；轻视一棵树，就不会有茂密的森林；轻视一砖一瓦，就不能盖好高楼大厦。千百年来，古人有许多强调"做小事"的重要性的名言警句：集腋成裘，聚沙成塔，垒土成山，纳川成海，积善成德……一次关灯，一句善语，一次让座，一个微笑，这些小小的善举，都是举手之劳，并不需要我们付出很多，却能换来谅解、和睦、友谊。为他人做点事，为社会做点事，美好的生活在大家的点点滴滴中创造，在持之以恒中延伸。

崔永元在《艺术人生》十年庆典暨"温暖——2010"特别节目录制现场，主动提及这样一件事：在五年前他爆料央视一位主持人在采访完某艺术家后，骂其"这傻×今天真配合"，此后公众猜测该话影射朱军，对朱军造成困扰。然后他在现场郑重向朱军鞠躬道歉，他说："看了一份周刊对朱军的采访，很受感动和启发。对我当年过于含混的描述使朱军饱受误解，受到无端伤害深感歉疚！现郑重向朱军及家人鞠躬致歉！学习朱军的抗压能力和宽广胸怀。"

对于崔永元的道歉，朱军更是诚恳接受，他说："其实小崔的这个行为让我真的很佩服，并没有几个人可以做到这样，他完全可以私下跟我说这件事，但他选择了在这个舞台上，向广大观众这样说，我想这就是崔永元，这就是他的性格。"

"失之东隅，收之桑榆"，"塞翁失马，焉知非福"。那些看起来好像吃亏的事，其实未必都是吃亏的事，当你在善与恶之间做出明智选择的时候，这举动本身就是一种收获。当你多年以后为此而丰收时，你自然就明白了，在小事上吃点亏，在吃亏的事上做点让步，在小小的恶事面前做出正义的举动，每一点每一滴的积累都会让你在接下来的生活中受益匪浅。虽然在你看起来只是一个小小的举动，但却可能对别人产生莫大的影响。至于是好的影响还是坏的影响，就要看你当时所做的是善还是恶。小与大是相对的，但善与恶却有较固定的评判标准，再小的善也是善，再小的恶也是恶。善是一种循环，恶也是一种循环，所以我们要“择其善者而从之，其不善者而改之”，走出自己美好的人生之路。

2. 从我做起，从现在做起

善良是我们中华民族世代推崇的传统美德。培根在《论人生》中，把善良定义为一种利人的品德，并认为是人类一切精神和品德中最伟大的一种。人的品性大多是后天形成和造就的，因此我们要使自己具有利人的品德而变得善良。伊斯兰教的圣者穆罕默德认为，善良是衡量一个人的价值所在。他认为：一个人的真正财富，是他在这个世界上对其同伴及朋友所做的好事。这样，当他死去时，人们不会说他留下了多少遗产，而会说他生前做过很多好事。

如果我们愿意在社会实践中培养自己的善良品性，就必须从“从我做起，从现在做起”。我们为一位陌生人指路是善良，我们搀扶一位老人过街是善良，我们给老人让个座是善良，我们在路上移开一个障碍物是善良，甚至我们给别人一个微笑也是善良。这些都是生活中小得不能再小的事情，也是我们每个人都能做到的，也许就是这样一个小小的举动，既能形成善良的品性，也给我们身边的人解决了很大的麻烦。从艺术上讲，所谓“画虎画皮难画骨”，身正才能艺正。艺术大师梅兰芳成为角儿之后，没有忘记自己曾经的穷哥们儿。有一段时间，每到阴历年底，他都是要出来组织一台义演，被称为“窝窝头会”，所得票款全部捐给贫穷的同行，让他们安度年关。1949 年，梅兰芳听老生搭档王琴生讲，上海一位老艺人逝世了，家里很困难，于是马上掏出五百万元(当时的货币)，让王琴生交给对方的家属，而这位老艺人与梅兰芳非亲非故。诸如此类的善事，在梅兰芳身上不胜枚举，比如某某要娶媳妇，手头紧张，梅兰芳很快就会雪中送炭。1961 年梅兰芳去世，家人在整理遗物时，发现了一大叠借款单。原来他借钱出去后，从不告诉别人，也从来不会去催要。梅兰芳不仅继承了我们中华民族的传统美德，而且告诉我们每个人要从小事做起，从“小爱”做起，“不以善小而不为”。在平凡的岗位上简单地做人，踏实地做事，做一个正直的人。我们每个人都是这个社会中的一分子，这个社会是我们的大家庭。家庭成员之间就有义务和责任为彼此尽职尽责和付出，更何况是我们力所能及的一个举动呢。正像歌词写的那样，“只要人人献出一点爱”，社会就能变成“美好的人间”。

二、己所不欲，勿施于人

“己所不欲，勿施于人”出于《论语·颜渊》，是孔子的经典妙句之一，亦是儒家文化精华之处。关心他人、尊重他人、理解他人，是“己所不欲，勿施于人”的实质所在。如果时时处处都能站在别人的角度思考问题，体验他人的情感世界，我们就能融洽、友善地与人相处。

1. 尊重他人，平等待人

“己所不欲，勿施于人”的意思是：自己所不愿意做的事情，不要强加于人。这句话所揭晓的是处理人际关系的重要原则。孔子所言是指人应当以自身的行为为参照物来对待他人。人应该有宽广的胸怀，待人处事之时切勿心胸狭窄，而应宽宏大量，宽恕待人。倘若自己所不欲的，硬推给他人，不仅会破坏与他人的关系，还可能将事情弄得不可收拾。人与人之间的交往确实应该坚持这种原则，这是尊重他人、平等待人的体现，是待人处事的一条根本原则。

世界著名的文学家萧伯纳一次到苏联访问，在街头遇见一位聪明伶俐的小姑娘，就和她一起玩耍。离别时他对小姑娘说：“回去告诉你妈妈，今天和你玩的是世界著名的萧伯纳。”不料那位小姑娘竟学着萧伯纳的语气说：“你回去告诉你妈妈，今天和你玩的是苏联小姑娘卡嘉。”这件事给萧伯纳很大的震动，他感慨地说：“一个人无论他有多大的成就，他在人格上和任何人都是平等的。”萧伯纳的教训就在于他把自己看得太高了，忘记了尊重别人，而天真直率的小姑娘用独立人格回敬了他的傲慢。

每个人的人格是平等的，这意味着每个人都应受到同等的尊重。尊重他人就意味着尊重对方平等的人格，这是人与人交往的基本要求，也是每个人对待他人应有的态度和方式。平等待人是现代人的基本素质。一个缺乏平等意识的人，即使有某些方面的才能，也不会获得太高的社会评价，因为社会生活需要合作，一个不尊重他人的人，一个不能平等待人的人，就不可能与他人友好相处，也不可能得到他人的尊重和理解。

俄国作家屠格涅夫有一次在街上散步，一乞丐跪倒在地求道：“先生，给我一点食物吧。”屠格涅夫寻遍全身无一点可充饥之物，只好说：“兄弟啊！对不起！我没带吃的！”这时，那乞丐站起身，脸上挂着泪花，紧握作家的手说：“谢谢你！我本已走投无路，打算讨点吃的后就离开这个世界。您的一声‘兄弟’让我感到这世间还有真情在，它给了我活下去的勇气。”

在现实生活中，人们有容貌、智力、体力的差异和出生的社会家庭环境的差异，也有社会分工、机遇等方面的不同，造成了贫富差别、城乡差别、职业差别，这些差别就是存在歧视的原因。每个人都有自己的优势和不足，不要因自己在某些方面比他人有优势就觉得高人一等，看不起他人，这是一种盲目自大的行为。平时以衣取人、以地位取人，实际上反映了认为金钱、权力的价值高于人的价值，是对尊严的一种否定，那么这种交往方式也是不能长久的，受人鄙视的。真正做到尊重他人，就要善于站在对方的角度，感同身受，推己及人。

2. 推己及人，将心比心

“己所不欲，勿施于人”简单地说就是推己及人，它和中国民间常说的推心置腹、将心比心，设身处地为别人着想，是一个意思，就是用自己的心推及别人：自己希望怎样生活，就想到别人也会希望怎样生活；自己不愿意别人怎样对待自己，就不要那样对待别人。人是最能体贴自己、原谅自己的。自己不愿为之事，何苦为难别人？善待别人，也就是善待自己；宽容别人，也就是宽容自己；尊重别人，也会受到别人的尊重。2012 年获得诺贝尔文学奖的中国作家莫言在老家山东高密接受采访，有记者问他是否会离开中国，他回答："我离开这个国家干嘛？甚至高密都不会离开。我喜欢这，生我养我，食物也适合我。"莫言称，任何人都有选择的自由，出国的人也不是不爱国，不要去强迫别人。

"己所不欲，勿施于人"，推己及人，说起来容易做起来难。要做到推己及人，首先就要将心比心。把自己当作别人，在做一件事、说一句话之前，能够想一想你这样做对别人会有什么影响，想一想别人是不是也有一样的要求，想一想你这样做别人会有怎样的感受，摒弃以自我为中心的做法，在与人相处及交谈中，少说"我"，多说"你"。站在别人的角度思考问题，这样便不会将自己应该做的事推到他人身上。把别人当成自己，就能够真正理解他人所求所想。理解别人，哪怕是一个侮辱你的人，一个伤害你的人，一个敌人，去理解他的任何一种行为，任何一种心态，任何一种境界，就会明白每个人都有其理所当然的地方。把别人当成自己，就能够同情他人的不幸遭遇。把别人当成自己，就能够在别人需要时给予恰当的帮助。

三、海纳百川，有容乃大

"海纳百川，有容乃大"，寓意为要像大海能容纳无数江河水一样的胸襟宽广。

1. 人非圣贤，宽容为怀

世界上没有两片完全相同的树叶，也没有两张完全相同的面孔。人与人之间存在各种各样的差异，需要相互宽容，尊重彼此的个性。我们都不是"圣贤"，现实生活中难免无意中伤害别人，会不小心踩了别人的脚、溅了别人一身泥，也可能由于一时糊涂做出伤害别人感情、损害别人利益的事。这时，我们要体谅、尊重他人的感受，真诚地赔礼道歉，请求他人原谅。同样，我们也可能受到别人无意之中的伤害，对别人的"对不起"也要真诚接纳、理解、原谅，而不能得理不让人，更不可冤冤相报。

有一个小报记者，急于成名，所以好做反面文章，希望以此来惊动世界。别人说梅兰芳好，我非说他糟！批评梅兰芳，骂梅兰芳，说梅兰芳的艺术不行。他想，希望有一个人来跟我争鸣，希望梅兰芳能跳出来跟我吵，我就红了，炒作起来了，版面就活跃了，我的编辑、总编辑会表扬我，报纸有人看了……梅兰芳看了，付之一笑，没理会。第一回合，小报记者按捺不住了：你不理我，我怎么办呢？加大力度，除批评以外，谩骂、风花雪月、无中生有，搞了一篇又一篇人身攻击……梅兰芳当然不愉快了，因为写的都不符合事实。这个小报记者就等着梅兰芳出来跟他争鸣。可是梅兰芳虽然不愉快，但不争论，不说话。

后来这事情过去若干岁月，这个小报记者落魄了，潦倒了，没钱了，他到处借钱，借不到，想出一招来：我去向梅兰芳借，他这么道德高尚，我跟他借钱大概能借着。于是他做好了充分的思想准备，准备被梅兰芳骂一顿。到了梅兰芳那里，他把自己的处境讲了一遍，梅兰芳知道这些情况以后，拿出两百块钱来。那个时候的两百块钱，大概是比较有份量的，给了他两百块钱，梅兰芳再也不说别的：“您走吧。”记者没有想到，一个受过他侮辱、受过他欺负的人，居然会这样对待他，他没有想到！他被梅兰芳的气度、胸怀感动，当场“扑通”跪下：“梅先生，我真不对！您是宰相肚里能撑船，我是有眼不识泰山！我错了！以前的文章都是狗屁，我今后再不这么做了……”记者大大地检讨了一番，梅兰芳说：“没关系，你也要吃饭，没关系，去吧！”①

人是万物之灵，理应襟怀博大，眼界高远。只有超越自我的樊篱，勇于并善于接纳和认可别人，才能得到别人的接纳和认可，才能拥有一种清新、质朴、快乐的生活。只有不断地突破自我和超越自我，才能净化自己的道德心灵，不断开拓自我创造的疆域。正如法国著名作家维克多·雨果曾说过的：“地球上最广阔的是海洋，比海洋更广阔的是天空，比天空更广阔的是人的心灵。”

2. 宽容他人，悦纳自己

宽容是宽厚和容忍，原谅和不计较他人。宽容是中华民族的传统美德，也是当代人必备的道德品质。宽容包含理解。有了理解，就会有谅解、有同情；多一分理解，就少一分误解、少一分怨恨、多一分融洽。美国前总统林肯对政敌素以宽容著称，后来终于引起一议员的不满，议员说：“你不应该试图和那些人交朋友，而应该消灭他们。”林肯微笑着答：“当他们变成我的朋友，难道我不正是在消灭我的敌人吗?”可谓一语中的。多一些宽容，公开的对手或许就是我们潜在的朋友。

“金无足赤，人无完人”，人不可能一生都不犯错误。包容别人，有可能会改变这个人的一生。对人既要有明镜之心，又要有宽容之腹。在现代社会，竞争是如此地激烈，磕磕碰碰在所难免。在社会交往中，吃亏、被误解、受委屈一类的事也是经常发生的。当然谁都希望不要遇到这些事情，但这样的事情一旦发生了，最明智的选择是宽容。宽容不仅仅包含着理解和原谅，更显示出气度和胸襟、坚强和力量。宽容别人，可以给别人一次机会，也会给自己更多的快乐。

李斯特是匈牙利著名作曲家、钢琴家、指挥家和音乐活动家，浪漫主义音乐的主要代表人物之一，被人们誉为“钢琴之王”。有个姑娘要开音乐会，在海报上冒充说自己是李斯特的学生。演出前一天，李斯特出现在姑娘面前。姑娘惊恐万状，抽泣着说，冒充是出于生计，并请求宽恕。李斯特要她把演奏的曲子弹给他听，并加以指点，最后爽快地说：“大胆地上台演奏，你现在已是我的学生。你可以向剧场经理宣布，晚会最后一个节目，由老师为学生演奏。”李斯特在音乐会上弹了最后一曲。

的确，能容纳别人的人是可敬的。我们为人宽容，就能解人之难，补人之过，扬人之长，谅人之短；我们为人宽容，就能赢得友谊，获得更多的朋友。宽容是高尚的，但要做到宽容，却不是一件容易的事。我们常见一些人为了鸡毛蒜皮的小事，出言不逊，甚至大动干戈；对于他人的过失，念念不忘，耿耿于怀。这是非常不可取的。一个人真诚地宽容别人的过失，不仅提升了人生境界，也使人与人之间心灵的距离不再遥远。

一个懂得宽容的人，会体察他人的内心世界，真心帮助他人，心胸开阔、与人为

---

① http：//news. sina. com. cn/o/2009-04-16/111715476590s. shtml，2013-04-16。

善，因而受人尊敬；一个不宽容的人，会整天陷于烦恼之中，心胸狭隘、处处设防，对人怀有敌意。生活经验告诉我们：善于宽容，利人利己。宽容能使伤人的人从中吸取教训，重新审视自己的行为；宽容能使自己远离烦恼、仇恨，体验到心灵的安宁和满足。

但宽容并不意味着我们是非不分，爱憎不明；也不是曲直不辨，麻木不仁。宽容是有原则的，不是盲目的。宽容要讲究策略。当我们受到别人无意的伤害时，要善于宽容别人的过错，切不可冤冤相报、以牙还牙；在可能的情况下，还要以我们的宽容感化当事人，使其改过。对待家人、同学、朋友，不能斤斤计较，而要宽厚待人、与人为善。当然，我们绝不迁就"坏人""恶人"，在原则问题上不能让步。

我们不仅要宽容他人，也要宽容自己、悦纳自己。既不要对自己求全责备，也不要自惭形秽；既不要妄自菲薄、否定自己，也不要妄自尊大。宽容自己意味着承认"人无完人"，容许自己犯错误，给自己改过迁善的机会，同时也给自己留下信心和希望。

第三节　尚　　美

案例精选

邰丽华，当代著名聋人舞蹈家。1976 年 11 月生于湖北宜昌，2 岁时因高烧注射链霉素而失去了听力，从此进入了一个无声的世界。她 15 岁时开始舞蹈训练，律动课上，老师踏响木地板的震动，唤起了她对音乐与舞蹈的热爱，被她称作"看得到的音乐"的舞蹈从此成为她生命的亮色——她赖以表达内心世界的语言。1994 年，她考入湖北美术学院装潢系，毕业后曾任湖北一所聋哑学校的老师。2002 年 8 月正式调入北京，在中国残疾人艺术团里担任演员队队长、团长助理，同时兼任中国特殊艺术协会副主席。

舞蹈《千手观音》中，12 位女孩、24 只手，融成一尊金光闪闪的吉祥观音，所有的意境，似乎都凝结在邰丽华那颇带禅意的含蓄表情之中。她脸上虽无一丝媚笑，但在目光流盼、眉宇舒展、玉指轻拈之间，流露出会心的微笑与吉祥的祝福。邰丽华之所以舞得入神、传神，源于她对舞蹈事业的投入、敬业，对每一部舞蹈作品的钻研和得当把握，更得益于她美好的内心世界。她爱美，着意传播美，善于表现美，加上她的学识和修养，融为一体，构成了她独到的舞蹈风格。

邰丽华的舞蹈如诗如画，含意隽永，不仅可以使观众得到艺术的享受，而且讴歌了生命的尊严、价值和伟大的人类精神，激励人们奋发向上、积极进取，对于弘扬华夏文化、人道主义和文明友爱，起到了积极作用。在"无国界文明艺术节"上，邰丽华被誉为"美与友谊的使者"。

邰丽华被评为2005年感动中国人物和100位新中国成立以来感动中国人物之一，2005年感动中国人物颁奖词是这样写她的：从不幸的谷底到艺术的巅峰，也许你的生命本身就是一次绝美的舞蹈，于无声处，展现生命的蓬勃，在手臂间勾勒人性的高洁，一个朴素女子为我们呈现华丽的奇迹，心灵的震撼不需要语言，你在我们眼中是最美。

（出自：http：//baike. baidu. com/view/46462. htm，2013-05-10）

思考与讨论

问题一：邰丽华带领中国残疾人艺术团聋人舞蹈队表演的舞蹈《千手观音》，从设计到绘画、视觉、装饰，都给人以美感，而其中最打动你心灵的又是什么?

问题二：邰丽华的舞蹈不仅可以使观众得到艺术上美的享受，而且激励人们奋发向上、积极进取，对于弘扬华夏文化、人道主义和文明友爱，起到了积极作用。在“无国界文明艺术节”上，邰丽华被誉为“美与友谊的使者”。请问你是如何理解美的?

要点提示

提示一：一个人的美应当是外在美与内在美的和谐统一，内在美对外在美起促进作用。

提示二：美是人类生活永恒的主题之一。人类对美的追求是积极主动的，也是愉悦和轻松的。在世界上美的事物千千万万，这些美的事物广泛地表现在人与自身、人与社会、人与自然的关系之中。

一、人之美

人的美是内在美和外在美的有机结合。外在美是人的美的形式，内在美是人的美的内容。评价一个人，既要欣赏他的外在形象与表现，也要注重他的内在修养与素质。一个真正具有美感的人，应该是内在美和外在美高度统一、协调一致的人。

1. 外在美

外在美指人的相貌、体态、语言、仪表、风度诸方面的美，它是人的美的一个重要组成部分。人们通过感觉器官“视而可见”“听而可闻”。有很多词语形容女人容貌之美，如国色天香、倾国倾城、美若天仙、沉鱼落雁，闭月羞花等；也有不少词语形容女人身材之美，如身姿曼妙、杨柳细腰、体态轻盈、婀娜多姿等。

人体美主要指美的形体，如骨骼发育正常、肌肉发达匀称、五官端正、四肢比例协调等，还有美的姿态。正如古人云：“坐如钟，站如松，行如风。”要自然挺拔，稳健大方，从容潇洒。一个人的形体和容貌主要是由遗传因素决定的，当然也受到后天环境的影响。但是，通过自觉的刻苦锻炼，是可以克服和矫正体态方面的某些缺陷的。如长期进行健身健美锻炼，能够改善体形体态、矫正畸形。

衣着美是仪容美的一个重要方面。郭沫若说："衣裳是文化的表征，衣裳是思想的形象。"在人类的童年时代，衣服只是为了实用，起到御寒保暖的作用，但随着文明的发展，服装不仅具有实用价值，而且有了审美价值。一般来说，衣着只要得体、入时、从俗就行。得体就是衣着的款式、色彩、尺寸尽量适合人体本身，显示和衬托出人的形体和姿态美；入时就是使衣着与自然相协调，与环境相协调；从俗就是使衣着与民情习俗相协调，适合本民族的审美观。爱美之心，人皆有之，生活条件越好，人们对自身的外在美越发讲究，化妆打扮已成为个人日常生活的重要环节，有的人不惜重金借助美容、整容术来增加自己的外在美。而作为艺术职业学院的大学生，在生活中衣着应当朴素大方、自然美观，而不应当去追求那些珠光宝气、奇特怪异、矫揉造作的打扮。切忌盲目模仿，瞎赶时髦，否则很可能会闹出东施效颦、邯郸学步的笑话，想求其美，反得其丑。

不同国家、不同民族的人民，由于历史、地理、文化等方面的原因，在审美观念的具体形态上会表现出较大的差异。比如在汤加，人人以肥胖为美，无论男女老幼，身材越胖越被周围的人们推崇，因此汤加被人们称为"胖子之国"。又如克伦族人又被称为"长颈人"，是目前世界上唯一的长脖子民族，当地女人以脖子长为美。当女孩子只有四五岁时，母亲就会为她戴上第一组重达 1 公斤的铜项圈；8 岁时，再向她的脖子上套上第二组同样重量的铜项圈；12 岁时套上第三组；如果女孩的脖子足够强壮，那么 15 岁时，她的脖子上将会套上最后一组重达 2 公斤的铜项圈。这些金属环将陪伴着她们终身，永远不会取下来。

人的青春容颜会因衰老而逐渐消逝，正如齐白石为山桃女子自画相中所题诗："二十年前我似君，二十年后君亦老。色相何须太认真，明年不似今年好。"外在的美是表面的，一目了然的，也是容易被遗忘的。再美的花会凋谢，再美的貌会消逝。著名雕塑家罗丹对人体的青春特征有着敏锐的感受。他说："真正的青春，贞洁妙龄的青春，周身充满了新的血液，体态轻盈而不可侵犯的青春，这个时期只有几个月。"喜剧大师卓别林身材矮小，其貌不扬，但他优雅、潇洒的风度，机智幽默的举止，却焕发出内在气质的美丽魅力。因此，他成为观众的偶像。贝多芬不仅长相难看而且有生理缺陷，但他的眼神、言谈举止、演奏中所表现的坚忍、倔强和超常的乐感，倾倒了千万观众。从这两位名人身上，我们至少应该相信这样的人生道理：每个人都可以在后天的创造中塑造自己的完美人生。为此，印度诗人泰戈尔曾意味深长地说过："到心灵中去寻找美吧。"

2. 内在美

人的内在美是指人的内心世界的美，是人的思想、品德、情操、性格等内在素质的具体体现，所以内在美也叫心灵美。它包括人生观和人生理想、思想觉悟、道德情操、行为毅力、生活情绪、文化修养等。正确的人生观和人生理想，高尚的品德和情操，丰富的学识和修养，构成一个人的内在美。内在美反映人的本质，也体现社会美的本质。

正如歌德所说："外貌美只能取悦于一时，内心美方能经久不衰。"

正确的人生观和人生理想是人的内在美的核心。各个时代、各个阶级有着各种各样的人生观和人生理想。衡量其美与不美，是有客观的社会标准的，也就是看是否有利于人的创造能力的发挥和人的全面发展，是否有利于人类物质文明和精神文明的进步，是否符合大多数人民的利益和要求。古今中外都是赞美先人后己、为天下谋幸福的人生理想，因为它超越了"趋利避害"的生物本性，而表现了人的自由、自觉的创造本质，虽然这种人生理想在各个时代、各个阶级有着各自的具体内容，但都起着推动人类社会进步的作用，因而都是美的。如邰丽华领舞的《千手观音》在2004年雅典残奥会上震惊世界，在2005年春节联欢晚会上感动国人。她带领艺术团创造了人类特殊艺术经典《我的梦》，走遍祖国山山水水，出访五大洲60多个国家。她将爱传递给人间，带领艺术团开展大量公益慈善活动和义演，并用节省下来的演出收入注资设立"我的梦"和谐基金，四年来为国内公益事业捐款851万元人民币，为国际慈善事业捐款81.5万美元。生活在无声世界里的她，没有抱怨命运的不公，而是以快乐和感恩的心面对身体的不圆满，以顽强的意志追求人生的圆满，为世人奉献着美与爱。所以她曾被誉为"美与友谊的使者"。①

高尚的品德和情操也是人的内在美的重要内容。品德是人的自觉的道德意识、道德行为；情操是由思想、感情、意志等构成的相对稳定的心理状态。它们都受人生观的指导和制约，都通过人们的言行表现出来。品德优秀、情操高尚的人，必定具有美的心灵。当前应提倡文明礼貌、爱护公物、遵纪守法等社会公德，提倡爱岗敬业、诚实守信，回报社会等职业道德，提倡尊老爱幼、男女平等、邻里团结等家庭美德。这些对于塑造人的内在美具有重大意义。在20世纪60年代时，国人地位不高，很多演员总是淡化自己的中国人身份，李小龙却以身为中国人为荣，堂堂正正地说自己是中国人，他最经典的一句话是电影《精武门》中的"中国人，不是病夫"，带动了香港电影的一片爱国热潮。因奋不顾身用手臂接住从10楼坠落的2岁女孩而受伤的杭州"最美妈妈吴菊萍"，在生死关头舍身救学生的"最美女教师张丽莉"，在发病时刻能够忍痛完成换挡、刹车等安全操作的"最美司机吴斌"，他们高度的公德意识和奉献精神，经过长久孕育，在生死瞬间迸发，他们高度的责任意识和担当精神，浸润于骨髓，流淌在血液里。他们高尚的品德和情操，犹如一根根擎天巨柱，撑起了我们这个社会道德的蓝天，让我们在灰暗的感叹中惊喜地看到一道道人性光辉的闪耀。也正是他们一次次善良和美丽的义举，在一次次激发我们社会一种向善的力量。这种力量就像一块块铺路基石，当这样的基石一天天多起来时，我们前行的道路就会越发平坦，我们的内心就会生发更多的希望，我们的生活才会拥有温暖和感动，我们头顶的道德天空也就会更加蔚蓝，我们这个社会也就会变得更加和谐美好。

丰富的学识和修养，也是人的内在美所不可缺少的。特别是在科学技术迅猛发展的今天，博学多才、聪慧能干、富有修养的人，为人们尊敬、景慕。那些不畏崎岖险途，

---

① http://news.xinhuanet.com/ziliao/2009-06/18/content_11562573.htm，2013-06-18。

勇攀科学高峰，用自己的知识为人类的文明建设作出贡献的专家、学者，其内心世界是美的。所以我们要不断丰富自己的学识、修养，使内在美更加充实完善。宋祖英是大家喜爱的著名歌唱家，作为第一位在悉尼歌剧院举办演唱会的亚洲人，宋祖英的表现感动了澳大利亚人；维也纳的精彩演唱，让《爱我中华》的旋律飘荡在异国他乡，让华人华侨热血沸腾；在华盛顿演唱的《茉莉花》，把中国美带给美国人，让哥伦比亚特区又多了一个节日——宋祖英日。三场音乐会，三种不同技术风格，不断进步的宋祖英不断发展着中国民歌，也让世界了解中国。谁能想到这位出生在湖南古丈县一个世代为农的普通山民家庭的湘西女子宋祖英凭着对唱歌的热爱，不断探索，不断进步，现已成为中国民歌乐坛的领军人物，代表中国民族声乐最高水准。

内在美对人的美具有重要的作用。第一，内在美在人的美中起决定作用。因为人的本质力量、人的自由、自觉的创造能力、智慧、情感等，在内在美里得到最充分、最直接的体现。外在美是现象、形式，不起主要作用，内在美是本质、内容，从根本上决定了一个人的美与丑。所以，托尔斯泰说："人并不是因为美丽而可爱，而是因为可爱才美丽。"第二，内在美比外在美所形成的美感更强烈、更持久、更深刻。外在美易于被人发现，也易于被人遗忘，所引起的美感是变动的、不确定的，易逝的，因而也是不深刻的；心灵美则能给人以长时间的、强烈的、深刻的感受。第三，内在美具有宝贵的社会价值。人的美的价值存在于为社会、为人类所作的贡献之中。一个人的思想行为愈有利于社会、他人，就愈高尚、愈美，个人存在的社会价值就愈大。

3. 外在美与内在美的和谐统一

内在美与外在美都是美的表现形式，是两种不同却都非常重要的美。试想，一件事物若只有内在美，则很难在第一时间被人发现，往往在别人发现之前，就被埋没了。但如若只有外在美，纵使能在第一时间被人发现，并能在短暂的时间内形成深刻的印象，却经不起品味，经不起深探，容易被遗忘，多少有那么一点"金玉其外，败絮其中"的意思。莎士比亚也曾说："越是漂亮的脸蛋，越是经不起岁月的摧残。"可见，美色不常驻，更不能永驻。奥斯特洛夫斯基说得更为明白："人的美并不在于外貌、衣服和发式，而在于他的本身，在于他的心。要是人没有内心的美，我们常常会厌恶他的漂亮的外表。"

世界上的确有一些绝色美人。他们美在仪表上，美在形体上。但这种美并不是人美的全部内容。古希腊的唯物主义哲学家、美学家德谟克利特指出："人的形体美如果不与思想感情、聪明才智相结合，那就是一种动物性的东西。"这是很精辟的论述。因为，人是社会的人，具有复杂的社会、阶级、民族、时代的内容。因此，人除了形体美，还应有心灵美的丰富内容，如品德、思想、学问、才能、智慧、气质、情趣等方面的修养。如果把形体美看成人美的全部内容，片面追求形体美，忽视心灵美，就会走入歧途。在中国历史上，有很多著名的美人，她们在形体上是无可挑剔的，但由于她们的心灵污秽不堪，在历史上留下的是一个个丑恶的形象。如残忍好杀、把汉高祖刘邦生前宠爱的戚夫人作为"人彘"的吕后，篡夺皇权、软禁光绪、逼死珍妃、扼杀变法、丧权辱国的慈禧，她们都是女中尤物，但她们被钉在历史的耻辱柱上，早已成为千古罪人。她们不仅不美，而且被认为是非常丑恶的。

人类社会发展到今天，以真、善为核心内容的心灵美已经成为衡量人是否美的决定性因素。一个人如果有美的外在，也要懂得珍惜。如果凭借美貌去换取名、利、权、位等身外之物而“美节不保”，那么，这美丽就会变得丑陋不堪。埃及艳后克莱奥帕特拉依靠天赋的“美丽形态”征服了恺撒，征服了安东尼，却没能征服屋大维，结果只能是对“美丽形态”的糟蹋。

为文要求文质并重，做人则强调内外兼修。当今社会在重视能给人带来无穷愉悦的外在美的同时，也清晰地认识到人的美不仅仅在于外表，还需要有内在的美，如才能、智慧、精神、气质等。真正的魅力必须是内在美与外在美的统一。先需要外在美将别人第一时间吸引住，激发别人去发现和发掘的兴趣，接着就需要内在美去经受住时间的考验，这样才能达到完全的吸引。外在美与内在美之间如同发生了化学反应，不仅仅是简单地叠加，而是达到 1+1>2 的效果。所以我们总是可以发现，一个在生活中表现出“诚于中而形于外”的人，往往能够以其独有的魅力打动别人。如被全世界公认为具有中国女中英豪风度的宋庆龄，她就既有为中国革命、为世界和平奋斗终身的崇高理想，又有雍容华贵的气质、隽秀端庄的容貌、超常的胆略与见识、难得的坚毅与忠诚。

美国著名演员费雯丽有惊人的美貌，但如果不动脑筋，不付出艰辛的努力，那么一个美貌的女演员不过是个花瓶，即使能扮演某些角色，也不能成就永恒的经典。费雯丽爱读书，爱幻想，为了提高演技，她虚心学习，潜心钻研，表演不仅是她的职业，更是她的生命。为了争取斯佳丽这一角色，她事先做了充分的准备，面对镜子苦练各种“猫式”表情，在面见制片人时，身着充分显示苗条身姿的衣服，双眼炯炯有神，倔强而又聪慧，从形似上升到神似，终于获得了这个举世无双的角色，最终成就了一个永恒的经典，一段人生的传奇。当她以《乱世佳人》获封奥斯卡影后时，评委对她的鉴定是：“她有如此的美貌，根本不必有如此的演技；她有如此的演技，根本不必有如此的美貌。”① 可见，只有外在美和内在美高度统一，人才真正具有美的魅力，才是完善的美。其行自然，其心泰然，其气浩然，其词沛然，此乃美人也。正如舞蹈家杨丽萍在她的《舞之恋》中独出心裁，用正统舞蹈之外的肢体语言像哲学家似地诠释舞蹈，钟情于自然传达出天地间生命律动的原生态“野路子”舞，以美得令人窒息的肢体语言炫示天籁与人籁。蕙质兰心的杨丽萍表示：“鲜花、掌声、金钱都是身外之物”，“我是一个理想主义者，倾尽毕生精力揣摩舞蹈”。评论家喟叹杨丽萍的舞蹈艺术“灵肉血脉连着根”，“飞得多高也与大地连着根，飞得多远也没有失去与家园的亲情”。② 柏拉图说：“当美的灵魂与美的外表和谐地融为一体，人们就会看到，这是世上最完善的美。”

二、人与社会的和谐美

艺术是追求个性化的创造，但有成就、有作为的文艺工作者，总是将个人的命运与

---

① 石楠：《艺术大师的成长故事》，安徽少年儿童出版社 2006 年版，第 194 页。

② http://baike.baidu.com/view/68627.htm，2013-04-13。

祖国和民族的命运紧密地结合在一起；总是将自己的成功和别人的成功联系起来，与感恩社会、感恩人民联系在一起，这样使自己更加有气量，更加有修养。

1. 艺术无国界，艺术家有国界

爱国主义是中华民族的优良传统，是中华民族生生不息，自立于世界民族之林的强大精神动力。“有国才有家”，这是中国人古老而朴素的观念。爱国，是中华儿女的精神气节。祖国是我们的共同家园，每一位中华儿女都应该自觉地热爱祖国。艺术是没有国界的，是世界人民的共同财富；但作为一名文艺工作者，他是有国界的，每一名文艺工作者都有自己的祖国，祖国培育了我们。无论我们身处何处，都应心系祖国，为祖国的繁荣富强贡献自己的一份力量。另外，作为有民族尊严和有责任感的文艺工作者，唯有祖国是他的根，是他艺术生命的长青之源。

2006 年 7 月 5 日，刘德华一行在日本举办了小型歌友会。歌友会一开始，歌迷欢呼，但是刘德华拒绝用日语向大家问好，接着又拒绝了主办方安排的日语歌曲，并把所有曲目都改为普通话，原定的粤语歌曲也全部取消。

刘德华用普通话一字一句说道：“本来我是不想来日本的，但是因为合约在身，不得不来日本。但是你（指记者）不要以为是一纸合约把我牵住的，如果我不来，没人可以把我怎么样。我只是觉得这样对我的歌迷不公平，因为歌迷是无辜的。我不想做的事，谁也无法逼我做，而且，你逼我，我也不会做。”

刘德华接着说：“引用一句话，艺术是没有国界的，但是艺术家是有国界的。我想说，音乐是没有国界的，但是音乐家是有国界的。”他对主办方说：“以后介绍我时，不要说我是香港歌手，因为我首先是一个中国人。”然后，他当着几百名日本歌迷的面，演唱了一首《中国人》。

每一个文艺工作者不仅要有爱国热情和爱国行动，还要创作或表演出能激发大家爱国热情的作品。如冼星海从中华民族的救亡中获得灵感，从当时的时代精神中获得主题，把个人的一切融进了波澜壮阔的抗日战争中，使得音乐与民族共振，音乐家与战士合一，创造出划时代的不朽之作《黄河大合唱》。“风在吼，马在叫，黄河在咆哮……”它像一支永远吹响的号角，唱出了民族解放斗争的吼声，唱出了中国人民誓死抗击日本侵略者的决心，有多少青年唱着它，勇敢地奔赴抗日前线。香港歌手张明敏唱的一曲《我的中国心》，激荡起多少爱国青年的豪情，澎湃了多少爱国之士的热血！

2. 贴近群众，服务群众

人民是文艺工作者的母亲，舞台是人民给予的。文艺工作者必须时刻把人民群众记在心间，要坚持贴近实际、贴近生活、贴近群众，从舞台上走下来，从屏幕中走出来，多了解群众的需求，多倾听群众的评价，努力创作、演绎出更多反映群众生活，体现时代特征，集思想性、艺术性、观赏性为一体的文艺作品。要加强社会责任感，创造高尚的艺术作品和艺术形象，坚持健康的艺术趣味，反对“铜臭”污染艺术，不用荒诞离奇、低级庸俗的作品毒害人民群众。2012 年，71 岁的杨洪基，可谓宝刀不老，雄风依旧。这位总政歌剧团的男中音歌唱家，至今已在部队文艺团体工作了整整 50 年。这 50 年间，他勤勤恳恳为兵演唱，为广大观众演唱，全身心地投入到弘扬民族文化、展示时代精神、讴歌光荣传统的艺术事业中，出演了《党的女儿》《野火春风斗古城》《屈原》等十几部歌剧，虽年过七旬却依然活跃在为兵为民服务的舞台上，被誉为军队文艺战线的“常青树”。这位驰名中外的歌唱家曾说过：“唱了几十年了，还真是没唱够。为祖国和人民歌唱，是我一生不变的追求。”①

文艺是在人的思想、道德、精神领域搞建设，是塑造人们精神和灵魂的崇高事业。要想塑造别人的灵魂，我们首先要塑造好自己的灵魂。文比人寿，艺比天高，文艺家的良心代表着一个社会的良心。2012 年 8 月 23 日，中国文联授予韩雪“见义勇为文艺工作者”荣誉称号。韩雪是中国音乐家协会会员，河北省沧州市青县文联主席，德艺双馨，深受当地群众欢迎。2012 年 6 月 15 日，韩雪在青县运河边发现一名落水儿童，不熟水性的他奋不顾身地跃入河中，经过 10 多分钟的努力，将落水儿童抢救上岸。在对孩子进行安抚后，他悄然离开。事后，韩雪表示，这是自己应该做的。而作为一名文艺工作者，他时刻不忘自己身上的责任，专注于音乐文学和儿童文学创作，还广泛涉猎其他文体的创作，先后在省级以上报刊、电台、电视台等媒体发表各类文艺作品 2400 余件，公开出版歌词集、儿童诗集、寓言集 7 部，在省级以上征歌、征文比赛中获奖 70 多次。他还热心帮助有困难的群众，被受到帮助的群众尊称为“写书的好人”。

作为人类灵魂的工程师，文艺工作者还必须加强自身修养，做道德品行和人格操守的示范者，点亮他人心灵之灯，把阳光散布到别人的心田里去。我们看到，那些积极参与公益事业（例如通过义演或捐资来助教、助残、抗震救灾、抗洪救灾以及担任公益事业形象大使，经常参加各种爱心活动）的文化名流、演艺明星们，都受到人们的敬重，他们的形象和声望都因此更加深入人心，大家因对他们品行有好感而更加喜欢看他们的演出，喜欢购买关于他们的光碟和图书。2006 年，由李亚鹏、王菲夫妇倡导发起成立的嫣然天使基金，资助对象为家庭贫困、身患唇腭裂的患者。2010 年 4 月 28 日，在北京大学百年讲堂正式公布的首届“中国心灵富豪榜”中，王菲入选“心灵富豪风云榜”十大人物之一。王菲的上榜辞是这样写的：“空灵的声音，率真的个性，智慧的眼睛，慵懒的表情……她和她的歌声穿越了整整一个时代，她却始终不曾老去，依旧特立独行。当拜金主义密布歌坛的上空，她淡然从容，一切随‘心’；当上帝给了她一个兔唇女儿，她就用爱为普天下的兔唇寻找‘光明’。”②

国际巨星、流行音乐之王、音乐全才迈克尔·杰克逊逝世时，引起了世界性的轰动，各界人士无不为之惋惜和哀悼，这既因为他对音乐的执着、贡献，也因为他长期以来投身慈善事业的高尚品行。他一个人支持了世界上 39 个慈善救助基金会，保持着 2006 年的吉尼斯世界个人慈善纪录，是全世界以个人名义捐助慈善事业最多的人。③

---

① 《工人日报》2012 年 9 月 14 日，第 001 版。

② http：//baike. baidu. com/view/3208. htm#sub5954154，2013-04-13。

③ http：//ent. sina. com. cn/s/2009-06-29/ba2588078. shtm，2013-06-29。

三、人与自然的和谐美

大自然的美是无穷尽的，人对自然美的发现与欣赏也是无穷尽的，我们可以从大自然中收获的启示更是无穷尽的。因此，我们应该在改造自然与利用自然的过程中遵循大自然的规律，保护大自然，达到天人合一。

1. 自然之美，艺术源泉

古往今来，艺术领域中，以造化为师，在大自然中汲取精华，产生灵感，从而有所发明创造的例子不胜枚举。舞蹈家邓肯曾经说过，他的灵感可以从树木、云彩、海浪，以及介于热情与山岚之间、恬静与微风之间的共感得到；德国音乐家贝多芬也常常是在欣赏自然美时，生发出音乐创作的灵感，如他的《第六交响乐·溪畔小景》的创作灵感与构思，就是由山林间的一条潺潺流动的小溪引发的；李白"一生好入名山游"，对大山名川的感悟加之丰富的想象力，使李白为后人留下了很多珍贵的诗句，其中有对庐山瀑布的绝口称赞，有对三峡美景的生动刻画，有对蜀道艰难的诗意夸张……自然中的事物所体现出来的生长、运动、节奏、有机统一等生命形式，能够激发人们通过联想与想象超越原有的知识形式和实践经验，领悟到天地的精粹和生命的智慧，生发出与天地万物相往还的诗意情怀。

音乐最初便是由模仿大自然或是感受大自然而产生的。当人们走进自然，鸟鸣虫吟、溪流潺潺等纯净、和谐的自然音响会让人得到美的享受，产生引吭高歌的冲动。很多乐器也正是受到自然界音响的启迪，为了将天籁之音模仿再现出来而创造的。笛子的产生便是受到竹管的自然鸣响的启示；希腊神话中，排箫的产生则是由芦苇发出的自然鸣响而引发的。如《百鸟朝凤》用唢呐声对各种飞鸟的鸣叫声进行模仿演奏，布谷声声、莺啼燕语，惟妙惟肖，使得百鸟的形象愈发生动，让人宛若身处幽密林间，倾听着百鸟带来的和谐交响，心情也不觉轻快灵动起来。

静谧的大自然给我们展示了一片世外桃源般的美，没有世俗的喧嚣与纷争，更没有为名为利的逢迎与倾轧，有的是风烟俱净、天山共色的清丽风光，泉水激石、潺潺作响的山水清音。难怪庄子告诫世人，置身于美的大自然之中，人的精神是绝对自由与愉悦的。"山林者，皋壤与，使我欣欣然而乐与！"① 在杨丽萍的意识中，大自然是最美、最真实、最深刻的，通过感悟，她力争用自己朴实的肢体语言去构架人类最美的梦想。所有看杨丽萍舞蹈的人，都会进入她构架的如诗如画的意境，都会情不自禁为她所表现出来的美所动容。② 所以，她每一次的舞动，既是对自然的再现，又是艺术的重生。我们在自然中寻找灵魂的寄托之所，探求生命的意义。人在欣赏自然美的过程中，通过物我相亲达到物我同化，进入物我两忘的超然境界。因此，自然美的实质是人之情与景，人之心与物的交融合一。

2. 走向天人合一

艺术在表现自然美时往往讲究"天人合一"，强调人与自然的融合。如以自然为第

---

① 《庄子·外篇·知北游》第二十二（之十二）。

② http：//baike. baidu. com/view/68627. htm，2013-04-13。

一主题的音乐注重“寓情于景”，在描写音乐的时候，人好像置身于其中，品味花开花落的美妙瞬间。尤其在我国的古典音乐思想中，“大乐与天地同和”“人籁”“天籁”等命题都可以看作是“天人合一”观念的体现，是大自然给予人类的无穷无尽的创作养料，使之将美丽的天籁之音化为绝妙的音乐作品。虽然这些音乐作品带有创作者强烈的主观色彩，但其体现的是人类亲近大自然产生的美妙情感，是人类不可或缺的精神财富。因此，崇尚自然，追求自然，回归自然，历来是古今中外的艺术家们所追求的一种至高的艺术与人生境界。

我们通过有意识的活动利用和改造自然，不断地创造出丰富的物质财富和给人们以美的享受的艺术作品，但同时也存在着掠夺自然资源、破坏自然环境的问题。为了给观众呈现“逼真、优美”的视觉效果，现在不少影视作品都在风景区取景拍摄，如果处理得当，很可能使电影获得好的票房并带动风景区的旅游业发展，取得两全其美的效果。但是，拍摄战争等题材的影视作品时，即使分外小心，也难免对环境造成破坏。最近几年，现代影视剧拍摄引发的破坏生态环境和自然遗产的事件层出不穷。例如，《神雕侠侣》剧组严重破坏了拍摄地大九寨景区经过200万年才形成的两大自然景观。对该景区“神仙池”和“钙化瀑布”的人为破坏，留下了几十个可能多年也不能修复的问题。另外，电影《无极》剧组在云南香格里拉的碧沽天池拍摄，对当地自然景观造成了破坏。2010年新版《水浒》剧组进入黄河湿地，破坏了黄河滩地保护区的珍贵树种野生红柳，对湿地影响极大，造成南北候鸟受惊迁移，其原生态受到破坏。

九寨沟、神农架、香格里拉……如果拍一部电影就破坏一片原始生态景观，我们美丽的家园还能经得住几次破坏？许多原始生态是数十万年甚至几百万年形成的，破坏了便无法复原和再生。人与自然的对话是双向的，自然环境的恶化与当代人的价值观念、生存抉择、认识模式以及文明趋向都有着密切的联系。随着生态环境的变化，人们已经意识到自然美之于人类自身发展的重要意义，回归自然的渴望愈加强烈。大自然的美属于每一个人，属于全人类，不仅是我们这一代人所有，而且要留给子孙万代。任何人都没有权力破坏自然，也没有权力允许破坏自然。保护大自然就是保护我们人类生存的家园，就是维护人类的共同利益和长远发展。爱护大自然，是我们每个人应尽的责任，是我们的义务。

著名文学家冰心说：“美的真谛应该是和谐。这种和谐体现在人身上，就造就了人的美；体现在物上，就造就了物的美；融会在环境中，就造就了环境的美。”“天人合一”就是世间最大的和谐，也是人应该追求的至高人生境界。

课后思考

1. 1949年，为了参加第一届全国文学艺术工作者代表大会，梅兰芳从上海回到北京，在北京火车站，梅兰芳一出站台，就听到四周群众的欢呼声：“欢迎梅兰芳！欢迎梅先生！”“梅先生，您终于回来了，想死我们啦！”简直是山呼海啸。请问梅兰芳为什么有这么大的名气？为什么这么多人喜欢他？

2. “丛飞在他37岁的短暂人生中资助了183名贫困儿童，累计捐款捐物300多万元；邰丽华所在的艺术团用节省下来的演出收入设立了‘我的梦’和谐基金，几年来为国内公益事业捐款851万元人民币，为国际慈善事业捐款81.5万美元；邵逸夫基金会自1985年起，连年向内地捐赠巨款支援教育事业发展，累计金额超过45亿元，历年共建设5994个项目，包括教学楼、图书馆、科技、体育、艺术楼、交流中心等。”结合这段话谈谈你的财富观。

3. 你是如何理解“外表美悦人耳目，令你心醉一时；心灵美激人灵魂，让你感动一世”这句话的？

4. “美是人类内心世界的一种精神活动。它可以存在于大自然中，朝阳、落霞、云海、山川、原野……都可兴起‘美’的感受；美也存在于人的世界：年轻人身上的青春之美，从母亲身上感受到的温暖、慈爱、喜悦和呵护，老人布满皱纹的脸上的沧桑感，也都会引发‘美’的感动。”结合这段话，谈谈你是如何认识美、创造美的。

第四章

艺术与审美

美是人类内心世界的一种精神活动，它存在于大自然中，也存在于人的世界。但是，人类审美意识的产生，却和“艺术”有密切的关系。艺术家凭借敏锐的观察力和精湛的表现力，将他行走于自然与社会间的生命体验用艺术作品的形式表现出来，化作一幅幅或逼真或写意的画作，一段段或清扬或低回的旋律，一个个或曼妙或轻柔的舞步……艺术家们掌控艺术技巧的能力影响着艺术作品的表现力。初涉艺术王国的学习者，往往过多关注艺术技巧的训练，而忽视对艺术精神的探寻。正因为如此，作为一名艺术职业院校的学生，学习、领会这一章的内容就显得特别重要。

第一节 审美的界定

案例精选

中国人特有的审美倾向

特征之一：实用主义的混杂

中国人的生活方式与审美意趣在某些方面更注重实用性，常常对一些物品在使用上自觉进行“中国式”的改造，使它们在形式与功能上都发生巨大的变异；另外，在建筑的装饰上，中国人也同样无视于某种特定风格的规范，常常能在一栋房子上集中看到古今中外琳琅满目的装饰风格。实用主义的混杂是中国人日常生活表现出来的常态。

特征之二：民族性偏好

民族性偏好

中国人的民族性偏好特征明显。庄重而热烈的“红色”是整个民族自上而下都推崇而喜欢的颜色，就像希腊的“蓝”，红色是中国的脸谱色；在图案上，国色天香的国花“牡丹”曾一度占据了几乎所有装饰领域，无论是作为艺术创作的对象还是日常生活中的物品图案，牡丹如同一个华丽的审美图腾，深深植根于人们的心中。

特征之三：粗放型的设计

中国人在设计经营这个社会及自己的生活的时候，精致并不是最高要求，成本低且实用才是第一标准，这种思想弥漫到整个社会中，无论是巨大工程项目还是日常生活小物件，整体设计上都不由自主地流露出一种粗放型的特征来。这也导致中国生产的物品在造型、工艺、色彩、功能上都不那么讲究，“能用就行”依然是中国社会的主流设计思想。

特征之四：灵活的变通性

一根筋、一条道走到黑的执着并不是这个社会赞美的精神，反倒是灵活做人被看作是懂世事的表现。在中国人的生活中，灵活的变通性可以说是无处不在：一个咖啡玻璃罐摇身变成大茶缸，大可乐塑料瓶被改造成漂亮的花篮……可以说人人都是设计师，人们常常因地制宜地使用手边的材料，改造或者挖掘出新的功能来，以满足日常生活所需。

特征之五：政治传统的沿袭

美学上的政治波普艺术也在潜移默化地影响着中国老百姓的日常生活，一些小物品的设计会被赋予深远的意识形态的寓意，比如少先队员的红领巾、安全巡逻志愿者的袖章、国庆节期间挂满单位门口的大灯笼等，那种与国旗颜色别无二致的红色正是政治传统在民间的重要反映。人们就在周围政治设计元素的耳濡目染当中，成为与国家民族政治紧密相关的一分子。

（出自：http：//hi. baidu. com/kapiivwsyobmuxd/item/2fc29347f12f19f2dd0f6cf3，2013-07-12）

思考与讨论

问题一：结合上述案例，思考什么是审美。

问题二：审美的目的及特征是什么?

问题三：结合上述案例，谈谈审美的现实性和超越性。

要点提示

审美是人类认识世界、改造世界的一种特殊形式，有其自身的特点、标准和心理机制，其目的在于强调人身自由理想和生命自由之花的积极意义。

一、何谓审美

面对空旷的原野、幽静的山谷、飞泻的瀑布、飘渺的烟雨，捧读中国的四大名著，聆听贝多芬雄浑有力的交响乐，静静地站在达·芬奇或毕加索的绘画前，我们会不由自主地从心底涌出种种情感体验，这便是我们所说的美感或审美感受。

“审美”概念最早是由德国哲学家鲍姆加通提出的，他用“Aesthetica”来命名他所创立的新学科，并以此作为他相关著作的书名，后来在英文中通用的词是“Aesthetic”，现在通常译为“美学”。“审美”是其另一译法。《现代汉语词典》是这样注释“审美”的：审美，动词，领会事物或艺术品的美。美是能够使人们感到愉悦的一切事物，它包括客观存在和主观存在；审是人们对一切事物的美丑作出评判的过程。审美是心理处于活跃状态的主体，在一定的中介作用条件下，对于客体的美的观照、感悟、判断。①

① 童庆炳：《文学概论》，北京大学出版社2007年版，第62页。

审美其实是对事物的情感评价。我们感觉到花很美，是我们的视觉对于花这一对象的评价；我们感觉某首乐曲很好听，是我们的听觉对这一乐曲的评价；我们感到某部小说很动人，是我们的心灵对这一小说的评价。这些都是情感的评价。

1. 审美是对立统一的

从哲学的角度来看，审美是事物对立与统一的极好证明。审美的对立是显而易见的，体现为审美主体的个体性，每一个体都有自己的审美意识，具有很大的偶然性。审美的统一则通过客观因素对人们心理的作用表现，即人们生活的时代或阶段，人们所处的环境，或多或少会对人们的审美观造成影响。例如，不分男女老幼，大家都欣赏大闹天宫的孙悟空，都有可能在欣赏中获得满足。但成年人与儿童因为生活经验的差别，他们由孙悟空这个离经叛道者的性格所引起的体验也各有不同。成年人更倾向于欣赏孙悟空的正义、勇敢；儿童更倾向于欣赏孙悟空腾云驾雾的打斗场面、孙悟空天不怕地不怕而又不乏机智诙谐的形象。这就是“有一千个读者就有一千个哈姆雷特”。因此，事物美丑的性质与程度，虽是主体所发现，却也不可以随心所欲地硬派给它的。①

2. 审美的范围极其广泛

具体而言，审美的范围包括建筑、音乐、舞蹈、绘画、服饰、陶艺、饮食等。它存在于我们生活的各个地方：站在高山上，远处的风景可以吸引我们去审美；漫步在海边，水天一色的美景牵引着我们去审美；坐在餐馆，各式菜肴诱使我们去审美；来到商店里，琳琅满目的商品带引着我们去审美……当然这些都是浅层次上的审美现象，我们更应从高层次上探讨审美，研究审美，我们要不断追问自己的心灵，不断提高自己的审美情趣，即着重审人性之美。美源于生活，源于对事物的审美感知，源于人心灵深处的体验和无限创造力。美无处不在，只要我们有善于发现美的眼睛和善于感知美的心理。②

3. 审美来自于生命的体验

我们知道，人的生命活动以外在世界为活动对象，便不得不接受外在世界的制约，主体与客体之间的相互作用和相互影响于是不可避免。主体在同外在世界打交道时，在用自己的实体去接触和把握对象世界的同时，更常以自己的心灵去感应对象，并凭借自身的心理反应反作用于对象，这种“心物交感”就是体验。体验，是一种生命活动的过程，体现为人的主动、自觉的能动意识，经常显现为一种情感性的心理活动。在体验的过程中，主客体融为一体，人的外在现实主体化，人的内在精神客体化。在人类的多种体验当中，审美体验最能够充分展示人自身自由自觉的意识，以及对于理想境界的追寻，因而可以称之为最高的体验。人在这种体验中获得的不仅是生命的高扬、精神的充实，还有对于自身价值的肯定，以及对于客体世界的认知和把握。因而，我们不仅应把审美体验视作人的一种基本的生命活动，还应该将其视作一种高级意识活动。

---

① 王朝闻：《审美基础》（下卷），三联书店 2011 年版，第 2 页。

② 金开诚：《艺术审美的心理机制》，http：//www. cctv. com/lm/131/61/85887. html，2013-03-18。

审美体验就是形象的直觉。所谓直觉是审美主体见到一个事物，心中领会那事物的形象或意象，不假思索，不审意义，它是审美主体意识本能的反应，是直接的感受。所谓形象，是指在大脑中形成的关于审美对象的整体印象。形象不是审美对象本身，而是审美主体对审美对象的感知，它既受到审美对象本身形状和现象的影响，也受到审美主体的性格和情趣的影响。马克思早就说过："忧心忡忡的穷人甚至对最美的景色都无动于衷；贩卖矿物的商人只看到矿物的商业价值，而看不到矿物的美和特性。"① 譬如，同样是一朵花，动物学家注意到的是它花蕊中的寄生虫，植物学家关注的是它属于那个花科，环保主义者眼中只会出现没有了花朵的、光秃秃的植株，而哲学家看到的是它带给人们愉悦的社会功能。这种因所从事的职业不同，而产生的直觉不同的现象，是审美体验受审美主体的性格和情趣影响的最佳证据。所以说，审美体验的直觉是一种扎根于审美主体的文化、学识、教养的高级"直觉"，而不是一种盲从。审美的实质是一种以情感为导向的生命体验。

4. 审美需要保持一定的心理距离

所谓心理距离，就是指审美者撇开实用的、功利的、生物性的东西，不去注意和思考审美对象的科学性、经济价值等与美学价值无关的事情，也不抱有功利的和实用的打算，用一种超脱的、纯精神的心理状态，以美学的眼光来观照对象。只有审美者与审美对象之间保持一定的心理距离，才能产生美的体验。朱光潜先生曾列举了一个雾海行船的例子来说明心理距离。在朦胧的雾中，听到邻船的警钟、水手们手忙脚乱的走动以及船上乘客的喧嚷，人们在时时为自己的安全担忧和恐惧的情况下，是无法产生美妙的审美体验的。然而，站在海岸上的人观看雾景所产生的心情和那些身处雾中的船工、游客的心情是截然不同的。前一种体验，海雾是潜在的威胁，紧紧压迫着人们，它和人的知觉、情感、希望以及一切实际生活需要联系在一起，是实用世界中的一个片断——也就是说关系太密切，距离太接近，所以没有办法泰然处之地去欣赏它。而后一种体验，则是让海雾与实际生活之间保持了一种"距离"，从而使人们以审美的心境对它欣赏，不为忧患休戚的念头所困扰。

总之，审美是人类认识和改造世界的一种特殊形式，指人与世界（社会和自然）形成一种无功利的、形象的和情感的关系状态。审美是在主观与客观、理智与情感具体统一的基础上，追求真理、追求发展的。

二、审美的三个特征

1. 审美直觉性

所谓审美直觉，就是对美的形态的直接感知，是对审美对象的整体把握。② 它有三层含义：首先，它是指审美中最直接、最直观的反应，即整个审美活动是在直接的感

---

① ［德］马克思：《1844 年经济学哲学手稿》，人民出版社 1985 年版，第 83 页。

② 杜道明：《中国古代审美文化考论》，学苑出版社 2003 年版，第 97 页。

知中进行的，整个过程自始至终都是形象的、具体的；其次，在审美的对象中，它是被整体感知的，审美主体并不会把它分解开来；最后，这种直觉性不是由理智思考和逻辑判断产生的，而是在不假思索的情况下判断出对象的美与丑。正如爱迪生所指出的："有一些不同物质的变化方式在一眼看到时心灵马上就判定它们美或丑，不需预先经过考虑。"因此在我们进行艺术欣赏时，美感产生的第一步就是靠我们的直觉性来启发的。

艺术审美直觉是奇异的，却不是神秘的。艺术审美过程就是审美意象再造的过程。我们可以把直觉分为两种：一种是低级的、原始的、相当于感觉（在理性阶段之前）的直觉；另一种可以理解为高级的、经过长期经验积累的、经过了解性认识阶段的直觉。这两种直觉根本不同。审美直觉不同于感觉式的低级反映，而是与复杂的理性逻辑判断的反映有本质的相同之处。它们的本质都是对客观事物的一种深入正确的把握，它们都须通过一条曲折复杂的认识道路。只是它们把握的过程不同。理性逻辑判断的反映是经过一连串严格的推理或演算而自觉达到的，而直觉是通过潜在的方式不自觉地达到的。这就是说，艺术活动中的审美直觉与复杂的科学理性逻辑判断既有联系又有区别。

2. 审美情感性

审美情感是人对客观事物存在的美的体验和态度，这里包括人的理性、人的生理反应等因素。比如我们欣赏阿炳的《二泉映月》，当二胡流淌出缓慢、低沉的旋律时，我们心中立刻生出一种凄婉哀怨的情绪，仿佛孤身一人坐于那月明清冷之地，回首往事，痛苦不堪。随着乐曲的展开，旋律激昂顿挫，那悲愤的控诉、不屈的抗争和孤傲的人格，立刻引起我们心中的共鸣，让人产生愤怒、同情、钦佩、昂奋等情感。直到曲终，我们的心绪仍久久不能平息。这就是一种审美的情感体验。审美的情感属于精神范畴，不是生理机体的快感。在强烈的情感活动中，人们可以体会到审美对象的深刻内涵。审美情感是一种精神的愉悦，不是物质情欲的发泄而是人的一种高级的情感活动。①

审美情感活动是以形象思维为基础的，我们所审的对象也必须是形象，而不是抽象的概念和原则。比如我们欣赏达·芬奇的名画《蒙娜丽莎》，面对画面具体鲜明的形象，我们就会产生审美情感，因感知诱发情感。审美的内容不是单一的，根据审美对象内容的不同会产生不同的情感，由于审美对象纷繁复杂，审美情感也呈现出复杂的状态。当然，审美情感里也包含着理性因素。在强烈的情感活动中，可理解审美对象深刻的社会观念内容。如李白的《行路难》："金樽清酒斗十千，玉盘珍馐值万钱。停杯投箸不能食，拔剑四顾心茫然。欲渡黄河冰塞川，将登太行雪满山。闲来垂钓碧溪上，忽复乘舟梦日边。行路难，行路难；多歧路，今安在？长风破浪会有时，直挂云帆济沧海。"此诗以行路之艰难比喻世路之艰险，让我们感受到作者在坎坷仕途上的苦痛和忧烦；此外，他坚信"长风破浪会有时"，绝不放弃突破艰险以实现理想的信念，让我们得到启发和感动。

---

① 美学修养与音响——杂感，http：//bbs. whaudio. com/thread-25042-1-1. html，2013-03-26。

3. 审美愉悦性

审美是一种情感，一种喜悦和愉快的情感。无论什么样的审美对象，它总会给人们带来审美的喜悦。诸如悬崖绝壁、雷鸣闪电、雪山冰川、高峡飞瀑，虽然它们使我们的感官受到强烈的刺激，但往往会给人带来强烈的愉悦感。读李白的诗，听贝多芬的音乐，登八达岭看万里长城，都可以获得这种愉悦的美感。这种愉悦之感令人感到一种恬然自适、游刃有余的自由。

审美的愉悦性没有物质功利性、个人功利性，却有精神功利性、社会功利性、历史功利性。清丽的鸟声给人的愉悦虽无什么重大的社会意义，却有益于人的身心发展；舒伯特的摇篮曲给人的愉悦虽不能催眠，却能引起人对童年、对母亲的眷念，激发人们爱母亲、爱祖国的美好情感。审美愉悦之所以是非功利性的，又是与功利性相联的，是因为它源于对人的本质力量的肯定，表现出对狭隘功利性的超越和对生命力的追求。

三、审美在于追求生命的解放

审美的目的在于通过审美创造自身，形成正确的人生价值目标，即赞颂生命，热爱生命，追求生命的自由解放、自由正义，追求生命不屈不挠的坚强意志。一切伟大而平凡的美好事物，都在审美目的的探究之列，生命有多么复杂，审美目的就有多么复杂，积极意义上的审美目的永远给人以快乐、幸福和健康的生命自由精神和理想。黑格尔在其《美学》中说："审美带有令人解放的性质。"① 审美不是简单地对对象的直观反映，而是人的主观精神积极参与的一种精神创造。因此可见，审美的目的在于使人的心灵获得一种自由和解放的情感体验。

审美立足于人生目的，又超越现实人生目的，而形成自由的人生目的。审美目的在于强调人身自由理想和生命自由之花的积极意义，因为审美的意义在于观照人生，认识生命；同时又要给人以美感启示。审美目的是精神内在信仰的确立，也是生命自由价值的理性认知，艺术不可能是纯粹的感性表现，它必然会凝聚艺术家对人生的深刻理性反思。正如禅师青原惟信老和尚说："老僧三十年前未参禅时，见山是山，见水是水。及至后来，亲见知识，有个入口，见山不是山，见水不是水。而今得停止休歇处，依前见山是山，见水是水。"主客二者的关系从彼此对立到超越自我，再到最后"万物皆如其本然"的境界，在这里，审美的目的和人生的目的达到了完美的统一。总的来说，审美的主要目的是使人的心灵获得一种自由和解放，形成正确的人生价值目标，学会观照人生，认识生命，最终得到人本质力量的自我实现。

人类之所以需要审美，是因为世界上存在着许多东西，我们需要找到适合我们的那一部分，即美的事物。"上帝为我们打开了心灵的窗户，我们用它来发现美"，人的智慧从客观上让我们具备了追求美好事物的条件。人之所以审美，除了愉悦自身以外，在很大程度上也是为了完善自我、超越自我，实现生命的解放。一代代人通过对周围事物

---

① ［德］黑格尔：《美学》（第一卷），朱光潜译，商务印书馆1982年版，第147页。

的批判，不断进化，形成对事物更为完善的看法，剔除人性中那些丑陋的部分，彰扬真、善、美。在当今社会中，对美好事物的欣赏，可以为生活在钢筋水泥城市中的我们带来心灵上的慰藉，使我们在忙碌与浮华中找到满足与沉静，使生命得到升华。

四、审美的现代性与超越性

要弄清审美现代性的含义，先需探明“现代性”这一概念。从语义上看，“现代”首先是一个时间或历史概念，它通常指文艺复兴以来的历史。所谓现代性，是指人类社会在从古典的、传统的农业社会进化为现代大工业社会的历史进程中所产生的一种新的人文意识，这种人文意识具体表现为科学、人道、理性、民主、自由、平等、权利、法制的普遍原则。

在德国社会学家哈贝马斯的现代性理论中，审美现代性是广泛的表意实践活动中文化现代性的一部分，它是现代社会主体摆脱在社会现代化进程中日益受制于工具理性的状态的解放之途。一般认为，对审美现代性的经典表述来自法国诗人、批评家波德莱尔：“现代性就是过渡、短暂、偶然，就是艺术的一半，另一半是永恒和不变。”① 审美现代性就是立足当下世界，以一种远离的态势，保持和永恒静止的关系。现代艺术实践，以及现代人的生存体验，都体现了这种漂浮的流动性和短暂性。一般认为，开创审美现代性先河的应当是18世纪的启蒙哲学家康德。康德在《判断力批判》中“第一次清晰而令人信服地证明了艺术的自主性”②。正是在康德那里，审美才获得与认识、实践相区别的独立性。“审美无利害”界定了审美的自律性，成为审美现代性的核心命题。

审美超越性是中西美学传统的核心要义，从古希腊的柏拉图到中世纪的奥古斯丁，从德国古典美学的创始人康德到现代存在主义大师海德格尔，哲人们对艺术和审美始终充满希冀，中国古典儒道美学同样蕴含了审美超越性的精神诉求。审美必须、必然具有超越性的向度，其根本原因在于人是超越性的存在，超越性是人的本质的一个定性。帕斯卡说过，人不过是一根脆弱的芦苇，以致一滴水都能淹死他，但他却比那伤害他的东西高尚，因为他知道他将死去，知道宇宙力量比他更强大。什么是超越性？超越性原意为“跨过分界线”，后来就指超越于经验。由此可见，超越是超越经验和现象，是对形而上学的追求。我们谈论审美超越性，从根本上来说是要论述审美与人的精神追求、生存境界的关系。

一般来说，人类精神的超越方式包括审美的超越、伦理的超越和宗教的超越。审美的超越是摆脱物欲，持静观态度，在最深层次关联着道德的允诺和宗教的情怀。审美的超越，植根于现实而又不拘泥于现实生存的框架，精神上游刃于天地万物之间，以艺术

---

① ［法］波德莱尔：《现代生活的画家》，郭宏安译，广西师范大学出版社2002年版，第424页。

② ［德］卡西尔：《人论》，甘阳译，上海译文出版社1986年版，第175页。

化的眼光来提高人的生存品质，完善个体人格，它是一种内涵最为丰富、最具张力的超越样式。审美的超越首先在于摆脱世俗功利性，超越世俗价值观，让人在不脱离世俗生活的情况下，获得更多、更丰富的精神性的生活享受。正像叔本华说过的，如果以审美的眼光静观人生，作为囚犯在监狱里观看日落与作为皇帝在皇宫里欣赏落日，两者并没有根本的区别。审美的超越性可以使劳动者排除单纯的物质功利思想，而从意愿和喜好出发投入劳动。可见，审美超越精神是我们评价审美现代性各阶段表现的一把标尺，是审美现代性的精神追寻、意义和价值之保证。无论是艺术家还是真正意义上的欣赏者，都需要打破生活的常规，来重新审视生存的意义。①

第二节　创造力与潜意识

案例精选

三位作曲家

彼得·伊里奇·柴可夫斯基（公元1840—1893年），19世纪伟大的俄罗斯作曲家、音乐教育家，被誉为伟大的俄罗斯音乐大师。他的音乐是俄罗斯文化在艺术领域内的最高成就之一，其风格直接或间接地影响了很多后来的音乐家。他的主要音乐作品有六部交响曲、三部钢琴协奏曲、一部小提琴协奏曲，幻想序曲《罗密欧与朱丽叶》，音乐会序曲《1812》，歌剧《叶甫盖尼·奥涅金》《黑桃皇后》，芭蕾舞剧《天鹅湖》《胡桃夹子》《睡美人》等。

柴可夫斯基

柴可夫斯基于1840年5月7日出生于乌拉尔的伏特金斯克城，父亲是一个冶金工厂的厂长兼工程师，母亲爱好音乐，很会唱歌，也会弹琴，因此，他们的家庭充满了音乐气氛。他自幼便显示出非凡的音乐才能，但是，家里的人却从来没有想到他将来会成为一个职业的音乐家。柴可夫斯基10岁时进彼得堡法律学校学习，但他仍利用课余时间继续学习钢琴，并时常去看歌剧。1859年，他毕业后曾在司法部任职。在这段时间内，他一直抓紧时间学习音乐，参加社交性钢琴演奏和创作活动。1862年，柴可夫斯基进彼得堡音乐学院学习，于是他终于踏上接受真正的专业音乐教育的决定性道路。

① 陈雪梅：《审美超越性研究》，浙江大学出版社2009年版，第57页。

柴可夫斯基也是我国人民所熟悉和热爱的西欧作曲家之一。柴可夫斯基一生共写了七部交响曲，其中《g小调第一交响曲》是他的交响曲处女作，是一部真正的俄罗斯交响曲，其特征是着重于心理描写，充满爱国主义的抒情情调。这部交响曲也是人们理解他的交响乐作品的入门阶梯。柴可夫斯基曾说："我全心全意地渴望我的音乐传播开去，渴望有更多的人喜欢它，会从这方面得到安慰和支持。"柴可夫斯基所一贯追求的，只是他的音乐使更多人被感动，为大多数人所喜爱，而这个愿望在他生前就已经实现了。柴可夫斯基的知音，不只是专业音乐工作者，还有广大的无名听众。他的音乐力求用直接抒发个人感情的方式，来表达具有普遍意义的东西，他以大家都能理解的音乐语言表达出生活中的诗意和人类感情中风流迷人的成分，因而能触动人们的心灵。

（出自：http：//www. worlduc. com/blog2012. aspx？bid＝4930093，2013-07-11）

贺绿汀（公元1903—1997年），湖南邵阳县人。1923年入长沙岳云学校艺术专修科，随陈啸空等学习音乐。国民大革命期间曾参加湖南农民运动、广州起义。1928年创作的《暴动歌》曾在海陆丰一带流传。1931年入上海国立音乐专科学校，师从著名音乐家黄自学习理论作曲，师从查哈罗夫、阿克萨可夫学习钢琴。1934年所作钢琴曲《牧童短笛》和《摇篮曲》在亚历山大·齐尔品举办的"征求中国风味的钢琴曲"评选中获第一名。此后进入电影界，参加歌曲作者协会，为左翼进步影片《风云儿女》《十字街头》《马路天使》等写音乐，其中《春天里》《天涯歌女》等插曲广为传唱。"八一三"事件后，参加上海救亡演剧一队，后到重庆，任教于育才学校音乐组。这时创作了《游击队歌》《垦春泥》《嘉陵江上》等风格清新的歌曲。1941年去新四军，1943年到延安，创建了中央管弦乐队。解放战争期间，继续教学和创作。合唱《新世界的前奏》，秧歌剧《刘德顺归队》，管弦乐小品《森吉德玛》《晚会》等都是这一时期的产物。新中国成立后，贺绿汀任上海音乐学院院长和中国音乐家协会副主席，主要从事培养人才工作，但仍坚持创作，写有大量声乐作品和电影音乐。

半个世纪以来，贺绿汀共创作了三部大合唱、二十四首合唱、近百首歌曲、六首钢琴曲、六首管弦乐曲、十多部电影音乐，以及一些秧歌剧音乐和器乐独奏曲，并著有《贺绿汀音乐论文选集》。

（出自：http：//qclz. youth. cn/hlt/wdld/201207/t20120712_ 2266125_ 1. htm，2013-07-11）

徐沛东（公元1954— ），著名词曲作者，现任中国音乐家协会分党组书记、副主席，中国轻音乐家协会副主席，中国文联全委会委员，中华海外联谊会理事。对中国广大的音乐爱好者来说，恐怕没人不识徐沛东。他创作了大量音乐作品，包括美声、民族、通俗歌曲及文艺晚会主题曲，达1000多首，出版了100多盘个人作品专辑。他创作的歌曲《我热恋的故乡》《十五的月亮十六圆》《篱笆墙的影子》《苦乐年华》《亚洲雄风》《不能这样活》《命运不是辘轳》《乡音乡情》《辣妹子》《红月亮》《种太阳》《久别的人》《爱我中华》《大地飞歌》《踏歌起舞》《中国永远收获着希望》《我像雪花天上来》《得民心者得天下》《五月槐花香》等，许多人耳熟能详。除以上作品多次获得全国各类比赛的金、银、铜奖外，他还有近百首作品获得全国各类大奖。徐沛东用他动人的韵律拨动了亿万听众的心弦，在人们的心湖掀起了一次次波澜。

（出自：http：//tieba. baidu. com/p/338988829？pid＝3473496393&cid＝0，2013-07-11）

思考与讨论

问题一：结合柴可夫斯基、贺绿汀、徐沛东三位作曲家的资料，谈谈什么是创造力。

问题二：什么是潜意识？它和创造力有何关系？

要点提示

创造力是一流人才和三流人才的分水岭。潜力藏在我们的潜意识中，是一种可以影响人类行为的强大力量。培养创造力，要善于质疑，多问为什么，敢于“异想天开”。

一、创造力是人才的分水岭

21 世纪是竞争激烈的世纪，世界各国之间的竞争是综合国力的竞争，说到底，不是物质资本而是人力资本的竞争，是国民创造力的竞争，以及创造性人才的创造速度和创造效率的竞争。江泽民同志曾在全国科技工作大会上指出：“创新是民族进步的灵魂，是国家兴旺发达的不竭动力，一个民族缺乏独创能力，就难以屹立于世界民族之林。”日本政府早在 1982 年就提出“创造力开发是通向 21 世纪的保证”。联合国科教文组织在《学无止境》的报告中指出：“全球问题千头万绪，人类面临的最大问题是怎样开发人的创造力，发挥人的潜能，提高人类解决复杂问题的能力。在未来的挑战面前，人类已不能依靠有限的资源、能源，也难以依靠历史的经验，只能抓住‘创造’这个关键，通过发明创造，才能取得突破。”由此可见，创造性问题是全球关注的焦点。没有创造力，就只能在别人背后爬行，甚至失去生存的能力，这绝不是危言耸听。

1. 创造力的含义

什么是创造力？创造力是人类特有的一种综合性本领，是指产生新思想，发现和创造新事物的能力。它涉及人的先天遗传和后天教育，既涵盖了人的生理发展，又包括了人的心理变化，由知识、智力、能力及优良的个性品质等复杂多因素构成。创造力又称创造性，是指个体产生新颖奇特且有实用价值的观点或产品的能力。① 例如创造新概念、新理论，更新技术，发明新设备、新方法，创作新作品等方面的能力。它是成功完成某种新的活动所必需的心理品质，是一系列连续的、复杂的、高水平的心理活动，要求人的全部体力和智力的高度紧张。创造力，不论从个人还是社会层面来看，它对于完成各种各样的任务都具有重要的意义。从个体层面来看，创造力关系到解决日常生活和工作中的各种问题；从社会层面来看，创造力能够带来科学上的新发现，引发艺术上的新运动，激荡新思潮，促进社会新进程。

---

① Sternberg, R. J, &Lubart, T. I. (1996). *Investing in creativity American Psychologist*, 51 (7).

对于创造力的研究日趋受到重视，不少专家、学者根据自己的认识与理解，对创造力做出了各种各样的解释。因研究的侧重点不同，出现两种倾向：一种认为创造力不是一个过程，而是一种能力；另一种是不把它看作一种能力，认为它是一个心理过程。一般来讲，创造力既是一种能力，又是一个复杂的心理过程。

西方学者的研究表明，创造力较高的人通常有较高的智力，但智力高的人不一定具有卓越的创造力。创造力高的人意志坚强，比较自信，自我意识强烈，能认识和评价自己与别人的行为和特点；对于客观事物中存在的明显失常、矛盾和不平衡现象易产生强烈兴趣；对事物的感受性特别强，能抓住易为常人漠视的问题，推敲入微。美国哈佛大学第二十四任校长普西认为："一个人是否具有创造力，是一流人才和三流人才的分水岭。"

作为人类能力和智慧的最高表现的创造力，早在古希腊时期就得到了人们的关注。当时的百姓认为创造力是缪斯女神的恩赐，亚里士多德和柏拉图等哲学家则将其视为产生前所未有事物的非理性能力。限于当时的研究水平和认识视野，创造力一直被认为是神秘的、难以知晓其本质的。至19世纪中叶，高尔顿首先摆脱了创造力神秘观念的左右，开创了创造力的科学研究。随后，吉尔福特在美国心理协会主席就职演讲的报告中进一步将创造力研究推向高潮。随之涌现出了一系列成果，如创造力的探索—生成加工理论、四阶段模型等。①

通俗地讲，创造力就是用自己的方法创造新的、别人不知道的东西。创造力与一般能力的区别在于它的独创性和新颖性。它主要表现为发散思维，即无定向、无约束地从已知探索未知的思维方式。按照美国心理学家吉尔福特的观点，发散思维，当它表现为外部行为时，就代表了个人的创造能力。

2. 创造力的构成

创造力由三基本要素构成。一是知识。任何创造都离不开知识。一般来说，知识越丰富的人，越有自信心，能更多更好地提出创造性设想，并对设想进行科学分析、鉴别与简化、调整、修正，还有利于创造方案的实施与检验。二是智能。智能既包括敏锐、独特的观察力，高度集中的注意力，高效持久的记忆力和灵活自如的操作力，也包括创造性思维能力，还包括掌握和运用创造原理、技巧和方法的能力等，是智力和多种能力的综合。三是优良的个性品质。个性品质是在一个人生理素质的基础上，在一定的社会历史条件下，通过社会实践活动形成和发展起来的。它包括意志、情操等方面的内容。多人研究的结果表明，高创造力者具有如下优良的个性品质：兴趣广泛，求知欲强，意志坚韧，语言流畅，反应敏捷，思辨严密，具有幽默感，善于记忆，工作效率高，好独立思考，自信心强，生活范围较大，社交能力强，抱负水平高，态度直率、坦白，不拘小节，感情开放，给人以浪漫印象。这三个基本要素相互作用、相互影响，决定创造力的水平。

---

① 周月、施建农：《从信息加工的角度看创造力过程》，《心理科学进展》2005年第6期。

3. 创造力的行为特征

一是变通性。思维能随机应变，举一反三，不易受功能固着等心理定式的干扰。我们常常以“随机应变”“触类旁通”“举一反三”形容变通能力。二是流畅性。反应既多又快，能够在较短的时间内讲出较多的观念。比如，当被问到“茶杯有什么用途”的时候，在规定时间内，能够想出很多种答案，这种人就有比较优秀的“流畅性”。三是独特性。对事物具有不寻常的独特见解，想出别人所想不来的观点。

4. 创造力的培养

每个人都渴望拥有强大而用之不竭的创造力，从而指引自己在所从事的领域有所突破和成就。先哲曾说，创造力的运用、自由的创造活动，是人的真正的功能，人在创造中找到他的真正幸福。那么创造力究竟是如何培养的呢？

一是重视智商水平的提高。智力是一个人正确地理解事物并对各种事物做出判断以及处理问题的能力，它往往包括观察能力、记忆能力、思考能力、判断能力、想象能力等几大部分。那些在这几个方面能力较强的人，可以说他们就是智商较高的人，也是对于客观世界反应较快的人。同时，我们知道智力是一个人学习、掌握知识及应用知识的前提所在，显然智商越高的人创造力越强；因此，提高智商水平也意味着提高创造力。然而，另一方面心理学家的研究也表明，在客观现实生活中，智力属于天才和白痴级别的只占人群的极少部分，大部分人的智商水平都处在中等阶段，这就是说智商虽然可以决定一个人的创造能力，但它并不是创造力的唯一来源。

二是重视非智力因素的开发。每个人身上所具有的创造性就好比土壤上开出的鲜艳花朵，人本身及其智商是提供养料的土壤，而心灵则是创造力的种子。显然，没有种子，花朵就成了无本之木。因此，心灵才是人类创造力的主要渊源和重要根基。著名心理学家荣格的知识体系指出：“所谓智慧，所谓创造，就是人的心理失衡，从而萌发创造动机，在创造活动中疏导心理能量的过程。创造力隐藏在每个人心理深处的无意识层面。”① 荣格这句话强调了非智力因素对创造活动的重要作用。我们可以通过如下途径来开发我们的非智力因素：

（1）激发求知欲。求知欲，既有学习、了解、掌握新知识的渴望，也包含探索未知的欲望，心理学上称之为求知动机。国外有句谚语：“你能把马牵到河边，却不能强迫它喝水。”喝水的目的在于解渴，尚不口渴的动物是不会对水有渴求的，也不会无缘无故喝水。同一个道理，若一个人认识不到自己的缺陷，就会自满而无多大求知需要。

（2）培养好奇心。好奇心是创造的幼芽。没有好奇心，就不会有伽利略单摆规律，也不会有瓦特由蒸汽冲击壶盖的现象产生灵感而发明蒸汽机。正是有了好奇心，人们才产生探索的欲望，才涌现出大批的思想家、科学家、艺术家。好奇心还能使人思想集中、记忆准确、情绪饱满，为创造性思维的顺利进行奠定基础。遇事要有“不耻下问”“打破砂锅问到底”的精神，多问“为什么”“否则呢”。假如孩子碰到了问题，当他

① 杨清：《现代西方心理学主要派别》，辽宁人民出版社1980年版，第45页。

们皱着眉头，一脸急切地来问你“为什么”时，你不要急于回答，你要反问“你认为呢”“你怎么想到的”“那样又会怎么样呢”来帮助孩子培养好奇心，探索更多知识。这样，就有可能摘取创造性思维之果。

（3）大胆质疑。创造性思维的一个特征是对已知不断发出疑问，从而寻求新的可能性。古人有云：“学贵有疑，小疑则小进，大疑则大进。疑者，觉悟之机也，一番觉悟，一番长进。”由此可见，质疑在创造性思维中的作用非常重要。于是，我们要问：如何让其发挥最大作用呢？首先，应善疑。经过深思熟虑的、审慎的、积极的怀疑，才能促进科学发现的诞生，胡乱怀疑则是创新的大敌。其次，要敢疑。传统观念不一定全是真理，敢于怀疑，才能积极开拓进取。歌德讲：“你若失去了财产，你仅失去了一点儿……若失去勇敢，你就失去了一切。”如果一个人习惯于批判性地深入思考问题，那么他们的思路就会更开阔、更灵活。

（4）激发创造欲。创造欲源于创造的需要，其表现为不愿墨守成规，不愿安于现状，对创造活动有极大的兴趣，大脑里经常回旋诸如“如果换个角度看问题，有无更简捷的方法？还有什么功能？能否变一变、动一动？”之类的问题，具有进取意识。我国有过漫长的封建统治时期，闭关锁国的历史很长。这容易使人产生一种惰性心理，容易满足，不思进取，抑制创造欲的萌发。因此，在学习和工作中，一是有意识地培养逆向思维。逆向思维能够使人打破条条框框，在别人认为不可能的地方、别人没有注意到的地方有所发现，有所建树。例如，当有人落水时，常规的思维模式是救人离水。而司马光则是想到用石头把缸砸破，让水从破缸中流出，从而救起了小伙伴。这就是运用了逆向思维。二是有意识地训练“异想天开”。人有时会充满幻想，尤其是小孩，一些想象也许有些可笑和不切实际，但这很重要，一旦他们能“异想天开”，而不是按部就班地人云亦云，可贵的创造性思维模式就开始形成。

（5）增强自信心。不知你有没有思考过这样的问题：为什么有的人在事业上历经挫败却锐气不减，干劲如初，而有的人虽年轻力壮却暮气沉沉？寻其原因，重要因素在于自信心。自信，指人们对自己的能力、才智、力量所作出充分估计的一种自我心理体验，是人们根据对自身客观条件的分析，从而对自己的主观能动性的恰当肯定。① 自信也属于性格特征中对现实的态度范畴。自信心的激发，对于创造性思维将产生巨大的正能量，它不仅是创造目标的心理基础，为创造活动提供坚强毅力的心理支柱，还可能避免妄自菲薄，从而增强一个人创造活动的独立意识。自信是人不断进步的前提。有了自信，人就会变得勇敢，甘愿冒险。伟大的创造往往就是在坚信“我能”的信念中诞生的。

二、潜意识是创造之门的金钥匙

科学家说，人类的大部分奥秘存在于潜意识之中。心理学家说，潜意识是创造财富

① 王列富：《创造力及学生创造力培养问题探讨》，华中师范大学出版社2000年版，第14页。

的“第一把金钥匙”。从这两句话可以知道，潜意识对于人类，对于人类的创造是何等的重要。潜意识，也就是人类原本具备却忘了使用的能力，这种能力我们称为“潜力”，也就是存在但却未被开发与利用的能力。潜力藏在我们的深层意识中，也就是我们的潜意识。潜意识是一种可以影响人类行为的强大力量。

1. 潜意识与意识

在《文艺心理学大辞典》中，潜意识是指被压抑的、知觉不到的本能欲望和潜在的心理活动。心理学家西格蒙德·弗洛伊德在其《精神分析学》中首先提出，潜意识是指潜藏在我们一般意识底下的一股神秘力量，是相对于“意识”的一种思想。他把它定义为不曾在意识中出现的心理活动和曾是意识的但已受压抑的心理活动。潜意识又可分为两种：一种是意识不允许的，用 Ucs 表示；一种是可以达到意识的，用 Pcs 表示。弗洛伊德认为潜意识时刻在寻求发泄和满足，进入意识。但在进入意识的通路中，它们必须要经过“检验”或“稽查”。前意识（Pcs）即是属于潜意识中通过了检查可以进入意识的部分，而无意识（Ucs）则是在检查时遭到拒绝而受到压抑的部分，通常直接将无意识称作“潜意识”。

弗洛伊德将人的心理结构概括为三部分：潜意识（即无意识）、前意识和意识。人的心理活动有些是能够被我们自己觉察到的，只要我们集中注意力认真地理清大脑中各种复杂的头绪，就会清晰地感觉到内心中会有一个个观念、意象或情感不断涌来，这种能够被自己在清醒状态下发觉的心理活动叫“意识”。与意识同时在大脑中存在的还有潜意识，它是一些本能的冲动或被压抑的欲望，在不被人察觉的境界里发生，因为它不被社会秩序和本人的理智所接受，所以无法进入意识并被个体发觉。前意识是介于意识和潜意识之间的，潜意识要到达意识，必须要经过它，它就像一个安检系统在那里把守着每一个要进入意识的潜意识，如果潜意识中的观念不能被前意识认可，它将被前意识拦住再一次返回潜意识。

意识是指某人知道了某些情感、欲望或判断；潜意识则是某人不知其内在体验时的心理状态。弗洛伊德把人的内心世界比喻为一座冰山，浮出水面的是极少的一部分（约占 5%），代表的是意识，而埋藏在水面之下的大部分（约占 95%），则是潜意识。他认为人的言行举止，只有少部分是意识在控制，其他大部分都是由潜意识所主宰，而且是主动地运作，人却没有觉察到。“弗洛伊德认为相对于潜意识而言，意识仅是无意识茫茫大海中的几座孤岛。”①

2. 潜意识的特征

潜意识有六大特征：一是能量巨大。美国演说家博恩·崔西说，潜意识的力量是显意识的三万倍以上。二是最喜欢带感情色彩的信息。三是不识真假，直来直去。即潜意识不会辨别想法的好坏。四是比较容易受图像方面的刺激。五是我们不能觉察到，只有

---

① 沈爱凤：《弗洛伊德与荣格美学艺术理论的概要比较》，《苏州大学学报》（工学版）2001 年第 6 期。

通过催眠才能开发它。六是放松时，信息最容易进入潜意识。

3. 潜意识的功能

潜意识大师摩菲博士说过："我们要不断地用充满希望与期待的话，来与潜意识交谈，于是潜意识就会让你的生活状况变得更明朗，让你的希望和期待实现。"① 潜意识的功能是巨大的，具体来说有如下五个功能：

一是记忆储蓄功能。潜意识像个巨大无比的仓库或银行，它可以储存人生所有的认知和思想感情。人从诞生起，潜意识便开始形成，父母的期望、教诲，家庭环境的熏陶，学校的教育，生活环境的影响，从小到大的阅历，一切影响过你的外部思想观念、意识和自己内部形成过的观念、意识、情感等都会在潜意识里储存，形成了一个人丰富的内心世界和灵魂。它是我们形成新的思想所取之不尽、用之不竭的信息源泉。

二是自动排列、组合、分类的功能。潜意识使保存的复杂多样的信息，进行自动的排列、组合、分类，以随时应付各种需要。人们做梦便是潜意识自动排列组合功能的反映。当我们思考某个问题的时候，与这问题有关的潜意识就可能被我们唤醒。

三是直接支配人的行为的功能。人的一切习惯性动作、行为，以及一些自己也没有意料到的行为，实际上都是由潜意识支配的。

四是自动解决问题的思维功能。当我们苦思冥想某一难题，一时得不到解决时，我们会暂时停下来做别的事，结果突然有一天，问题答案的线索甚至完整的答案却从你的脑中跳出来了，让你惊喜万分。原来，这便是潜意识在自动替你思维并且解决问题。所谓"灵感"，就是潜意识的自动思维过程。

五是形成习惯性反应、超感和直觉的功能。据说有些印第安土著人能从马蹄印中判断马走了多远。这种超感和直觉实际上是长期与马、马蹄痕迹打交道形成的经验潜意识的习惯性反应。从事各行各业的人们都有自己的直觉，而这种直觉就是多年的生活工作经验培养的一种敏感度。当再次遇到类似的事情，在没有答案的情况下大脑会作出反应，而这种直觉往往会引导我们作出正确的选择。

4. 潜意识释放的最佳途径是梦

德国著名心理学家鲁道夫·阿恩海姆证明："在睡觉的时候，人的意识下降到了较低的水平，在这一水平上，生活的情景并不是以概念的方式呈现，而是通过含义丰富的形象呈现出来的。睡觉在所有人身上唤醒的创造性想象力，都会使人惊叹不已，而艺术家进行艺术创造时也正是依靠了这种潜伏在深层意识中的绘画语言能力。"这种创造性想象力正是日常生活中学习的经验和知识的积累储存在潜意识里而产生的。做梦也是大脑的一种活动，它对大脑储存的信息进行了筛选，并通过梦来重新安排我们已经感受或认知过的东西。它是生活中的自我暗示，只要在睡觉前对你的潜意识说某一件事情，我们就会发现潜意识会创造很多的奇迹。例如：睡前不用闹钟第二天却要早起，哪怕是每

---

① 余慧军：《潜能速醒》，海潮出版社 2004 年版，第 12 页。

天早上都起得很晚，但要起早的那天是不会起迟的；某天晚上始终记不起来的东西，却能在第二天早上醒来时想到。这些都不得不使我们承认在睡梦中我们的潜意识是多么的活跃，所以我们可以相信梦这个神秘的黑色王国不但能满足我们的愿望，而且在我们休息的时候仍然默默地为我们工作。因此我们对做梦时的经过情形作如下描述：前一天残念之外，尚有一种强大有力而被潜抑的属于潜意识的愿望冲动，这个冲动乃使梦的形成成为可能。①

5. 潜意识的开发

潜意识的开发需要注意以下四个方面：

一是训练开发潜意识的无限储蓄记忆功能，为我们的聪明才智打下广阔深厚的基础。"事事留心皆学问"，你要大脑更聪明，更有智慧，更富于创造性，就必须给潜意识输送更多的相关信息。为了使你潜意识的储蓄功能提高，可采取一些辅助手段帮助储存。如重要资料重复输入，重复学习，增加记忆功能，建立看得见的信息资料库——分类保存图书、剪报、笔记、日记等，以便协助潜意识为我们的创造性思维和其他聪明才智服务。

二是训练对潜意识的控制能力，使它为我们的成功服务，而不是把我们导向失败。具体地说，珍惜原来潜意识中的积极因素，并不断输入新的有利于成功的信息资料，使积极的心态占据统治地位，成为最具优势的潜意识，甚至成为支配我们行为的直觉习惯和超感。另外，对一切消极信息进行控制，不要让它们随便进入我们的潜意识。常言道，如果你想的都是好事，好事就会来找你，如果你想的是坏事，坏事就来找你的麻烦。

三是开发利用潜意识自动进行思维创造的智慧功能，帮助我们解决问题，获得创造性灵感。潜意识蕴藏着我们一生有意无意地获得的信息，又能使这些信息自动地排列、组合、分类，并产生一些新意念。所以我们可以给它指令，把我们成功的梦想、所碰到的难题化成清晰的指令经由意识转到潜意识中，然后放松自己等待它的答案。比如反复下达这样的指令：我该如何学好钢琴呢？还可以把指令化小：我学好钢琴的第一步应该怎样走？有不少人冥思苦想某一问题，结果却在梦中，或在早晨醒来时，或在洗澡时，或在走路时，突然从大脑里蹦出了答案或灵感。所以我们要随时准备纸和笔，记下突然而来的灵感。电影大王邵逸夫在任何地方都备有一本记事簿，一旦灵感从潜意识中出来，便立刻记下来。这是邵逸夫成就辉煌事业的一个重要原因。

四是不断地想象，不断地自我确认，不断地自我暗示。影响一个人潜意识的关键，就是要不断地重复，不断地确认你的目标，不断地想着你的目标。这样的话，你的目标终究会实现。假设你想要成功，就念："我会成功，我会成功，我一定会成功!"假设你想成为明星，就念："我能成为明星，我能成为明星，我一定能成为明星!"假设你想要让自己的成绩提升，就告诉自己："我的成绩不断地提升，不断地提升，我的成绩

① ［奥］弗洛伊德：《梦的解析》，罗琳译，九州出版社2008年版，第260页。

一定会不断地提升！”经由反复的练习，反复的输入，当你的潜意识可以接受这样一个指令的时候，所有的思想和行为都会配合这样一个想法，朝着你的目标前进，直到达成目标为止。

三、潜意识与艺术创造力

创造是人类区别于动物的基本特性和标志之一。培养、开发创造力的重要意义和最终目的在于使人类创造力的发展从自发走向自觉，从而尽可能挖掘出人类的创造潜力，造福人类。随着科学技术与经济的快速发展，现代社会对科技人才创造力的培养与开发提出了更高的要求。开发人的创造力，培养大批出类拔萃、思维敏捷、勇于创造的人，已经成为一个国家社会经济发展的战略性问题。

现代心理学研究表明，创造是显意识和潜意识高度统一的产物。在人类整个创造活动中，总是有目的在支配着。创造的机遇总是光临那些有准备的头脑。因此，整个创造过程都由意识控制着。但是，在创造过程中，创造者长期的学习、经验的积累、环境的影响以及对创造的强烈追求和思考，虽然没有形成直接的可以明确显示出来的结果，但会在心理深处累积起来，为创造做好准备。在创造活动还在进行而无明确结果时，在创造的苦思冥想获得某种启示而豁然顿悟之前，确实存在着一种“潜意识”状态。在一定条件下，当创造成果出现时，这种潜意识状态就过渡到显意识了，人的创造力就体现出来了。

1. 潜意识与艺术创作

艺术创造是一种无目的而又有目的，不自觉而又自觉的活动。在很多情况下，创作灵感会突然降临到艺术家身上。灵感在艺术创作中具有非常重要的意义，它是艺术家在创造过程中达到高潮阶段出现的一种最富有创造性的心理状态。灵感要经过意识—潜意识—意识三种心理形态的发展和转换。也就是说，在灵感思维中，意识是潜意识的基础和前提条件，没有意识状态阶段的充分准备，就没有潜意识状态下的积淀，也就没有灵感内容的孕育完成，而没有潜意识状态向意识状态的回归转换，捕捉和实现灵感的成果则会功亏一篑。

著名音乐家约翰·施特劳斯应维也纳男声合唱协会之约创作一首合唱曲，为了写出这首动听曲子，他被折磨得辗转难眠，他的音乐想象和思维被困进了习惯的模式里而无法解脱。当他漫步来到多瑙河畔，放松心弦，享受着夕阳下的河水及两岸秀美、壮丽的景色时，突然他的脑海里跃出了一个念头：为何不以多瑙河为创作之源，写维也纳心中的母亲河呢？闪过的一念使施特劳斯茅塞顿开，于是创作的灵感来临了。正如法国哲学家鼓加勒所说：“有些出其不意的灵感是经这一些日子仿佛纯粹是无效的有意识的努力之后在毫无意识下才产生的。”可见，在灵感孕育过程中，没有意识的努力，就没有潜意识的积淀，而没有潜意识那种独特的心理活动，灵感就不可能在偶然的刺激、启发下突现。①

2. 潜意识对绘画创作的影响

绘画作品是受潜意识影响最深的，也是潜意识最容易释放的途径，所以在创作过程中，被压抑在潜意识里的情感就被带到绘画作品中。潜意识对绘画创作的影响是巨大的。毕加索是20世纪最重要的绘画大师，与布拉克创立了立体主义，以油画、版画、水彩画、剪贴画、雕塑、陶器等在艺术阵营里纵横驰骋。在毕加索的众多绘画作品中，我们不难发现牛头、斗牛士、鸽子等是毕加索一生中最爱表现的题材，尤其是多次出现的牛头已经被一些学者认为是毕加索绘画语言中的一个潜意识符号。这一方面源于他在很小的时候就被父亲带着去观看斗牛，斗牛的宏伟激烈的场面使他终身难忘。他一生中曾多次观看斗牛，尤其在晚年更是以贵宾的身份被邀请观看斗牛，这种爱好一直持续到他生命的结束。另一方面是因为他深爱着他的祖国——西班牙，虽然他的一生大部分时间是在法国度过的，但他始终没有加入法国国籍。由此我们可以看到毕加索喜欢牛头就不足为奇了。同时他对绘画创作中出现的潜意识是深信不疑的。据他回忆说他只是不停地画，容不得大脑片刻的思考，这种行为很难用理性去解释。

3. 潜意识对音乐创作的作用

潜意识活动的区域多居于“沉默”的右半脑。右半脑具有与音乐、绘图等有关的综合性、整体性的知觉和空间能力。这些能力大多是非理性的、模糊性的和创造性的。在音乐创作方面，灵感是一个令人神往而又捉摸不定的怪物。据说，意大利著名小提琴家塔提尼梦见魔鬼演奏了一首美丽的乐曲，醒后立即谱写了《魔鬼的颤音》；德国著名歌剧大师瓦格纳于朦胧中创作了《歌唱大师》和《莱茵的黄金》的部分乐章；俄国作曲家斯特拉文斯基的一些乐曲是在睡梦中构思成熟的；德国作曲家海顿和奥地利著名作曲家莫扎特在创作中均有利用无意识促进灵感产生的情况。

音乐创作灵感的产生与潜意识有着天然的联系。任何心理过程始终都是在意识和潜意识的不同水平上形成的。维戈茨基说：“艺术效果的最直接的原因隐藏在无意识之中，只有深入到这一领域中去，我们才能弄清艺术问题。”②

4. 潜意识对导演创作的影响

任何导演在进行创作时，都会有意识地去表现一些什么，有意识地让观众接受一些什么，也常常会无意识地流露一些什么。我们不仅要注意到导演有意识地表现的东西，更要关注探究导演潜意识流露的东西，一部作品真正的“内在意义”可能恰恰是导演受潜意识支配，将内在的心理能量在潜移默化中升华而蹴就的。例如，谢晋影片中所展现的美好女性系列，他对女性传统美德的一贯讴歌、赞美，恰恰是他仰慕中华传统母体

---

① 温静：《意识——潜意识——意识——艺术创造灵感孕育、产生与获得的心理转换过程》，《楚雄师专学报》2000年第2期。

② 李春青：《艺术直觉研究》，辽宁大学出版社1987年版，第35页。

文化的潜意识的流露。又如张艺谋的《红高粱》《菊豆》，无不折射出他内心深处的“弑父”情结，对传统的激烈批判和否定。

第三节　艺术之审美

案例精选

由华谊兄弟天意影视投资拍摄的电视剧《圣天门口》，自2012年10月22日登陆安徽卫视黄金档后，获得了社会各界的强烈反响。网友们纷纷表示，这是一种陌生又新奇的观剧体验，没想到电视剧还可以拍出艺术电影一样的质感和深度。一段时间以来，家长里短、枪林弹雨、权谋算计火热荧屏，一些影视作品因跟风、克隆，缺乏创新意识，而备受质疑，《圣天门口》则以鲜明的文学色彩、高超的艺术水准和独特的审美情趣获得了观众认可，为电视剧市场带来了一股清新的艺术气息。为探讨电视剧如何平衡通俗娱乐和艺术创新之间的关系，给今后的创作提供借鉴，2012年11月1日，由中国电视艺术家协会主办，《当代电视》杂志社和中国广播电视协会电视制片委员会承办的电视剧《圣天门口》研讨会在北京召开。与会专家认为，电视剧的娱乐属性固然重要，但是创作者不能一味追随大众审美浪潮，而停止对艺术探索高峰的攀登。

因改编自茅盾文学奖得主刘醒龙的同名长篇小说，电视剧《圣天门口》从一开始就被赋予了浓重的文学气息。在富于诗意的对话旁白、具有象征意义的镜头切换中，人们欣赏的似乎不是一部剧，而是一本书，越细品味越有深意，将观众带入一种全新的观赏模式当中。

“这部电视剧以细腻笔触展现时代洪流下的中国社会状态，为中国电视剧树立了一个新的标杆。”中国文联原副主席、中国传媒大学艺术研究院院长仲呈祥指出，一部电视剧能否培养观众较高的鉴赏能力，关键在于这部作品的文学底蕴有多深厚。《圣天门口》的创作集体自觉地向文学汲取营养，值得褒奖。

一些制作人错误地认为，电视剧创作之所以不愿创新，是因为成本过高。跟风就不同，有成功经验在前，市场可以预估，操作流程相对成熟，性价比更高。然而，如果一味沉浸在感官刺激之中，长此以往，观众总有厌烦的时候，且本身的审美水平难以提升。电视剧市场呼唤领跑者，他要勇于做与流行有差别的作品。从这个意义上来说，电视剧《圣天门口》意义重大。

《圣天门口》的出品方华谊兄弟传媒股份有限公司董事长王中军介绍道，《圣天门口》具有深厚的文学基础和鲜明的审美特色。制片人吴毅勇攀艺术高峰，这种使命感令人钦佩。我们认识到，电视剧在注重娱乐属性的同时，更应注重艺术属性。

（出自：http：//politics. gmw. cn/2012-11/06/content_ 5587991. htm，2013-04-26）

思考与讨论

问题一：结合上述材料，谈谈如何判断艺术的美丑。

问题二：审美感受对艺术创造有何反作用?

问题三：艺术的审美效果是怎样的?

要点提示

判断艺术的美丑，不应当以其原型的美丑为主要依据；艺术不仅是供欣赏的对象，也是审美实践的产物；艺术是一种表现，模仿本身并不能成为艺术。

一、艺术所反映的美丑与真实感

美丑是一切事物的两种对立的品质。没有美与丑的对比，就无所谓美。在艺术作品里，美与丑虽有主次之别，却互相依存。认识丑也就是为了认识美，不认识丑就无法深入认识美。

判断艺术品的好坏，不应当以其原形的美丑为主要依据，应当以其基于创造的观点、方法和趣味为根据。当然，对艺术形式的美丑进行判断，必须考虑它的内容、形式的美和真善的关系。如果新闻报道常常是报喜不报忧因而不真实，无论它在词藻方面多么华丽，很难承认它是美的报道。至于报告文学之类的艺术，不论它是不是直接反映了丑，总能使读者意识到与美相对立的丑好像间接地存在着。这样的审美对象，既反映了美，也在创造着美。

托尔斯泰向高尔基讲述一个喝醉酒躺在污水沟里的妇女，他对高尔基说："你不要写，你不要把这写出来。"因为他在感受上非常憎恨这种丑恶现象。而高尔基问道："这是为什么呢?"这一问似乎唤醒了托尔斯泰的艺术良知，于是提出了前后矛盾的回答。他说："我也不知道。我只偶尔说出的……不过写这些丑恶的事情，是一种羞耻……但为什么不可以写呢？是的，无论什么事情都有写的必要，无论什么事情。"这种自相矛盾的回答，恰恰表现了托尔斯泰的真诚。接着，他还谈到那个醉妇的孩子，进一步提出："如果我们不写，那个活泼的小孩会责难我们'写作不真实，不是真实的全部'。"托尔斯泰这种写作真实的要求，正是这位现实主义大师忠于现实的间接体现。

许多美的艺术显示，丑出现在艺术中常常是必要的。从艺术的表现形式来看，丑对美是一种对比和衬托，丑的出现使美显得更美。艺术反映丑，不是为了展览丑和欣赏丑。实际上是再现丑的同时，表现作者美好的审美观念、审美评价和审美理想。正如在我们的戏曲中有丑角一样，是把丑当作与美相对立的东西来进行揭发和批判的。法国雕塑家罗丹说："所谓'丑'，是毁形的，不健康的，令人想起疾病、衰弱和痛苦，是与正常、健康和力量的象征与条件相反的。驼背是'丑'的，跛脚是'丑'的，褴褛的贫困是'丑'的。"这里的"毁形"是指外形上与形式美法则相背离。"令人想起疾病、衰弱和痛苦"，是指内容上对人的生活与目的的否定。可见有了美才能衬托出丑，有了丑才能使美显得更美。因而，美与丑是相对的。

西方的一位美学家认为："丑的因素之所以能构成美，是因为丑在整体中被克服。"在戏曲《铡美案》里，陈世美所代表的丑，似乎被包拯和秦香莲的美克服了。但元曲《窦娥冤》的主角之死，则是在局部上显示了美被丑所毁灭。这样丑恶的现实经过艺术的反映，体现了艺术家的爱憎，作品的情感和思想，整体上表现为丑被美所克服。有些戏曲的情节也表明，美虽可能被丑所毁灭，但丑却在精神上受到观众的谴责和打击。

艺术的真实对观众或读者的重要性，不只在于使他们承认作品所反映的生活是可信的，而且适应他们把艺术里的生活当成现实里的生活来感受的兴趣，从而提高他们深入感受生活的能力。当我们有时把生活当作艺术来欣赏，有时把艺术当作生活来认识，就可能在不知不觉中增强自己对存在于生活中的美丑特性的敏感。对存在于生活或艺术中的美丑的领会能力的提高，有助于我们发现和掌握生活中那些转瞬即逝的精彩动人的东西，发现和掌握艺术中那些仿佛恍惚迷离却又意味深长的东西，从而培养做人应有的广泛而高尚的爱好。①

从根本上来说，艺术虽是对现实的反映，但它那美的属性和特征，意味着它不是对客体的简单模仿。艺术美不能被自然美和社会美所替代的重要原因，不在于艺术能够如实模仿生活，而在于它可以不受生活表象的拘束，能动、自由地发挥艺术的创造性，给大家提供富于时代个性的美的创造。当然，这种创造的自由也有限制，艺术的想象归根结底离不开自然现象和社会现象。

二、审美感受反作用于艺术创造

艺术创造与艺术欣赏谁先谁后的问题，使人联想到"鸡生蛋还是蛋生鸡"这无端的环。一个缺乏艺术起源知识的人，要准确回答这一问题是很困难的。艺术是怎样创造出来的呢？艺术反映现实，但不必、也不可能全面再现现实。出现在艺术里的现实，是经过艺术家的选择和加工的，渗透了作为审美主体的艺术家的思想，而不是对现实的纯客观的反映。

艺术可以是生活，是政治，但是只有当它以人的心灵为中心，透过人的命运、品质、性格、情感、意志、道德、理想、风度等，反映存在于社会中形形色色的人的个性与关系，体现艺术家是非、善恶、美丑的观念时，它才具备了区别于生活素材的特殊内容。所以，艺术所再现的生活既有客观性也有主观性；既受反映对象的特殊性的制约，也受作者的主观态度的制约。

艺术成为人的审美对象，它不只给人提供了艺术美，而且可能丰富人的审美经验。正因为艺术具备审美对象和审美经验这两重性，艺术不仅是供欣赏的对象，也是审美实践的产物。所以，它较之未经过艺术反映的现实，更可能积极反作用于人们新的审美活动。它不只是发展、丰富和创造主体的审美能力，而且对包括审美主体的人格在内的现

① 王朝闻：《审美基础》（下卷），生活·读书·新知三联书店 2011 年版，第 128 页。

实美的创造也有重要作用。

张岱在短文《柳敬亭说书》中表达了他对书艺的审美感受："武松到店沽酒，店内无人，蓦地一吼，店中空缸空瓮，皆嗡嗡有声，闲中着色，细微至此。"这种感受和评价，是由说书人的书艺的美感引起的，但是能够认识这种"闲中着色"的书艺的张岱，他那审美能力和审美趣味，却不像是在这一次听书时才被创造出来的。能够认识书艺中那"闲中着色"的美，是张岱拥有的审美经验所形成的艺术修养，在新的审美对象面前发挥了审美敏感作用的结果。一个艺术家一旦获得丰富、强烈的审美感受和形象材料，内心势必激起创作的冲动，从而进行艺术构思。

为什么艺术反映现实，能够以小见大、以少见多、以显见隐、由浅见深呢？一方面，是因为审美主体具有再创造的主观能动的作用。如果没有这种作用，小就是小，少就是少，显就是显，浅就是浅。另一方面，是因为艺术自身的审美属性。它给艺术接受者再创造的诱导提供了规定，既以形象的特点限制了接受者的想象活动，又以形象的代表性唤起接受者的自由联想。如长篇小说《战争与和平》所描写的场景与细节不是面面俱到的，《水浒》对生活的再现也不是说尽道绝的。

三、艺术之审美效果

大多数人喜欢艺术，但并不代表大多数人能够成为艺术家，因为不是人人都具有成为艺术家的条件。也有相当多的人并不打算成为艺术家。也就是说，大部分人都属于艺术的接受者、欣赏者，他们关于艺术的活动主要与审美有关。艺术的审美效果可以分为以下几点：

1. 表现思想、情感甚于摹仿现实

艺术究竟是模仿还是表现？这个问题直到现在还在引起争论。不用说，艺术当然是一种表现，而摹仿本身并不是艺术。艺术作品虽不缺乏客观性与真实性，但这种客观性与真实性并不是对现实的外在摹仿，而是艺术家对现实的心灵体验的表达，它嵌进了艺术家的灵魂。画家如果力求画得和实物一模一样，那只是在摹仿。这种摹仿还不如拍照来得精准。艺术本质上是为了满足人类自我认识的需要而产生的。①

摹仿是一种技术，它只是成为艺术家所需要的基本功。譬如，成为画家之前，必须先临摹许多静物、人像等；成为歌唱家之前，需要摹仿许多其他歌唱家来唱歌。庄子认为"道"是"进于技矣"。技术需要经过千锤百炼，直到出神入化的境界，才能提升为艺术。再者，有的作品虽然技术含量高，但它未必就是一件好的艺术品，甚至可能是趣味庸俗的糟粕。

2. 创造性的表现，目的性的结构

艺术创作是人有意识、有目的、有计划地进行的活动，是创造性的一种表现。有创造性的表现，就必然有目的性的结构。作曲时首先要设计一定的曲长，然后把它分成多

---

① 朱立元：《当代西方文艺理论》，华东师范大学出版社 1997 年版，第 180 页。

节并思考每一节需要哪些旋律来表现情感，这就是结构；一首曲子一定会蕴含至少一种目的，譬如它可以用来表达某种情感，而这种情感正好彰显在这样长度的曲子中。

换句话说，艺术要想表达某种感情，需要有一个经过设计的、目的性的结构。以作曲为例，结构中强调的某些重点、精华，我们在聆听歌曲时也很容易注意到，因为这些部分往往会不断地回旋往复。至于前奏和结尾，都只是让听者调适心情而已。李泽厚在《美学四讲》中说："艺术不等于审美，审美没有实用目的……艺术则不然，它有明确的功利目的。"①

3. 让情感不仅得到宣泄或净化，而且得到升华

艺术，是美的化身，它能够使人深入体会生命内容，宣泄及净化感情，进而激发人的活力。人常常会触景生情，与他人相处久了会产生感情，有了情，难免会造成各种或好或坏的结果，因而产生种种复杂的恩怨。遇到此类情况，就可以通过欣赏艺术作品来宣泄和净化感情。举例来说，当一个人与别人闹了别扭，心情非常糟糕时，他可以试着听听音乐。在聆听音乐时，人很容易忘记自身的痛苦，而把自己所受到的压力舒解开来，进入艺术的世界。艺术世界本身是超越时空的，能够化解人们心里的当下困境，当欣赏者融入一首曲子的艺术境界时，就能忘怀其他繁琐的事务。②

一般人都了解艺术可以让感情得到宣泄和净化，但不一定知道它也能使人的生命产生活力。一个人在听、看、触时，是以感官去接受别人提供的作品。从这一点看，欣赏艺术好像是被动的。其实艺术也可以产生一种活力，使我们由被动变成主动，重新凝聚生命力。

从古到今，许多伟大的艺术家都拥有某种特殊的天赋，经过精心开发，辛苦训练，将涌现的灵感化为动人的创作。这些人的潜意识比一般人更容易进入意识的领域，因而，他们的思想得以展现。虽然我们不一定能成为艺术家，但作为欣赏者、摹仿者也是不错的。因为如果没有欣赏者、摹仿者，在艺术家生命结束后，就没有人能重现他们作品的活力。通过与艺术家进行心灵沟通，欣赏者、摹仿者也能让自己提升到一定的艺术高度。最为重要的，是透过艺术，领悟一种自由，让生命获得解脱，恢复人本来的完整性。

哲学强调理性思维的能力，但不会忽略审美经验的调节功能。审美经验犹如生命乐章的节奏，虽平淡却饱含生机。一个人在审美的时候，可以体会短暂的忘我状态，化解世间的压力与烦恼，感觉人生一切劳苦原来就是为了放下担子时的那种惬意与自在。

四、艺术高职院校学生的艺术审美

在艺术高职教育中，学生们都从感官上接受了训练，强化了视、听、仿等能力，进一步领悟到物象的审美意义。受过训练的艺术高职学生与没有经过训练的普通高校其他

① 李泽厚：《美学四讲》，生活·读书·新知三联书店1999年版，第172页。
② 傅佩荣：《哲学与人生Ⅱ》，北京理工大学出版社2011年版，第136页。

专业的学生，审美素养是不同的。例如当看到一只画眉鸟时，受过美术训练的艺术高职生，会关注其姿态、色彩的美；受过音乐训练的艺术高职生，会关注其鸣叫的音质、音色和韵律美。

艺术高职教育必须要面向全体学生，培养、提高其审美素质，而不仅仅是面向少数学生，培养艺术家。脱离了审美素质教育的学生，只能掌握机械的技能，很难有创造性的美的生活体验，也难以有很好的建树。就戏曲表演、音乐表演、舞蹈表演、影视表演、艺术设计等专业来说，对这些专业的学生尤其需要注重审美方面的培养，让学生能以美的意识来进行表演、设计，而不是拘泥于某个动作、某个作品。可喜的是，我国的艺术高职教育已经逐步从单纯的专业技能教育转变为以提高学生综合素质（包括审美素质）为目的的技能教育了。但针对艺术高职院校的专业特点，如何引导学生以创造性的审美思维来思考问题、解决问题，如何让学生一直保持这种审美思维意识，并能随时用于学习和表演，这是艺术高职教育人才培养面临的难题。艺术高职学院的师生必须高度重视这个问题，加强艺术审美的研究和教育。

课后思考

1. “审美需要是一种精神享受性需要，它源于生命力的盈余，是人的需要被意识并在长期的社会实践中被积淀强化而独立出来的。”结合所学的知识，谈谈你对审美的认识。

2. “引发我作画的是感情的冲动，是知觉上一片恍恍惚惚的一片不具象的影像，惟其是恍惚，才有画的必要。但如果问我恍惚是什么，我自己也不知道。即使很大的画，我几个小时就能画成第一遍，都是一气呵成的，构思和体会都是在画之前，画的时候我就不想了。”结合这段话，谈谈潜意识对艺术创作的意义。

3. 1919 年周作人在《平民文学》中明确指出：“我们不必记英雄豪杰的事业，才子佳人的幸福，只应记载世间普通男女的悲欢成败。”这句话揭示了审美怎样的变化？人如何在审美中提高人生的质量？

第五章

艺术与人生

作为有志从事艺术行业的大学生，我们与艺术朝夕相伴，艺术将在我们的人生中烙下永不磨灭的印记。我们热爱艺术如同热爱自己的人生，我们追求艺术的本质如同渴慕美的人生。艺术与人生的关系如何，艺术给予人生何种影响，人生如何借力艺术而诉求丰富，如何通过学习艺术而获得诗意人生……这一系列艺术与人生的课题，都需要我们去思索、探究、选择、实践。

第一节　艺术是人生之镜

案例精选

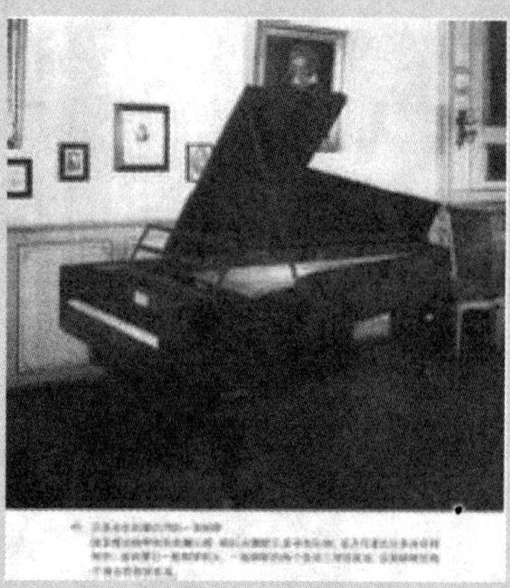

贝多芬的钢琴

路德维希·凡·贝多芬（公元1770—1827年），德国最伟大的音乐家、钢琴家，维也纳古典乐派代表人物之一，与海顿、莫扎特一起被后人称为“维也纳三杰”。贝多芬信仰共和，崇尚英雄，创作了大量充满时代气息的优秀作品，如交响曲《英雄》《命运》，序曲《哀格蒙特》，钢琴奏鸣曲《悲怆》《月光曲》《暴风雨》《热情》，等等。在一切进步思想都遭禁止的封建复辟年代里，贝多芬依然坚守“自由、平等、博爱”的政治信念，通过言论和作品，为共和理想奋臂呐喊，反映了当时资产阶级反封建、争民主的革命热情，写下不朽名作《第九交响曲》。他的作品受18世纪启蒙运动和德国狂飙突进运动的影响，个性鲜明，较前人有了很大的发展。在音乐表现上，他几乎涉及当时所有的音乐体裁并使交响曲成为直接反映社会变革的重要音乐形式。贝多芬集古典音乐之大成，同时开辟了浪漫主义时期音乐的道路，对世界音乐的发展有着举足轻重的作用，为人类留下了无价的音乐宝藏，世人尊称他为“乐圣”。

贝多芬，祖籍荷兰（一说波兰），1770年12月17日出生于德国波恩一个平民家庭。贝多芬的父亲是当地宫廷唱诗班的男高音歌手，碌碌无为，嗜酒如命。贝多芬自幼跟从父亲学音乐，很早就表现出了音乐天赋，这使他的父亲产生了要他成为音乐神童的愿望，以此成为他的摇钱树。他不惜用打骂的手段，迫使贝多芬从4岁起就整天没完没了地练琴，每当弹错的时候就打耳光，连邻居们都知道这个小孩子常常由于疲倦和疼痛而抽泣着睡去。7岁时贝多芬首次登台，获得巨大的成功，被人们称为第二个莫扎特。1787年，他到维也纳开始跟随莫扎特等人学习作曲，一个光明的前途在贝多芬面前展开。可是随着年龄的增长，一件可怕的事情开始折磨着他，贝多芬发现自己耳朵变聋了，人们可以在他早期钢琴奏鸣曲的慢板乐章中理解这种令人心碎的痛苦。

贝多芬无时不怀着一颗火热的心，可是他的热情是非常不幸的，他总是交替地经历着希望和热情、失望和反抗，这无疑又成了他创作灵感的源泉。1801年，贝多芬爱上了朱列塔·圭恰迪尔，他把《月光奏鸣曲》献给她。但是这个风骚、幼稚、自私的女人并不理解贝多芬崇高的灵魂，于1803年与伽仑堡伯爵结婚，这是令人绝望的时刻，贝多芬曾为此写下遗书。后来他从灰暗中走出来，写出了明朗乐观的《第二交响曲》。之后更多更好的音乐在他的笔下源源不断地涌现，包括《第三交响曲》（英雄）、《第五交响曲》（命运）、《第六交响曲》（田园），还有优美动听、洋溢着欢乐的小提琴协奏曲，以及绚丽多彩的钢琴协奏曲和奏鸣曲。1823年，贝多芬完成了最后一部巨作《第九交响曲》（合唱）。1827年3月26日，贝多芬因肝病辞世。贝多芬的葬礼非常隆重，有两万多人自动跟随灵柩出殡，其遗体葬于圣麦斯公墓，而他的墓旁则是舒伯特的墓地。

（出自：http：//zhidao. baidu. com/question/54153414. html，2013-07-16）

思考与讨论

问题一：结合贝多芬的生平及其艺术成就，谈谈艺术与人生有着怎样的关系。

问题二：如何理解艺术即人生？

要点提示

提示一：艺术离不开人生，艺术是人生的一面镜子，映照出人生百态。

提示二：人生需要艺术，人需要艺术地生活，艺术与人生相互融通，不可分割。

一、艺术映鉴人生

“艺术是对生活的摹仿，各门艺术的区别只是摹仿所用的媒介的不同：画家和雕塑家用颜色、线条或块面来摹仿事物塑造形象；音乐家则用旋律、节奏和音调来摹仿；文学家则以语言为媒介来摹仿。”① 不同门类的艺术家借助不同的摹仿媒介，以其独特的方式、技巧来表现各自对人生的体验、构想与追求，创作出反映社会、时代、生活、生命的艺术作品。

艺术来源于生活，但艺术创作不仅仅是冷静地分析、判断人生，而是动态地描摹、表现人生。艺术是对生活的摹仿、美化、超越，人生凝结成艺术，艺术是升华了的人生。艺术与人生紧密相连，融为一体。苏联著名美学家卡岗认为：“艺术仿佛是一面镜子，文化从中照见自己，从中认识自己，并且只有在认识自己的同时，才能认识它所反

---

① ［古希腊］亚里士多德：《诗学》，罗念生译，人民文学出版社1982年版，第92页。

映的世界。"① 艺术是从它所属的文化和社会中来的，是它所属文化和社会的反映，而人生也必定发生在特定的文化和社会轨迹当中。

无论从哪个角度看，艺术都离不开人生。艺术是人生的一面镜子，艺术映照人生。如果放开视野，我们不难发现，表面千变万化的艺术世界往往是对现实人生的真实写照，各种艺术门类，如音乐、绘画、文学、雕塑等，无不如此。

1. 音乐表达人生

音乐是人类的灵魂，是人生不可缺少的抒情活动之一，无论年龄、性别，人们对音乐都有本能的需要甚至是爱好。音乐世界里七个音符变幻出无数灿烂华美的乐章，它们或恬静，或优雅，或明媚，或忧伤，或悲壮。音乐不以地域而存在，不因时间而消亡；它萦绕于天地间，渗透在人心里，具有超越时空的恒久性。

无论是普通的音乐作品，还是像贝多芬、莫扎特这些大音乐家的作品，它们无不反映了一定时间、一定环境、一定时代下作曲家的心声。音乐是艺术家对时代的破解，对人生的诠释。音乐与我们的生活相融，在音乐中，我们完全可以对生活进行放松、消化、分享、疗治，并以此催生出自我奋进的脚步。音乐是写照人生、抒情人生、愉悦人生、丰富人生的艺术表达方式，是人生的释放代言之声。

贝多芬是世界艺术史上伟大的作曲家之一，贝多芬的音乐体现了天地之大美、悲愤哀怒之情怀和人类的至高尊严，体现了贝多芬巨人般坚忍的性格，反映了那个时代的进步思想与格调，其塑造的革命英雄主义形象可以用"通过苦难——走向欢乐，通过斗争——获得胜利"加以概括。他的作品既宏伟壮丽又质朴鲜明，音乐内容丰富华丽，同时又易于被大众所理解和接受。贝多芬的音乐体现了他那个时代人民的痛苦和欢乐、斗争和胜利，因此它在过去总是激励着人们的斗志，在现在也同样使人备感亲切和鼓舞。贝多芬的音乐是一面镜子，它映照出人的心境起伏，映照出生命的呼吸节奏，映照出人生、社会和宇宙的意义。也许，一个人在风和日丽、踌躇满志的日子里可以不要贝多芬的音乐，但在抑郁苦闷、愁肠百结和心灵挣扎的危机时刻需要它的支撑和照临。贝多芬的命运极其坎坷，甚至可以说在一开始，人生对于他就是一场悲惨而残暴的战争。但贝多芬的内心始终蕴藏着无穷的情感，细腻、超凡、和谐、至善至美。贝多芬有意将自己的意念放在他的曲子中，如其作品《c 小调交响曲》（作品 67）开头的四个音符，刚劲沉重，仿佛命运敲门的声音。一开始的主题动机就是命运之神用力敲门，而这正是贝多芬个人悲剧人生的反映——对父亲酗酒之后单调恐怖的敲门声的童年记忆，这部作品因此被称作《命运交响曲》。1841 年，德国无产阶级革命家、哲学家恩格斯听了《命运交响曲》的演出后，在写给妹妹的信中这样赞美这部作品："如果你不知道这个奇妙的东西，那么你一生就算什么也没有听见。"他写到，他在第一乐章里听到了"那种完全的绝望的悲哀，那种忧伤的痛苦"，在第二乐章里听到了"那种爱情的温柔的忧思"，而第三、第四乐章里"用小号表达出来的强劲有力、年轻的、自由的欢乐"，又是那么鼓舞人心。恩格斯用短短的几句话，对《命运交响曲》作出了非常中肯的概括。

---

① http：//wenku. baidu. com/view/5589ab7f5acfa1c7aa00cccd. html，2013-07-13。

如果说母爱只能给予母爱，情爱只能给予情爱，而贝多芬的音乐给予我们的，却是一种博爱、大爱，或者说是一个思维、一种世界观，一幅令我们激动不已的人生图景。它向我们倾吐如何直面人生和命运，引发我们无限遐想与共鸣。贝多芬的音乐来自音乐家对自身命运和人生的思考，倾注了音乐家全身心的自我情感体验。法国雕塑艺术家罗丹说过，艺术就是情感，贝多芬的音乐凭借艺术家人生情感体验的忘我注入而深深影响着我们。

2. 绘画展现人生

中国现代画家、教育家丰子恺曾说，用人工巧妙地配合形状、色彩的，叫作美术。他还说，形状和色彩有一种奇妙的力，能在默默之中支配大众的心。配合在平面上的是绘画，配合在立体上的是雕塑，配合在实用上的是建筑。因为是用人工巧妙地配合的，故其支配人心的力更大，这叫作美术的亲和力。可见，绘画力量的初始迸发源自人心，绘画表达的是客观外在形状、色彩与人心的联结，绘画与人、人生息息相关。

绘画创作源于生活，源于对生活的感悟，而生活又常有浮躁、迷失和纷扰重重的一面。画家以透过表象看本质的创作态度，力图表现躲藏在物质表象背后的精髓和真理，力求对生活、对人生作出注解并赋予绘画作品以灵魂和生命。美学家宗白华这样评价过罗丹的作品："罗丹看到的不只是自然人生的表面，乃是自然人生的核心"，并且"罗丹的雕刻不单是表现人类普遍精神（如喜、怒、哀、乐、爱、恶、欲），他同时注意时代精神。他晓得一个伟大的时代必须有伟大的艺术品，将时代精神表现出来遗传后世。"① 一个艺术家在整个艺术活动中处处离不开人生情感因素，艺术创作的动机无不追根于艺术家丰富的人生情感因素与内心世界。在所有艺术作品中，无不充斥着人生情感这个概念，也只有在如此深奥的领域内，艺术家才能把各种元素完美地融合在一起，创作出成功的艺术作品。而事实上，每一件这样的艺术作品，都自然呈现出艺术创作者个人对待人生的态度和他的认知。

意大利著名画家达·芬奇的《蒙娜丽莎》被誉为拥有音乐般"摄魂制魄"的力量。法国悲剧家高乃依评价此画说："有一种莫名的爱娇，把我摄向你。"作品中蒙娜丽莎那超自然的魔力微笑使这幅名画传达出种种无法言说的神韵。而达·芬奇画中的主人公原型是一位中产阶级的女性，她是当时新贵乔孔多的妻子。达·芬奇也因此在其《绘画笔记》中说："艺术应该是一面镜子，经常把所反映事物的色彩摄进来，面前摆多少事物，就摄多少个形象。"

荷兰画家凡·高与生俱来的思想、气度及灵性给了他源源不断的创作灵感，高涨的创作欲望驱使凡·高投入近乎疯狂的创作中。他描绘田野，描绘田野上生活着的农民，描绘太阳、星空、花草。他特别善于大量运用红、黄、蓝三原色，尤为喜欢红色、橘黄、柠檬黄这几种颜色。凡·高认为红、黄原色产生的强烈效果会给遭受苦难的人以希望，给孤独者以温暖，也给自己饱受煎熬的心灵以慰藉。其代表作《向日葵》已经成为凡·高的象征，而金黄色也仿佛成了独属于凡·高的颜色。凡·高用

---

① 彭吉象：《艺术学概论》，北京大学出版社1994年版，第80页。

这些代表阳光的颜色表达自己内心沸腾的热情和渴望，让人们永远感动于他生命的激情。凡·高创作构思独辟蹊径，与众不同，画风新颖，其作品气质超凡脱俗，色彩醒目绚烂，表达淋漓尽致。凡·高画作的笔触激情有力，一笔一画中承载着奔流不息的情感宣泄，饱满、粗犷、豪放，充满动感，紧张强烈而富有节奏。看凡·高的作品，你能感受到其中处处涌动着画家的满腔热忱，表现出画家既热烈又悲伤、既躁动又孤寂的内在心绪。其作品昭示着人类的情感扎根于生活，它脆弱又坚强，并超然物外，进入更高境界，这无疑是凡·高艺术人生的无言写照。自然观思想认为，艺术家只有投身于自然，才能创造出美的作品，诠释美的生活。凡·高的艺术创作理念深受自然观思想的影响，他虔诚走入自然，尽心诠释人生。凡·高的《盛开的杏花》是为其刚刚出生不久的侄子而作的，为的是让这个刚降生的生命如杏花一样，在冬日结束时朝天怒放。画面中的杏花朵朵怒放于蓝天，一如生命跃入苍穹而进入更加勃发之地，画面表达了凡·高对造物无限慷慨的由衷赞美和感激。凡·高描绘出的自然界不是纯粹的外在于人的客观自然存在，而是内化于心的“人化自然”。他通过绘画艺术将自身的内在心灵与其所处的社会环境联结起来，正如他所说：“在见到诸多自然事物时，如当看到一片树木时，我都能看到自然的表情，甚至感受到他们的心灵。我甚至奢望能够在那里找到某种斗争的方式。”不难理解，作为一名艺术家，凡·高一直在努力寻求人生的意义与自然的本质之关系，凡·高的作品融入了他的人生思辨，凡·高的艺术成就映照着他所属人生的万千意象。

3. 文学揭示人生

文学让人胸中有一种东西喷薄欲出，它追问人生、拷问灵魂，直接作用于人的精神生活。文学以语言为媒介，较之其他艺术门类，文学表现手段更为直白而多面，因而表现人生更具广大性、包容性、丰富性、深刻性。文学为人的存在提供了一种明证，证明人存在的各种可能性，文学是人学，是对人性的剖析、对人生的表达。

作为一代文学巨匠的歌德，其书信体小说《少年维特之烦恼》很大程度上是依据作者自己的生活经历写成的。小说中的维特反对封建习俗，渴望真正的爱情，要求个性自由，并希望施展自己的才华和抱负。但他在鄙陋的环境、黑暗的现实中四处碰壁，不幸的爱情又给了他沉重的打击，最终只能以死来求得解脱。小说以浓郁的诗意和强烈的感情表达了维特的痛苦、憧憬、多愁善感和愤世嫉俗，喊出了一代青年要求摆脱封建束缚、建立合乎自然的社会秩序和平等的人际关系、实现人生价值的心声。这部小说发表后引起青年人的强烈共鸣，立即风靡欧洲，随后成为拿破仑征战南北时随身携带的读物。美学家宗白华把艺术与人生结合起来，正是来自于他对歌德的理解和解读。在《歌德之人生启示》开篇，宗白华提出“人生是什么？人生的真相如何？人生的意义何在？人生的目的何在？”等一系列关乎人生本体论的问题。宗白华从歌德身上看到的是他带给近代人生新的生命情绪，即对“生命本身价值的肯定”，这是自文艺复兴、启蒙运动以来，把人从上帝那里解放出来，重新肯定人本身的意义和价值的体现。“浮士德是歌德人生情绪最纯粹的代表”，进而歌德成为“文艺复兴以来近代的流动追求的人生最伟大的代表”。

美国理论家威尔逊说："无论其镜子是梳妆台式的刻板或是娱乐园中歪曲的形象，文学不可避免地告诉我们有关社会环境的既重要又真实的事情。"① 有人也因而把文学喻为镜子，就在于文学能够塑造出反映社会生活、反映人生百态的生动形象，文学是人们认识社会、揭示人生的重要手段和途径。

二、艺术即人生

"艺术和人生不是偶然地交织。艺术美对人生美所显示的魅力是由于这两种美有共同的东西：人。所以，人类从诞生以来就一直建构并孜孜追求着美的理想。这种审美理想感性地凝结在对象化世界中才诞生了艺术，这种审美理想体现在主体自身便有了对自我人生美德的不息追求。所以，艺术美和人生美的共同本质是人所具有的独特的审美冲动和审美追求。从这个意义上我们甚至可以说，艺术即人生。"② 艺术与人生，这是人们一直以来不断深入脑海、孜孜以求、渴望化解的话题。艺术得益于人生，人生需要艺术，人生结缘艺术，而人更需要艺术地生活：人生即艺术，艺术即人生。

1. 艺术得益于人生

人生的苦难往往能打造出不朽的艺术，孤独的境遇反而更能丰富艺术的灵魂，使艺术家爆发出饱满的艺术深情。艺术是在恪守超凡脱俗的精神品质下孕育而生的。一个人只有经历了生活的磨难与挫折，才能真正拥有深厚的同情、悲悯、体恤之情，拥有博大的人文情怀。艺术之所以能表现出沧桑厚重之美，是因为它用不同形式表现出了人在艰辛中仍未失去的善良、坚强、奋进等高贵品质。在人生的大舞台上，透视滚滚红尘，穿越熙熙攘攘，艺术的涵养让人去感悟周遭赐予的一切美丑，并将真实的情绪情感自由地抒发、表达、展现出来。生活成就了艺术的生命与内涵，没有深刻人生体验的艺术是飘渺的艺术。真正的艺术所追求的沧桑厚重之美是创作者对人生和社会的一种认知，是苦难结缘艺术的结果，它诠释了民族的正义与善良，匡正了荒谬、粗俗的美学误区，让美替代了苦难。

2. 人生需要艺术

人生就是人的生命体验生活的过程，是一种既包容自我又超越自我的丰富的人生阅历和体验。作家冰心在回忆梁实秋时说："一个人应当像一朵花，不论男人或女人。花有色、香、味，人有才、情、趣，三者缺一，便不能做人家的要好的朋友。"有人将这归纳为"人生三要素"。而俄国车尔尼雪夫斯基认为，美丽的人生必须具有三种品格：渊博的知识、思维的习惯、高尚的情操。人的一生不可能没有追求，追求平凡体现了生命可贵的涵养和品质，可以使自己的心灵处于安心淡泊的生命状态之中；追求卓越体现了人生的向上动力与进取心态，它使人的成长充满创造；追求快乐体现了人生情感的回

① ［美］罗伯特·N. 威尔逊：《作家作为社会观察家》，转引自张英进：《现当代西方文艺社会学探索》，海峡文艺出版社 1987 年版，第 177 页。

② 张应杭：《人生哲学论》，浙江大学出版社 2002 年版，第 217 页。

归本真，生命需要自由呼吸，生活要让爱在快乐中绽放出斑斓色彩。但人生短暂，战国时期的哲学大家庄子曾经表达："人生天地之间，若白驹过隙，忽然而已。"时间是一切物体不可阻挡的洪流，人生犹如良马过隙，一闪而过。人囿于主观选择及客观时间、空间的局限，因此人生总是充满了各种矛盾与缺憾。现实生活给我们带来的种种压力，有时是无法宣泄的。现实生活会让你饱尝各种无奈，许多美好愿景无法如愿以偿。

所幸人类有艺术，艺术能够弥补人生，丰富人生，成全人生，快乐人生。人生的幸福就在心灵的舒悦和自由中，在精神欲望的满足状态下，而艺术恰恰能够给予这一切。在艺术的殿堂里，我们可以用赤诚的心与艺术对话，毫无修饰，轻松自在。"人们听音乐、读小说、看电影、出席艺术作品展，其目的是为什么？就是为了享受'白日梦'。人们一旦置身于艺术世界，他就从繁琐的现实世界中脱身出来，从必然而有限的世界中脱身出来，达到一种艺术的自由状态。正是在这个意义上，美国的好莱坞被人们称为'梦工厂'。""从某一方面来说，我们每一个人都不自由，我们想体验各种各样的人生角色方式。比如，我们大多数人按部就班地学习、工作和生活，按照社会一般的阶梯一步一步地走，但是我们的内心完全渴望一种充满着种种危机和意外的冒险生活。小孩子渴望神奇，年轻人渴望爱情奇遇，中年人渴望事业成功，老年人渴望返老还童，每当此时，我们就可以进入艺术。艺术让我们在瞬间就方便地替换了人生方式。"①

无形中艺术就这样真挚关怀着生命，护佑着生命，使我们获得人生温暖与人生满足。艺术愉悦身心，抒发情怀，使我们成为有精神依恋、生活趣味之人。艺术陶冶心灵，震撼精神，帮助我们开启智慧之门，找到人生目标与生命原点。艺术是人生不可缺少的一种抒情活动，人类既需要艺术来描绘自己的生活，表达自己的情感，又需要艺术反作用于人类，需要艺术之灯烛照人心，点亮人生，照明前程。人类创造了艺术又受益于艺术，没有艺术的人生是苍白单调的人生。艺术无论沧桑厚重，亦或崇高辽远，乃至单纯简洁，它都能够反过来激励人们奋发向上，筑就昂扬人生、鲜活人生、和谐人生、美丽人生，艺术与人生相得益彰。

3. 人要艺术地生活

人生离不开对艺术作品的欣赏，人生需要艺术，人生更需要艺术地活着。当我们欣赏到断臂的维纳斯雕像，你会觉得它不是残缺的，而恰恰是完美的。人生是在追求完美中展现残缺的美，在残缺中感悟美的真实。人生就在充满遗憾的旅途中走完自我的部分，但你发现你走不完自我世界圆满的风景。

美的艺术伴随我们一生，使我们能够在遗憾与梦想中上下沉浮，而不愿苏醒。在审美的艺术中，没有一丝杂质，我们就是心灵觉悟者，自我就是人生艺术的灵魂。我们向未来跨出的每一步，每一个脚印，都化作了一个个富有艺术性的事物。人生就是艺术，人生的艺术是要追求一种以物质生活为主、为基础，以精神生活为辅、为升华的生存概念、生存方式，即当生活中的现状不能满足我们时，我们能够去追寻一种适于自我的精神食粮。在艺术的人生中，你能够真正找到自我，感知"我"的真实流露和体现，随

---

① 张小元：《艺术论》，四川大学出版社 2000 年版，第 50～51 页。

顺自然，打开心灵，接纳并欣赏艺术，包括自我的人生。艺术地活着，就是让我们培养善于欣赏的眼光和心态，学会欣赏美，学会包容，包容自我和他人，接受人生，善待人生，珍惜人生。

对于人生来说，没有了艺术，人的精神将会失去最后一个避难所。犹如科学家眼中的彩虹永远代替不了诗人心中的彩虹一样，艺术之于生活，生活之于艺术，都具有不可替代性。对于我们来说，艺术之神永远光芒四射，泽被人生。

第二节 艺术关怀人生

案例精选

农鞋

关于凡·高的这幅《农鞋》，德国哲学家海德格尔是这样解读的："从鞋具磨损的内部那黑洞洞的敞口中，凝聚着劳动步履的艰辛。这硬邦邦、沉甸甸的破旧农鞋里，聚积着那双寒风料峭中迈动在一望无际的永远单调的田垄上的步履的坚韧和滞缓。鞋皮上粘着湿润而肥沃的泥土。暮色降临，这双鞋底孤零零地在田野小径上踽踽独行。在这鞋具里，回响着大地无声的召唤，显耀着大地对成熟的谷物的宁静的馈赠，表征着大地在冬闲的荒芜田野里朦胧的冬冥。这双器具浸透着对面包的稳靠性的无怨无艾的焦虑，以及那战胜了贫困的无言的喜悦，隐含着分娩阵痛时的哆嗦、死亡逼近时的颤栗。"①

思考与讨论

凡·高的《农鞋》画面上除了一双沾满泥土的农鞋，什么也没有。结合海德格尔对画作的评价，谈谈对"艺术关怀人生"的理解。

要点提示

艺术关怀生命，艺术陶冶精神，艺术引领审美，艺术愉悦身心。

① [德] 海德格尔：《林中路》，孙周兴译，上海译文出版社 1997 年版，第 17 页。

一、艺术关怀生命

敬畏生命是信仰之基，同情生命是道德之本，关怀生命是幸福之源。艺术对生命的关怀呈现多角度、多侧面、多样性，艺术关联生命、表现生命，艺术激发生命、拯救生命，但根本在于艺术能够崇高地体现主体精神的力量及生命的价值和意义。艺术从人的灵魂深处生发，能够激发人无穷的创造性，激活人潜在的生命爆发力和活力。艺术关怀生命，实际就是关怀人的灵魂，关怀人的内在血脉。因此，我们可以毋庸置疑地说，艺术关怀生命具有人生终极关怀意义。

1. 生命需要多样满足

生命是人最基本、最珍贵的价值。世界著名天主教慈善工作者德兰修女说："每个生命都是尊贵的，不论是生病的、残缺的、垂死的。"生命同时又是最高的、终极的价值，其余的一切，如政治、经济、文化、科学、宗教等，都不能代表也不能高于人的生命。生命本身是一个内容丰富的组合体，生命是一个向前、向上的展现态势，包含着多种多样的需要、能力、冲动、欲望，其中每一种都有独立存在的价值，都应该得到实现和尊重。

"人的生命有着感性的特质，因而人要过感性的生活，人生也总洋溢着感性的光辉。人的衣食住行、生老病死、饮食男女、人际交往，无不具有感性的内容；而作为人的感性之对象世界的音乐、美术、体育、舞蹈、戏剧、诗歌、小说、电影等也都是人的感性力量的体现，是人的感性生活的要素。"① 自我的生命绝不是"生"与"死"的简单存在，生命有律动才能实现自觉、自由、生机、成长。生命是一个充满智慧、富含激情、充满感性的创造过程，仿佛是由一种有机生命的原动力，贯注到生命物质中间，使生命进化成一个有系统、有组织、合乎精神理想的生物。生命内涵丰富，无疑需要多层次的观照与满足。

2. 艺术关联生命，表现生命

原初意义上的艺术本来不是一种职业，也不是谋取世俗利益的手段，而是生命的自由表达。艺术作品之表现，为一种生命的表现。说艺术是生命的表现，是指艺术家借用艺术形式表现生命内涵，从而给欣赏者以生命的印象。

唐代诗人白居易在《寄唐生》中提出了诗歌创作的心理动机这个命题："不能发声哭，转作乐府诗。"这表达出一切艺术创作的最根本动力在于艺术家对生命本质的释放。艺术的内在生命就是艺术家的主观意志，意志又通过形式显现出来。艺术家在寻找形式与精神的对应关系，也就是形式表现的力量与原始生命力的对应关系。艺术对人类的生存作出解释和说明，艺术表现人的生存，表现那种坚忍顽强的力量。在这种表现中，艺术家把自己的生命投射其中，把对艺术的追求与对生命的关怀融合在一起，只要生命不息，只要生活在继续，艺术家就会不停地让艺术丰富下去，展现生命的全景图画及自我生命的延展内涵。

---

① 张曙光：《哲学与人生》，北京教育出版社 1999 年版，第 110 页。

任何艺术都不仅仅是一个为表达艺术而艺术的形式，艺术是表现生命的单位，即使是一个极简单的汉字，也绝不仅是一个表达概念的符号，而是表现生命的存在，从中你能找出书法家运用书法艺术技巧在字里行间表现一个生命体的骨、肉、筋、血的感觉来，书法艺术成为表现生命的媒介。

宇宙本身即是一阴一阳、一虚一实的生命节奏，充满着生动气韵。优秀的艺术作品具有永恒性，必然符合宇宙天地的节奏气脉，它们无不以人之生命节奏为出发点。各种艺术门类尽管表达方式不同，但都在本质上关联生命，表现生命，反映时代精神与生命底蕴，最终能够以深邃的生命意蕴启迪人生。

3. 艺术激发生命，拯救生命

就像德国哲学家海德格尔在分析凡·高作品《农鞋》时表述的："……只是一双农鞋，再无别的。然而——这器具属于大地，它在农妇的世界里得到保存。正是由于这种保存的归属关系，器具本身才得以出现而自持，保持着原样……"从《农鞋》画面上，我们看到了鞋的破旧，破旧之下是生命的艰辛状态，我们仿佛看到了农民的奔波、劳碌、无尽的忍受，但鞋始终浸染着泥土的芳香，仿佛散发着一缕踏实、希望、幸福之光。艺术表达着世界，破旧的鞋承载着生活，呈现着生命。尽管有无尽的贫穷困苦，不得不甘于命运，但绝不屈于生活。相反，要坚忍奋发，纵然生活周而复始，但绝不埋头绝望。生命因艺术弘扬而格外精彩，生命也因顽强而更有力量。

德国作曲家瓦格纳说："在我苦难深重的时候，艺术是我的唯一安慰。"德国著名哲学家尼采也表示："生命通过艺术而自救。"艺术是"生命最强大的动力"，是"使生命成为可能的伟大手段，求生的伟大诱因，生命的伟大兴奋剂"。他还说，在热爱生命、热爱尘世事物、热爱感官这一点上，"艺术家比迄今为止所有哲学家更正确"。哲学家马尔库塞认为，艺术作为人的生命本能升华的最高形式，具有自动对抗并且超越现存社会关系的力量，它使人的生命本能自由发展，解放被理性所压抑的感性，通过创造一个虚构的然而比现实更真实的世界向现代文明挑战，这是艺术拯救力量之所在。我国知名哲学教授赵鑫珊在他的《艺术之魂》一书中这样表述："在茫茫的、波涛汹涌的大海中，眼看人类即将淹死，于是上帝派了一位天使，抛下了一个救生圈——这个圈就是艺术。艺术的价值，在于打碎现实日常生活的单调、枯燥和沉闷，是逃脱现实世界最好的方法之一，当然它也是我们同人生世界发生紧密联系最有效的方式之一。其实我们每个人都可以艺术地生活在这个世界，随时随地建出世界的诗意结构。"从中我们不难理解，一个人握有的救生圈越多，他就越拥有自由、解脱和幸福。艺术的最大功能就是拯救生命，使人的灵魂得以超脱解放、宁静祥和。

艺术能够把人的生命内部的各个关口打通，使生命情感和生命精神得到满足和陶醉，呼吸自由的空气，无忧无虑驰骋起来，生命由此进入到更深邃广袤的无垠空间。艺术成为满足和发展生命多样化需要的重要途径，艺术成为完成生命的最高使命和还原生命本来面目的形而上表达。

二、艺术陶冶精神

人类是生存于地球的高等动物，注定需要精神层次的满足。艺术具备精神价值，承担着满足人类精神审美需求的重任。艺术为人类打开精神世界之门，使人生在精神层面进入安放灵魂、满足身心、视界交融之境。

1. 人类需要精神满足

人类永远在寻找一种生命的寄托，这种寄托的本质不是物质因素，也不是历史的某种象征，而是一种精神的所在，人类需要构建精神家园。

法国哲学家柏格森的“生命冲力”理论谈道：“物质有时而穷，精神愈用愈出。”精神，所指的并非因为肾上腺素分泌所产生的高昂斗志，而是由内在心灵的觉悟所引发的动力状态。依柏格森所说，宇宙的本质是一个无限大的生命冲力，而人是一个小宇宙，只要人敞开心灵与大宇宙相通，让这种生命冲力源源不绝地输入，则其精神将有如得到电源一般，可以愈用愈出，不但不会枯竭，反而更为丰富。美国心理学家马斯洛也提出五种自下而上的心理需求理论，包括生理需求、安全需求、爱与归属的需求、自尊与受人尊重的需求及自我实现的需求。显然，人生的结构，是以身体为基础，向上寻求心与灵的整合，两者兼顾，才是完美的架构。人生就是一个不断攀升的过程，精神之力一旦开掘，创造潜力无可限量。精神需要得以满足，更能使人产生出深刻持久的幸福感。

但人们通常所谓的成功，往往都是就外在有形的成就而言。法国启蒙思想家卢梭说：“人类生而自由，但到处都是枷锁。”而最大的枷锁无疑是世俗价值观，认定人生的目标不外乎长寿、财富、官位与声名等，完全忽略了自我精神的提升与转化。若无内在德性的修养，若是缺少自我精神层面的追求与长进，其实任何成功都将形同无源之水，不能算是真正的成功。人生的精神需求必不可少，至高无上，绵延不绝，人类对精神家园孜孜以求，无可磨灭。

2. 艺术具备精神价值

将艺术定位为精神家园的观念，基本前提就是认定在人的需求之中除了享受、游戏、娱乐之外，还有一种审美的精神性需求，一种超越现实状况、认清自我本质、提升自我心灵的需求，艺术正承担着满足这种需求的重任。艺术是推动社会文明发展的能量，是人的精神本质力量的形象体现，也就是说，艺术价值是很重要的精神价值，其作用在于调节、改善、丰富和发展人的精神生活，提高人的精神素质（包括认知层次、情感能力和意志水平）。

艺术反映一个国家、一个民族的文化和精神。在所有的意识形态中，艺术是相对远离经济基础的特殊的意识形态。艺术的这种超越性使得艺术成为了一个有着自己的价值系统和逻辑规律的自由王国。它通过音乐、舞蹈、绘画、诗歌、小说、戏剧等形式来反映和描述事物，从而和人的情感、意志、精神进行沟通、对话、交流，从中产生感化和训练。在这个过程中，艺术把真善美的价值观融入信息传达、情感宣泄中，让人们在不知不觉中发生心理结构、心理因素的调整变化，使人寻回健康、优雅、卓越的心灵品质，寻回率真、质朴、良善的生命本色，寻回自信、理想、信仰的精神档次，寻回爱人的能力、分享爱的能力，寻回人的创造精神和高尚审美欲望。

西班牙画家、雕塑家毕加索说："普通的艺术家只知道模仿皮毛，伟大的艺术家却能窃取灵魂。"艺术是人们的精神体验，是人类精神理想的表现。艺术有利于人类感性充分舒展，它是应人精神的必然要求而产生的，是人类精神生存的标志，是人类与世界进行精神交流的桥梁。许多艺术作品，由于具有共同性的理想、情感，使人产生共鸣，因而能跨越国别、时代的限制，引发人们普遍而永恒的挚爱与赏析。艺术是人类共同文明的象征，它引导人去追求一种美的人生境界，获得一种诗意的生活方式，是人类永恒的精神伴侣。

3. 艺术打开人生精神天地

艺术的创造与欣赏是最具想象力的高级精神活动，是人的潜能和价值的最高实现。艺术对于普通接触者来说，具有一种不同寻常的精神引导净化作用，是庸常甚至沉沦着的、文化日渐式微的日常生活的必要补充和调节。

英国艺术史家迈克尔·列维指出："艺术似乎正是为了能达到在死亡张开血盆大口中提供幻觉的目的。它是代替死亡般闲散一身中唯一具有积极意义的东西。正如裴特尔所说，我们唯一的机会存在于'给特定的时间尽可能多地施加震动'。作为艺术家的'家具'，起初是艺术家为了给自己减刑而制造的，但不知何种原因，它也给我们——艺术家的同狱犯提供了方便。"于是，人们可以在与艺术作品接触、欣赏艺术作品的过程中，把自己置身于忘我的世界，敞开心扉，打开天地视野，放松生命状态，与艺术主题贴近、融合、共鸣，达到身心投入、忘我交融之境界。此时，思考、自我、苦难、崇高、道德、真实等要素构成的艺术本体的维度悄然绽放，欣赏者可以在对艺术的审美观照中抛开现实世界功利事物的束缚，消除由此带来的心灵疲倦和孤独无助感，达到精神休憩与满足。

艺术有能力深度切入人生忧患，拯救悲情人生。正如德国接受美学理论家姚斯所说，阅读经验能使人们从日常生活的惯性、偏见和困境中解放出来，在接受活动中，艺术给予人们对世界的全新的感觉，使之从社会的束缚下解放出来，使他们看到尚未实现的可能性，为他们开辟新的愿望、要求和目标，为他们打开未来经验之途。

三、艺术引领审美

人生充满矛盾和缺憾，而美与审美是人生态度的转化契机。社会文明的进步总是伴随着审美的脚步，人生与审美同行。人生因审美而丰美，因拥有艺术审美而美好无限。

1. 美与审美

美是事物促进和谐发展的客观属性与功能激发出来的主观感受，是这种客观实际与主观感受的具体统一。美不是孤立的对象，而是与人的需求被满足时的精神状态相联系的人与事物相互刺激的互动过程。美的作用就在于，"通过审美生活再把由于进入感性的或理性的被规定状态而失去的人性，重新恢复起来，这一点与自然对人的作用是一样的，自然也只给人以取得人性的功能。自然是人的本来创造者，美是人的第二创造者"①。

审美是人类认识世界、与世界相处的一种特殊形式，指人与世界（包括社会和自然）形成一种无功利的、形象的和情感的关系状态。审美是在理智与情感、主观与客观的具体统一上追求和谐、谋求发展。人在审美状态中摆脱了物质世界，这时意象与感觉互为因果，反思与情感融为一体，审美既是我们的状态又是我们的行动。

2. 人生与审美同行

社会文明的进步总是伴随着审美的脚步。世界上存在着许多东西需要我们去明辨、去取舍，找到适合我们需要的那部分，即找到美的事物，涵养美的悟性，使心灵得到涤荡，择真而行，择善而为，择美而从，正所谓求真、尽善、向美，使自己的人生进入到诗意栖居的审美世界，与美同频共振，与美同道而行。

人生有生有死，常有许多力所未逮之处。但是，"我"还是拥有无限的可能性，那就是把自我的心灵彻底打穿，以便能看到宇宙中所有丰富的内涵，接收到生生不息的正向流量。这时的个体，他开始注意到群体的共同性，再进一步，他能够在精神上与别人沟通而打成一片。人在精神上无形进阶，达到一定的高度和层面，此时，人确实会显示出比较高贵的人格，他会真正懂得得失，能够舍弃很多事物，获得心灵的宁静与安详。美学家和心理学家认为，审美感受力的发展、审美能力的发展本质上是一种"生命价值的提升"。北京大学哲学教授叶朗说："一个人有什么样的人生境界，就有什么样的人生态度和人生追求，或者说具有什么样的深层心态和风格。一个有最高人生境界的人（天地境界）必然追求审美的人生。反过来，如果一个人在自己的生活实践中能够有意识地追求审美的人生，那么，他同时也在向最高的层面提升自己的人生境界。人生的艺术化就是追求审美的人生，审美的人生就是诗意的人生，创造的人生，爱的人生。"②

审美不是抽象的产物，审美是一种人类活动，是人类观赏或反思的产物。审美和人生由此形成了一种密不可分的关系：审美是人生实践，审美是人生境界，审美高于人生，审美照亮人生。人类的智慧从客观上决定了我们对美好事物的不懈追求，而事实上，人们也早已通过自己的审美发现着世界上存在的一切美的事物，审美的能力与心境丰富了人类的物质生活和精神家园，使人们身心和谐、精神愉悦，达到物我融合、人格完善、灵性超越。

3. 人生因艺术审美而美

艺术是人类的精神食粮，它是伴随人类的精神、意识形态的进化而日益丰富发展的。人类的精神生活世界有多么广阔复杂，艺术的内容、形式、功能等就有多么复杂广

---

① 傅佩荣：《西方哲学与人生》（第二卷），上海三联书店 2008 年版，第 143 页。

② 《叶朗：精神境界与审美人生》，news. xinhuanet. com/book/2010-07/05/c_ 12298838_ 3. htm，2013-04-13。

阔。艺术家带着他的美的观念创造艺术作品，这是审美的表达。

艺术既然是审美意识的集中和升华，是现实美和理想美的审美统一，艺术就是美的结晶，能给人以美的感受，这是艺术的美感特征。美感特征是艺术的基本特征，现实事物不美并不丧失其本质，艺术不美就不成其为艺术。艺术可以反映丑，但仍是为了表现美。自然主义地罗列丑，艺术就丧失了美的品质。不能因为艺术可以反映丑，就把艺术分成美艺术和丑艺术。艺术世界就是美的世界，审美是艺术的向度，即艺术的审美性和审美价值始终是艺术的未来方向与经纬交织的维度。德国大文豪歌德说："美是艺术的最高原理，同时也是最高的目的。"哲学家尼采说："艺术和审美是人生的最高价值。"青年学者王小波说："一个人只拥有此生此世是不够的，他还应该拥有诗意的世界。"这都说明面对冷酷痛苦的世界，人应当自觉地抱有一种审美的人生态度，通过审美和艺术活动，把人生艺术化，赋予生活态度艺术性，正确辨析人生价值及意义。

对现存于巴黎卢浮宫的女神雕像《米罗的维纳斯》，人们这样评价："古往今来引发了多少人的膜拜崇敬，召唤了多少文人墨客吟咏赞美。据说当年德国诗人海涅叩拜在女神的脚下，激动得泪流满面，感慨万千。美术史家这样描述了这尊雕像的魅力：这个半裸的女性雕像，虽然优美、健康、充满活力，可是并不给人以柔媚或肉感的印象。它的转折有致的身姿，显得大方甚至'雄伟'；沉静的表情里有一种坦荡而又自尊的神态；她不是他人的奴隶，所以无需取悦挑逗别人；她也不想高居于别人之上，故也毫无装腔作势盛气凌人之感。在她的面前，人们感到的是亲切、喜悦以及对于完美的人和生命自由的向往。"①

艺术是对人生缺憾的补偿，是对人的欲望的替代性满足，又是对现实人生的审美超越和对理想生活的重铸。在艺术的审美创造中，人被压抑的潜能获得了释放与宣泄，拥有了充分的自由选择。艺术审美创造的深刻人性根基表现在，它是人类自我超越的方式，艺术以自己特有的方式解放人的感性、恢复人性的完整、提升人生的境界，从而使那被遮蔽的生活底蕴澄清起来。人生本身酸甜苦辣、五味杂陈，但幸运的人们因为有了艺术审美而拥有无限美好的人生。

四、艺术愉悦身心

艺术让人处于生命放松状态，使人生能够避开现实矛盾，暂时浸于趣味之中，产生愉悦感。而音乐等艺术形式的娱乐功能更为直接普遍，易于被大众接受。

1. 艺术连接人生愉悦

人活在世上，渴求知识，探求真理，战胜挫折，捧出仁爱，人类勇往直前的求索是永恒性的，人从未停止过追随文明的步伐。但在奋斗中人们也需要活泼的、流动的生

---

① www. docin. com/P_ 420938504. html，2013-03-21。

机，艺术则是承载这欢乐的制造源头。

“在日常生活与劳动实践中，许许多多的事物都会因为这样或那样的原因与人的愉快情绪建立起某种联系，如果艺术把这些事物用特定的结构或形式应构出来，或者是直接把人的愉快情绪的诸方面特征如快慢、紧张度、强弱、高低、长度、丰富性等用特定的结构或形式应构出来，那么此时，只要艺术的欣赏者具有与创作者类似或相同的情——物联系，艺术的欣赏者就会十分自然地、没有任何困难地产生出愉快情绪。艺术能够通过其结构与人体内的情——物联系应构出人的愉快情绪，这就是艺术具有娱乐功能的根本原因，而艺术一旦通过其结构与人体内的情——物联系应构出人的愉快情绪，那么艺术也就实现了它的娱乐功能。”① 德国诗人席勒则认为艺术本源于人的“游戏冲动”，他断然宣称：“只有当人充分是人的时候，他才游戏；只有当人游戏的时候，他才完全是人。”艺术凭借着各种媒介，如声音、节奏、线条、色彩、形状、语言、肢体等元素进行游戏。金庸的武侠小说、琼瑶的爱情故事，圆了无数少男少女的游戏之梦。艺术的游戏功能缓解了现实生活中我们无法化解的压力和无奈，平添出大众自我消遣的满足感和放松感。

其实，人的天性是在获得基本的物质条件之后尽心、尽兴、尽情去“玩”，文学家玩文与字，画家玩形与色，舞蹈家玩肢与体，音乐家玩节奏、曲调，建筑师玩几何造型等。“艺术家不是以严肃的态度对待他的同时代人，而是在游戏（Spiel）中通过美来净化他们，它使他们在闲暇时得以娱乐，不知不觉地从他们的娱乐中排除任性、轻浮与粗俗，再慢慢地从他们的行动乃至意向中，逐步清除这些毛病，最后达到性格高尚化的目的。”② 你玩什么，你就是什么样的人。

人在宇宙面前如同沧海一粟，人类从降生之初起就面临生存的各种压力。今天，虽然世界文明已大大向前推进，但人们的精神压力依然如故且呈递增之势。人最可贵的秉性就是具有面对现实的巨大勇气并力图寻找突破，人们承担的所有的压力都需要释放与升华，艺术就是宣泄与净化的出口，它使人心情愉悦放松，精神平复，产生正能量，获得无穷人生裨益。

2. 文艺娱乐自我

扬州大学文学院院长姚文放在《文学理论》一书中就文学艺术的娱乐功能谈道：“文艺的娱乐功能始终存在着并起着重要的作用，试问有谁是专门为着受教育而走进剧场、电影院的？又有谁是特地为着接受某种思想观点和世界观体系而阅读小说、吟咏诗词的？……特别是在今天，人们的生活水平提高、生活条件改善、闲暇时间增多，特别是大众传播媒介的介入和现代科学技术的加盟，文艺的娱乐功能的重要性在诸种功能中愈发凸显出来，文艺的消遣性、休闲性乃至刺激性愈发受到人们的青睐，各种大众文化形式如武侠、言情、推理、侦探、警匪类的流行小说和畅销书，各种旅行读物和周末小

---

① http://blog.sina.com.cn/meixueyanjiu，2013-07-12。

② 傅佩荣：《西方哲学与人生》（第二卷），上海三联书店2008年版，第149页。

报，电视小品和小品化的电视剧，还有卡拉OK、迪斯科、流行歌曲、卡通片等，都以追求娱乐性为主要宗旨，以适应人们宣泄和调整在高速度、快节奏的现代生活中所产生的复杂多变的情感之需要。”文艺的娱乐功能有着深刻的时代背景及广泛的大众需求，文艺起着让人精神愉悦、身心放松的娱乐作用。每个人都有自己的娱乐放松模式，无需和别人共享复制。

法国著名思想家帕斯卡尔说过：“假如我们让国王是独自一个人，没有任何感官上的满足，没有任何精神上的操心，一味悠闲地只思念着自己，于是我们便会看到，一个国王缺少了消遣也会成为一个充满了愁苦的人。”① 事实上，我们的生命在艰苦跋涉的过程中需要休息，需要转换节拍，需要轻松化的调适。而人们一旦置身于文艺世界，实际上就从繁琐的现实世界中暂时解脱出来，进入一种单纯的、身心自由的愉悦状态，文艺的娱乐功能使其理所当然成为人们放松身心、喜闻乐见、不可或缺的人生伙伴。

3. 音乐放松心绪

艺术可以让人暂时脱离生命的限定，暂时摆脱当前时空的束缚，而音乐这种艺术形式的效果最直接，因为它能够迅速带动人们的情绪进入某种情境。当然，这种情绪不是传承的，是需要在自我生命状态中去感知和体悟的。

音乐会唤醒隐伏在人们心底的意识，能够在灵魂上延续，引起感觉颤动。优美的旋律让无数的梦想与美好瞬间灿烂弥漫，人生因抒情音乐而顷刻欢颜，而哀伤的曲子也同样让生命进入了哀伤情态。音乐表面是听，实际是沉潜于心的体验。音乐与心交融，使音乐对人们隐秘复杂的内心世界、复杂多变的情感要求有了高度概括力。音乐在其旋律的起伏变幻、抑扬顿挫、迂回曲折中，在其节奏的动和静、高和低、快和慢、紧和松的对比组合运动中，展现它特有的魅力并激起人们情感的波澜与无限的遐想。不是生命凭借音乐艺术而超越自身，而是生命本身已具有了艺术化的节奏与陶醉感。

任何人都可以欣赏音乐，音乐世界里无所谓对错，只有感觉。德国近代客观唯心主义哲学的代表、政治哲学家黑格尔说：“在这个领域里音乐扩充到能表现一切各不相同的特殊情感，灵魂里一切深浅不同的欢乐、喜悦、谐趣、轻浮、任性和兴高采烈，一切深浅不同的焦躁、烦恼、忧愁、哀伤、痛苦和惆怅等，乃至敬畏、崇拜和爱之类的情绪都属于音乐所表现的范围。”② 生活因被植入各种音乐而显得有声有色。丹麦“存在主义之父”克尔凯郭尔曾经断言：“在人生的审美阶段中，追求的必然是感官的享受。譬如欣赏音乐就是人摆脱理性和道德达到内心和谐的手段。”古希腊伟大的哲学家亚里士多德认为：“音乐和人生不是偶然的相遇。”在他看来，音乐追求美与和谐，人生也在无时无刻不追求美与和谐，因而人生与音乐必然是紧密相连、休戚与共的。我们在欣赏奥地利作曲家舒伯特的《小夜曲》时，人生也宛如置身于缠绵甜美、温润舒畅的幸福

---

① ［法］帕斯卡尔：《思想录》，何兆武译，商务印书馆1986年版，第72页。
② ［德］黑格尔：《美学》，朱光潜译，商务印书馆1979年版，第179页。

感中。人生谁不追求优美和谐，但我们又常常不能如愿，而音乐艺术则能使每一个自我在不如愿中实现如愿，品尝梦想。

第三节　艺术点亮人生

案例精选

上海社会科学院哲学教授赵鑫珊在他的《艺术是个救生圈》一书中写道："1957 年春季我在北京大学读二年级，那时学校里有许多社团，如诗社、戏剧社和摩托车队等，我报名加入了学生会下面的钢琴社……以下几首曲子是我终身难忘的(《威尼斯船歌》《船歌》《f 小调夜曲》《六月船歌》)。这些甜美忧伤、揪心揪肺的曲子是我当年从琴房听来的，弹琴者是水平很高的同学……这些如珠如玉般的钢琴曲同唐诗宋词一道，丰富、细腻、拓展、拔高了我的感情世界……"

思考与讨论

问题一：结合这段话，思考让艺术融入人生、丰富人生的路径有哪些。

问题二：如何通过艺术获得审美诗意人生？

要点提示

提示一：艺术之于人生魅力无穷，我们无法不让艺术贯穿在人生的链条里：丰富艺术审美，追逐艺术美感，提升格调品位，走近艺术大家等都是艺术融入人生的题中应有之义。

提示二：艺术之于人生的种种魅力和影响，让我们的人生需要充满艺术的熏陶，使人生借力艺术而诉求丰富，通过艺术而获得审美诗意人生，让艺术拓展人生之径。

一、提升艺术审美能力

审美就在日常的生活中，在一切细节中，在你我的心灵中。提升艺术审美层次，就是提升格调品位，提升修养、精神品质、文化内涵。让艺术融入人生，首先要培植艺术审美素养，尽管人天然具有审美基因。艺术家丰富的艺术人生值得我们终身学习。艺术之于人生魅力无穷，我们无法不让艺术拓展人生之径，让艺术贯穿在人生的链条里；因为，我们热爱艺术，就如同热爱我们的人生一样。

1. 日常总有审美

徜徉于艺术世界，我们常常被吸引，我们驻足，屏气凝神，联想翩翩，不知不觉中，被打动，被感染，沉浸艺术情境中而浑然忘我。其实，不仅艺术作品如此，在日常生活中，我们也总能感受、发现美好的事物：悄然绽放的春花，饱满圆熟的秋月，绵绵沥沥的夏雨，一望无垠的冬雪。大自然中千百年来充满生机韵律，恣意挥洒，即使是微小的细节，也从来不乏美的画面，美是自然给予我们的欢乐。

人类作为审美主体，在自然中反观自身生命现象，在自然界中发现自我精神需求的踪影，在自我生命体味中感悟宇宙的奥秘。而人类更因自身品性的提升而倍加善美。比如劳动，汗水的付出使你成为你所热爱的事业的创造者，你的劳动使你显示出人类创造的崇高美德。创造性劳动使人荣光百倍，这是人类的精神之美。美，成为了心灵的镜子，它映照出我们的灵魂、良心、情感、信念。在这面美的镜子里，我们可以照见自身的美丑，从而获得深思与改变。

“生活中不是缺少美，而是缺少发现美的眼睛”，这是我们耳熟能详的话语。其实我们知道美感从何处涌现，它常常来自于微乎其微的东西，来自我们日常视而不见的事物。显然，美就在平常物体的威力中，在朴素无华的时光里。随着美的产生与再生，我们意识到，美不是感官的一时刺激，美是心灵与世界的联系，真正的美一定是与真和善联系在一起的。审美能力越强，越能获得心灵的解放。

2. 追逐艺术美感

“人类在打磨最原始的石器和骨器的时代就已经显示出了审美意识。初始的文字，即便是出自实用的目的，也伴随着审美态度。在人体内，肯定有一种审美基因是与生俱来的。”① 自艺术诞生以来，人类就开始在艺术活动中尝试对自身肉体与精神局限性进行超越并体验到了发现生命本身的愉悦感。艺术美感取决于人的精神感知。黑格尔认为，艺术的主题是“美”，美就是精神以感性的方式显示它的外表，美一定关涉感官能力，如看到颜色、听到声音、触到感觉，这叫“美感”。美感一定来自人们的感受能力，艺术必须通过感官的接触才能产生效果。美感的产生，总要通过感官的作用，例如我们感知绘画美靠眼睛、感知音乐美靠耳朵，如果感官感受到了，但这种感受没能产生心灵愉悦，那美就打了折扣，或者不能说是美。所以，美感本质上不是感官的快乐，而是精神愉悦享受，是精神感知、分享。

美好人生需要艺术审美情感的培养。“既然艺术对人生显示了那么多的美的意蕴，我们人生的一个重要追求便无疑是学会让艺术走进我们的自我人生。这也许可以称之为是追求和领略人生美德的一种智慧。在自我生命情感品性中培养丰富的审美感受力，是让艺术走进自我人生的最重要的基础。艺术形象所表现的是艺术家凝聚在其中的一种具有普遍的审美意义的艺术情感，我们只有在自己情感的激发中才能领略到这种美德情感，同悲欢、共休戚，感受或喜悦、或忧伤、或优美、或悲壮的人生。借助艺术品的欣赏以培养审美情感，对自我人生美的造就和追求是重要的。在这里显然不是为艺术而艺术，也不是为情感而情感，这一切都是为了人生。因为在艰辛的人生中太需要以审美的

① 赵鑫珊：《艺术是个救生圈》，上海辞书出版社2008年版，第413页。

情感去对待整个世界了。”① 艺术美的情感本质是自由在生命力被激发下而产生的一种生命欢欣感。人在艺术审美状态下，不自觉中均衡地支配着承受力与能动力。这时，心绪处在自由之中，徜徉在安静欢愉或悲情痛苦中。真正的艺术作品就是在这样的一种状态下，把我们从禁锢中解脱出来。人们被艺术美所引领，实质上是对人类自身灵魂与生命形式的琢磨与感悟、沉浸与领略。学会审美，其实相当于学会自我拯救，摒弃苦难，安顿魂灵。

艺术美最终能够变化精神气质，净化心灵，陶冶身心，涵养性情。一个有艺术美感的人，往往会有较高的精神品位和审美追求。美感的丧失就是感觉机能的丧失，是精神的麻木。“哀莫大于心死”，倘若对美不再动心，那真是件再可悲不过的事情了，更何况审美过程也是艺术价值在欣赏主体身上的真实体现，人不再审美，艺术价值就难以得到展现。在审美过程中，我们的情感得以丰厚积淀，心灵心性得以纯净升华，我们的潜意识中会形成更高更美的追求，激励我们去创造更高更美的人生。无疑，艺术美使人类自我心灵得以丰盈充实，人生内涵在审美追求中显然有了更深的意义。

3. 提升格调品位

提升艺术审美层次，必须懂得选择、欣赏优秀的艺术作品和艺术精品。什么是好的艺术作品？它们应该是艺术感染力强，表现人类真善美，渗透崇高人格精神的作品。它们构筑成人类圆满宏富、源远流长的艺术文化长廊。歌德说：“鉴赏力不是靠欣赏中等作品而是要靠欣赏最好的作品才能培育成的。所以，我只让你看最好的作品，等你在最好的作品中打下牢固的基础，你就有了衡量其他作品的标准。”② 只有真正优秀的艺术作品，才能起到滋养生命、纯静人心、照亮人生的作用。

艺术鉴别力源自于个人修养、文化内涵、追求格调与审美倾向。“眼睛一看到形状，耳朵一听到声音，就立刻认识到美、秀雅与和谐。”③ 能够在思想及艺术感知上与艺术作品产生共鸣，需要欣赏主体自身在思想、道德、修养、文化上的涵养。孔子在《论语·雍也篇》中说：“知者乐水，仁者乐山。”山水代表大自然，但能与之呼应的，是智者与仁者，而不是未受教化的原始人。欣赏者本身的修养愈高，愈能领略宇宙万物之美。

提高修养的路径之一就是多进行艺术实践。多听音乐，熏陶耳朵的乐感；多看绘画，增强眼睛的形状色彩捕捉能力；多读文学作品，增进文学鉴赏力、领悟力；多进剧场、博物馆，饱览一切可能的艺术形式，在艺术的长河中去观照历史和地域，寻求文明的印记，领略生命的真谛，获得心灵美感与欢悦。提高修养的另外一条路径就是多读书。读书能够使我们格调高雅，品位高端，追求高尚；读书能够延展眼界，开阔视野，积淀智慧，培养丰富的想象力、敏锐的洞察力及深厚的理解力；读书能够开启心智，让人提高悟性，健康成长。中国当代诗人北岛在他的《城门开》中写道：“读书与上学无

---

① 张应杭：《人生哲学论》，浙江大学出版社 2002 年版，第 221 页。

② ［德］爱克曼：《歌德谈话录》，朱光潜译，人民文学出版社 1978 年版，第 32 页。

③ 北京大学哲学系美学教研室：《西方美学家论美和美感》，商务印书馆 1980 年版，第 95 页。

关，那是另一码事：读——在校园以外，书——在课本以外，读书来自生命中某种神秘的动力，与现实利益无关。而阅读经验如一路灯光，照亮人生黑暗，黑暗尽头是一豆烛火，即读书的起点。”

当然，我们可以借着更多的学习机会，让音乐、美术、舞蹈、文学、戏剧、电影等艺术形式以各种方式走进我们的生活，让自己在忙碌的日常生活中随时捕捉到艺术领域的精彩与奥妙。在每个人的一生中，所拜的老师、交的朋友、接触的艺术、看的书籍，有些会影响我们很久乃至一辈子。如果我们每天都只顾沉浸在日常惯性的单一生活节奏中，忽略了艺术，冷落了书本，其实是辜负了我们自己潜在的接受能力与学习能力。况且，“得开怀时，且开怀”，只要我们自己有了审美品位，我们自己的艺术素养上了台阶，人生到处都会展现出美的世界。

二、走近艺术大家

“十五世纪的清明的理智、美的爱好、温婉的心情，由莱昂纳多·达·芬奇达到登峰造极的表现。”① 艺术家必是思想、精神、艺术技法等众多维度的集大成者，历史上每一位杰出的艺术家及其作品，都是一部完美的教科书，值得我们用尽心力审美、阅读、吸纳，把艺术家的艺术人生与人生艺术融汇到自己的人生风雨中去。艺术家是人类审美精神产品的创造者，是具有独立人格及丰富情感的人，他们超凡脱俗，独具匠心，善于运用独特的思维视角和高超的艺术技能去表现人类丰富的情感世界。艺术家的想象力涵盖大海、天空和人的内心世界。艺术家的执着精神、悲悯情怀、创新品质，都是留给我们的宝贵精神财富，值得我们精心收藏，终身学习。

在中国舞蹈界有一位以跳孔雀舞出名的舞蹈家，她被称为真正用灵魂跳舞的人，是真正的舞蹈诗人。她永不停歇的灵性舞姿让人流连忘返，她几十年如一日的笃定舞蹈艺术追求让人心生敬慕，赞叹不已，她就是至真至爱至情至性的舞者——杨丽萍。

从小酷爱舞蹈的杨丽萍，没有进过任何舞蹈学校，1971 年从村寨直接进入西双版纳州歌舞团。1986 年，她创作并表演了独舞《雀之灵》，一举成名。从那以后，人们便记住了这位美丽的“孔雀公主”，仿佛她就是孔雀在人间的化身。杨丽萍的舞蹈生涯虽然蜚声于孔雀舞，但她的舞蹈天才及生命力并未止步于此，而是通过更多的作品表现了出来。她梦幻般的双手传神地演绎了《雀之灵》中孔雀高傲而孤冷的美，她用曼妙的舞姿在《月光》里投下精致灵动的剪影，她用柔软的肢体将《两棵树》灵欲交融的爱情倾泻得淋漓尽致。“让你怦然心动、潸然泪下的，往往是那最自然的状态。”“我们不去追究舞蹈像不像最原始的，但舞者一定要发自内心地去跳去唱，这种纯粹就是原生态。”杨丽萍追求自然纯粹的理念成就了《云南映象》。而 2012 年春晚的《雀之恋》一亮相就立刻惊艳全场，舞蹈所演绎的生命最高洁、最自然、最纯静的情感深深感染了我们的心灵。大型舞剧《孔雀》被称为“谢幕巡演”“收官之作”。《孔雀》凝集了杨丽

① 傅雷：《世界美术名作二十讲》，生活·读书·新知三联书店 2010 年版，第 73 页。

萍四十年舞蹈艺术的精粹，是对其传奇艺术生涯的提炼汇结，更是一代舞神穷尽半生功力，表达的对生命的终极叩问。“西方舞蹈的代表作是‘天鹅’，东方就是‘孔雀’，我希望《孔雀》能像《天鹅湖》一样走到世界任何一个国家，它展示的是一种‘中国式美丽’。”这是一代舞者的诚挚心声。说到息舞之后的打算，杨丽萍也很淡然：“那就编舞嘛。世界上有很多优秀的编舞，他们都不上台，就在家里跳，这并不意味着舞蹈生涯的结束，还是一样在延续，只不过是用不同的方式而已。我跳了这么久了，以后我的生活也不会离开舞蹈，舞蹈是贯穿我的整个生命的。”

从天地交合阴阳协调中获取灵性，使她对于生命、爱情与死亡具有一种本能而浪漫的意识，从而使她的舞蹈艺术独辟蹊径，自成风格，怦然有力。杨丽萍是真正的创作者、实践者，是真正的独一无二、至情至性至美的舞者，是饱含才情与灵性的当之无愧的艺术家。她的表演堪称完美无瑕，她的舞很纯，有一种深不可测的魔力，仿佛离现实的炊烟很远，但又离我们心灵所渴求的东西很近。她可以轻而易举地把你带入一个艺术境地，无论你对舞蹈多么陌生无知，无论你多么理性挑剔，你都有一种感觉，仿佛自己就身处于她那个纯静唯美的艺术世界里，在她构架的如诗如画的意境中，感动从心底涌现，虽无言但身心投入、净化、共鸣，情不自禁为她所表现出来的美所深深动容。

杨丽萍有句名言：别人跳的是舞，我跳的是命。为了她视之如生命的舞蹈，杨丽萍甚至放弃了为人母的快乐，并曾一度危及她的婚姻。1999 年 5 月，杨丽萍怀孕了。医生说：女性积累的脂肪量必须占体重的 28% 才可怀孕，只有这样，孕妇才有足够的能量储备以维持 10 月怀胎和产后 3 个月的哺乳所需。像杨丽萍这样长期节食，身上几乎没有脂肪，必须马上增肥，否则后果不堪设想。是要舞蹈，还是要孩子？增肥就意味着杨丽萍要在相当长的时间内停止跳舞，甚至可能永远不能再登舞台。经过痛苦的思想斗争，杨丽萍选择了前者。曾有记者问杨丽萍：“作为女人，你没有想过要一个孩子吗？”杨丽萍微笑着说：“孩子有多种含义，蚂蚁、树都有博大的感情，种棵树也是孩子，创造出来一个作品也是，所有美好的东西你都可以当作孩子一样去爱”，“有些人来到世界是想传宗接代，有的是来享乐的，有的是来索取的，而我是一个旁观者，只想好好来这个世界走一走。”杨丽萍是个很低调的人，她只有六根肋骨，其他的都去掉了，为了显得瘦。杨丽萍为了一生酷爱的舞蹈，甘愿放弃、牺牲世俗的很多享乐，但她痴迷无悔，至今仍然心无旁骛、孜孜不倦地进行艺术耕耘。

杨丽萍的舞蹈大多源于自然和真实的生活。她认为大自然是最美、最真实、最深刻的体现，通过感悟，她力争用自己最朴实的语言去构架人类最美的梦想。杨丽萍的舞蹈和一般的民族舞迥异，具有杨丽萍式的舞蹈风格，最大胆和成功之处在于她将舞蹈中原本动态的艺术表现形式转化为静态表现。杨丽萍的舞蹈特色其实源自创新，包括理念创新和技巧创新。熟悉杨丽萍舞蹈的人说：“人的创造力是被逼出来的。当时我们教舞都是西方办法，要求流动，跳来跳去，可是地方小流动不了，于是她发明了一种定点舞蹈，定在一个点上，让力量在身上流来流去，流出各种姿态。你看她后来的《月光》就是这么个创意。”每当杨丽萍站在舞台上，看似每一次都是在重复她自己，但每一次又都是不同的，因为她每一次的舞动，既是自然的再现，又是一次艺术的重生，每一次都闪现创作灵感之光。

纵观人类的艺术长廊，艺术大家身上都具备这种大无畏的艺术探索精神，他们具有敏锐超强的艺术感知力，拥有前所未有的艺术创造能力和坚韧不拔的创造个性，为完成艺术使命付出了无数艰苦卓绝的劳动。人不过是浩瀚银河中一粒微不足道的尘埃，人作为生物之个体能被宇宙涵盖，但人作为思想的存在却又涵盖了整个宇宙及万物。人类精神不灭，能量至极，人类战胜困难的勇气与毅力、执着追求真善美的品质和大无畏的创造精神有着无与伦比的美。不可能每个人都成为卓越的艺术家，但艺术家身上所展现出来的执着坚定的精神气质却散发在我们心中，让人涌动敬仰之情并将其内化为学习与行动实践之力。

三、艺术拓宽人生之径

优雅和崇高都是人生的审美心态，我们选择艺术，选择让艺术点亮人生，就是选择在优雅与崇高中走向成熟人生。艺术肩负着护佑、救助人类的使命，我们热爱艺术，我们有充分的理由让艺术智慧烛照人生之路，使人生时刻漫步在艺术的殿堂，透过艺术之光处处领略人生的厚重滋味，以及它那绵绵不绝的欢乐。

1. 在优雅与崇高中走向成熟人生

德国古典哲学创始人康德曾把人生之美分为优雅和崇高两种。“无疑，在我们的艺术美中最经常体验到的是优美。优美是艺术美中最普遍的表现形态。唐代诗论家司空图在《诗品》中把‘优美’的意境表述为‘采采流水，蓬蓬远春，窈窈深谷，时见美人，碧桃满树，风日水滨，柳荫路曲，流莺比邻’。其实，不仅诗的优美是如此，一切其他艺术的优美意境也多如此。在优美的文学作品、绘画、摄影、乐曲、喜剧、电影中，我们所能感受到的都是典雅、绮丽、清淡婉约的美。”① 在我们每个人的一生中，我们都喜爱这种美，艺术作品满足了我们求美的天性。人类天性追求善美，我们喜欢优美的大自然，喜欢人高洁善良的品性，喜欢整洁有序的空间，喜欢雅致精当的生活。生活中许多粗俗一旦被优雅加工，便具有了情趣盎然的人生美学意义。人生需要艺术熏陶出优雅，优雅的生活标准及姿态标志着人生的完美，完美意味着走向成熟。

谈到优雅，我们脑海中会想起一个人：好莱坞最著名的女星之一奥黛丽·赫本。赫本活泼、脱俗、典雅，世人敬仰她为“人间天使”“银幕女神”“洒落凡间的精灵”。赫本塑造的银幕形象光彩照人，摇曳人心。为了表彰奥黛丽·赫本对世界电影艺术的贡献，法国政府于1987年授予她法国最高褒奖——骑士荣誉勋章。1999年，她被美国电影学会选为百年来最伟大的女演员第三名。赫本在生活中也口碑过人，她认真的工作态度，对人的亲近亲和，都令人赞叹不已。晚年的赫本作为联合国的亲善大使多次赴非洲开展慈善与救助活动。1992年，赫本以生病之躯赴马尼拉看望因饥饿而面临死亡的儿

---

① 《外国优秀散文选》，上海文艺出版社1982年版，第19~20页。

童。1993年，美国政府电影艺术和科学学院授予她奥斯卡人道主义奖，而此时赫本已离世，由她的儿子代她领奖。每个人的人生都离不开艺术，需要音乐、舞蹈、绘画、文学等艺术形式的熏陶，但从本质上讲是需要一种艺术精神。如同赫本，她的人生是在艺术与生活、理想与现实的完美平衡中完成的。人生需要艺术，无论我们怎样追随优雅，都少不了对生活的认真、坚守、平和。况且，一个人的优雅，并不仅仅表现为外在的美丽，而是所有经历过的往事，在心中沉淀为美的印记，令人显得坚强而安谧。所以，优雅并不是训练出来的，不是伪装出来的，而是一种阅历，一种沉淀。

艺术美的另一种表现形式是崇高。崇高不如优雅那样可以在和谐宁静中直接感受到，“崇高往往给人的心灵以强烈的震荡，在惊心动魄中使人获得一种雄浑、悲慨、粗犷、博大的美的感受。譬如，在苏轼词‘大江东去，浪淘尽，千古风流人物’的气度中；在冼星海一曲《怒吼吧，黄河》的雄浑中；在米开朗琪罗《被缚的奴隶》的粗犷和勇猛中，以及贝多芬《命运交响曲》的悲壮奏鸣中，我们都能体验到人生这种崇高境界”①。在当代，获得完美人生体验，追求圆满人生价值，我们少不了优雅的闲情逸致，但我们更呼吁激荡人心的崇高激励。印度诗人泰戈尔说过：“人生有追求愉快的欲望，另一方面又向往着自我牺牲。当前者遇到失望的时候，后者就得到力量。这样便发现了更完美的范围，一种崇高的热情把灵魂充满了。因此，当我们在微小的困难面前是懦夫的时候，巨大的忧伤激起了我们更真实的丈夫气概，使我们勇敢起来。”② 人类拥有形形色色的追求，而崇高的追求让我们获得更大的动力支持，让我们的人生与时代潮流、与责任担当紧紧联系在一起。追求优雅固然与幸福有关，但有崇高志向的人的幸福则更为深刻持久，因为人生的壮美必然与崇高相连。一个充满希望的国家和民族，一定会有一批又一批人选择崇高，这是当代青年人超越小我而成就大我的社会进化之道，是摒弃自私自利之心达到利己利他境地的成人之道。

选择在优雅与崇高中走向成熟人生，意味着发现、崇尚、体验、选择优雅与崇高并以此激励自己，意味着让人生以优雅崇高的方式获得最美的展现。假如你拥有高尚的情操、憧憬审美的生活，并且存有谦卑的心，那么你的生活必然会非常充实饱满。你注重生活质量，更注重生命质量，你不会着意于社会能给你什么，但会十分重视你能为社会奉献什么。高尚、审美、谦卑地生活，这就是最美人生。

2. 让艺术智慧烛照人生之路

人的生命一定是活在一个时空里，而这个时空一定是有限的。人面对自己有限的生命经验会觉得狭隘和封闭，进而会对这个世界产生不满甚至认为自己遭受了命运的捉弄。对此，台湾大学哲学系傅佩荣教授说过，艺术作品可以提供解救的途径。就是说通过艺术作品，譬如希腊悲剧，我们能够感悟到：我虽然属于脆弱的人类，在命运面前毫无自主的力量，但是，我被击败之后，却不至于屈服、认命，我可以勇敢地站起来说，我所遭遇的一切，我都愿意接受。对此，我们可以进一步理解为：当我们用主动的态度

---

① 张应杭：《人生哲学论》，浙江大学出版社2002年版，第217页。

② 《外国优秀散文选》，上海文艺出版社1982年版，第19~20页。

去化解命运给予我们的被动压力，此时，人的尊严就可以强大起来。这也正是希腊悲剧最特殊、最有魅力的地方。人生充满悲剧色彩，人类无法摆脱欲望与现实的矛盾，无法避免求索征程上的挫折与失败，人类必须勇敢面对环境及自身的压力极限。但人类不能悲观，人们借助艺术的悲剧美深刻体验人生悲剧之美，并在性格意志中培养出抗争的气势。透过艺术，透过音乐、戏剧、小说、美术、舞蹈等各种艺术形态的表现，人们可以让心灵在情感感受方面充分提高容忍度，而不致受到真正的伤害，这也正是艺术护佑、救助人类的使命。

苏联无产阶级作家高尔基说过，文学的任务、艺术的任务就是把人们身上最好的、优美的、诚实的，也就是最高贵的东西用颜色、字句、声音、形式表现出来。歌德也说过，艺术总是使人越来越有教养、有德性、慈善和有同情心。歌德自己就承认，是他对文学的挚爱以及对文字的迷恋产生力量，帮助他经受失恋的痛不欲生，使他在对失恋煎熬的忍耐与超越过程中完成了《少年维特之烦恼》这部文学名著。

艺术与人生事实上是一个硬币的两面，它们都包含了人性的最高追求，即对深刻性的追求、对生命本真的追求、对生命意义的追求。美是艺术的主题和本质，人生一路风雨但从未忘记寻找美、探求美。艺术与人生如此息息相关，它们都充满生命力量的感召，让人孜孜以求，无限向往。我们有充分的理由让艺术走进每个人的人生，让艺术融入平常的日子，让艺术增进生存智慧，让艺术提升生活格调，让艺术点亮人生舞台，任由着艺术真善美的境界之灯，烛照人生之路。艺术贯穿在人生的链条里，像玉露琼浆，滋润着你和我。我们游弋在大千世界，人生纵然有悲怆，但仍美不胜收。我们热爱艺术，就如同热爱我们的人生，我们尽力创造艺术，尽心欣赏艺术，无论如何，我们要让艺术拓宽人生之径。

课后思考

1. “如果我们从古到今选取这样一组雕塑：古希腊时期米隆的《掷铁饼者》、文艺复兴时期米开朗琪罗的《大卫》、19世纪法国罗丹的《思想者》、20世纪未来派波居尼的《空间中连续的形体》，这五座跨越两千多年的雕塑完全可以视为人类自我‘镜像’的准确表达。”结合这段话，谈谈“艺术与人生”的关系。

2. “凡·高、毕加索正是以一种崭新的艺术感觉和逻辑，独特地把握和表现了世界，便在艺术和人生两大方面为人类漫长的精神历程作出了巨大贡献……画家们用他们的天才的创造精神和坚韧的艺术追求，抗衡着这客观而冷漠的世界，建立出一个个属于人类所有灵魂的栖身地。”结合这段话，谈谈对“艺术关怀人生”的理解。

3. 首届“中国达人秀”冠军、“独臂钢琴师”刘伟说：“有梦想就张开双脚走下去”，“每个人都要对自己的梦想负责，至少我还有一双完美的腿”。结合你喜爱的艺术家及自己的人生实际，谈谈对执着无悔人生的理解。

第六章

哲学境界与艺术追求

英国大哲学家罗素说过："哲学乃是关于境界之学。"哲学境界就是人在实践的基础上，通过反思、批判的自我意识，所确立的应然的目标的境地，是人类自身生存活动意义和根据的表达。它定位于人的意义的集聚与人文精神的深刻表现。哲学作为一切文化的核心价值指向，是民族精神生命力的体现，是人类文明成熟的标志。而艺术作为表示世界和自身关系的一种特殊方式，以情感和想象为特性，来把握和反映世界。罗曼·罗兰曾说："艺术的伟大意义，基本上在于它能显示人的真正感情、内心生活的奥秘和热情的世界。"因此，哲学和艺术所追求的是人的自由境界，就是不断超越自我、升华自我的那种人生的境界。

第一节　艺术的哲学机缘

案例精选

卓别林

卓别林，世界著名喜剧大师，1889 年出生于英国伦敦南部地区的一个演艺家庭。由于父亲早亡，母亲精神失常，卓别林在贫民孤儿学校度过了自己心酸的童年。早年的贫困生活启发了他后来创造流浪汉形象的灵感，这是一个外貌是流浪汉而内心则一副绅士气度的形象，穿着一件窄小的礼服、特大的裤子和鞋，戴着一顶圆顶硬礼帽，手持一根竹拐杖，留着一撇小胡子。卓别林早期扮演的各种角色多半是凶狠的、轻浮的、散漫的、狡猾的和丑陋的。这些人物和卓别林独具一格的整套喜剧手法很不协调。卓别林曾说："我并不很喜欢自己的早期影片，因为在这些影片中我很不容易控制住自己。一两块奶油蛋糕飞到人的脸上，也许还有点逗趣，可是，如果整个喜剧性仅仅依靠这种办法，那么影片马上就会变得单调而索然寡味了。也许我并没有能够一贯做到实现我的意图，不过，我是一千倍地更喜欢用一种俏皮的姿态、而不愿用粗鄙和庸俗的行为去赢得笑声。"此后，卓别林基于他真正艺术家的天性，越来越清楚地意识到幽默对生活的特殊意义。他开始从早期的滑稽电影中摆脱出来，逐渐地把严肃的题材和喜剧片的传统手法巧妙地结合在一起。他说："创作喜剧，其中的悲剧因素往往会激起嘲笑的心理，而嘲笑正是一种反抗。"例如，他在 1918 年拍摄的影片《狗的生涯》中，深思代替了嬉笑，忧郁代替了嘲弄。他放弃了滥用的低级趣味，而以发人深省的笑代替了纯生理的笑，用同情的微笑代替哈哈大笑。"不朽的流浪者"——夏尔洛，露宿街头，处处受辱。当他从职业介绍所碰了壁，狼狈地走出来时，茫然中看见门口的几只狗正在争夺一块骨头。这辛酸的一笔正是残酷人生的真实写照，也是童年卓别林的真实写照。提出更为尖锐深刻的问题的片子是《摩登时代》。贪得无厌的资本家为了追求利润，不顾工人死活，无限增加工人的劳动强度，甚至异想天开地发明"吃饭机"，连工人短短的午饭时间也不放过。夏尔洛由于整天在传送带旁操作，机械地重复拧螺丝的单调工作，因而神经失常，被送进医院；然而等病治好了，他却失业了。这部影片不仅思想内容深刻，而且在演技上也达到了炉火纯青的地步。1972年，由于在本世纪为电影艺术作出了不可估量的贡献，卓别林被授予奥斯卡特殊成就奖。在颁奖现场，人们以有史以来最热烈、持续时间最长的起立鼓掌方式向他致敬祝贺。

英国作家劳伦斯曾这样评价过卓别林：他那古怪难看的脸比起范伦铁诺要更具有本质之美。在卓别林的眉目间，有一种真实的美，一种纯净之光。这种美源于他创造的艺术形象本身的美，源于这些形象有内涵、有深度、有思想，源于欣赏其作品后会"流泪地笑"的魅力。

思考与讨论

问题：哲学的辩证思维给了卓别林艺术独特的美，那么哲学与艺术又有哪些渊源呢？

要点提示

艺术与哲学同属于人类的精神产物，源于实践，又服务于实践。在漫长的历史发展过程中，它们相辅相成，互相促进与补充，并在矛盾统一中不断变化与发展。

一、艺术与哲学同属上层建筑

马克思认为人类社会是一个有机整体，由经济基础和上层建筑构成。经济基础决定上层建筑，上层建筑反作用于经济基础。经济基础是指在一定生产力水平基础上形成的各种生产关系的总和，包括生产资料所有制形式、产品如何分配及人们在生产过程中的地位和相互关系。上层建筑是指建立在一定经济基础之上的社会意识形态以及相应的政治法律制度、组织和设施的总和。上层建筑包括政治上层建筑和思想上层建筑。政治上层建筑是指人们在一定经济基础上建立的政治、法律制度以及军队、警察、法庭、监狱、政府部门、党派等国家机器和政治组织。思想上层建筑是指适应经济基础的社会意识形态，包括政治思想、法律思想、道德、艺术、哲学、宗教等。各种社会意识形态在上层建筑中的地位是不同的：一种是距离经济基础较近，可以直接和经济基础发生关系的意识形态，如政治、法律、道德等；一种是距离经济基础较远，必须通过政治、法律、道德等意识形态才能与经济基础间接发生关系的意识形态，如哲学、宗教、艺术等。正如恩格斯所说："更高的即更远离物质经济基础的意识形态，采取了哲学和宗教的形式。在这里，观念同自己的物质存在条件的联系，越来越错综复杂，越来越被一些中间环节弄模糊了。但是这一联系是存在着的。"① 所以说艺术和哲学同属于上层建筑，都是一种社会意识形态，都是对世界及人与世界的关系这个主题的不同回答。作为社会意识形态，艺术和哲学都源于生产实践，是对社会生活的反映。

艺术追求人类的真、善、美。好的艺术作品感人，能引起人们的共鸣。艺术不仅借助文字语言，而且可以通过音乐、肢体动作、画面等多种方式和手段来表达思想和情感。艺术活动和作品可以满足人的精神需求，使人们的情感得以宣泄，慰藉人类的心灵。可以说艺术是人类感性的最高形式。艺术源于生活，高于生活，是对社会生活积极的能动的审美反映，社会生活是艺术创作的源泉。无论是艺术创作者、表演者，还是欣赏者，都是从自身的社会生活经历来理解艺术、欣赏艺术的，得到属于自己的独特认识和感受。总之，艺术是以情感和想象对世界以及人与世界的关系进行审美反映的社会意识形态，属于上层建筑。

哲学是人类理性的最高形式，它借助文字语言，通过概念、判断、推理来表达对世界的看法，给人的印象是抽象、空洞、玄奥，不易理解。如我们接触的物质概念——物质是不依赖于人的意识并能为人的意识所反映的客观实在；如哲学的基本问题——思维和存在的关系问题；如一些著名的哲学观点——"人不能两次踏进同一条河流""我思故我在""风吹幡动，不是风动，不是幡动，是仁者心动"等。因此，大多数人觉得哲学离自己很远，人生不需要哲学。其实，哲学就在我们身边，在我们的生活中。哲学是关于世界观的学说，而世界观人人都有。世界观是人们对整个世界以及人与世界之间的关系的根本观点和根本看法。人在生活中总要与周围的人和事物接触，形成对各种事物的看法和观点。久而久之，人们逐渐形成了自己的世界观。世界观不同，人们认识问题和处理问题的方式方法也不同。系统化、理论化地回答"世界的本质是什么"和"人与世界的关系如何"的世界观就是哲学。可以说哲学是人类理性的最高形式。总之，哲学是人们对整个世界及人与世界的关系的总的看法和根本观点，是一种社会意识形态，属于上层建筑。

恩格斯认为："政治、法、哲学、宗教、文学、艺术等等的发展是以经济发展为基础的。但是，它们又都互相作用并对经济基础发生作用。"② 各种社会意识形态相互作用、相互影响，所以说艺术和哲学有不解之缘。哲学是对自然界、人类社会和人的思维的总的看法和根本观点，回答的是"世界的本原是什么"的问题。艺术是对世界的审美反映，真、善、美是艺术追求的永恒主题。艺术和哲学都关注人生，人生就是人与世界相互作用的过程，人与自然相互作用的过程，人与人相互作用的过程，人与自己相互作用的过程。哲学思考"人为什么活着""什么是有价值的人生"以及"什么是幸福"等一系列的人生问题。哲学对每个人而言都是必需的，因为每个人都希望得到幸福，都希望得到社会和他人的认可，实现自己的人生价值。人生虽有太多的不如意，总会遭遇困境，但哲学可以为我们指引一条途径，让我们认识到原来困境是一种赐予，失去是一

---

① 《马克思恩格斯选集》第4卷，人民出版社1995年版，第253页。
② 《马克思恩格斯选集》第4卷，人民出版社1995年版，第732页。

种获得，缺憾是一种圆满。艺术是对社会生活的审美创作过程，艺术品虚构了某种具有独特审美倾向的社会生活，欣赏者在虚拟的生活世界中受到了创作者审美意识的影响，扩展了对自己所处世界的认识和感受，得到美的享受，精神需求得到满足，心灵得到慰藉。艺术教会我们品味人生，既懂得肯定自己，又懂得欣赏别人。哲学影响着艺术创作者的世界观和思想，塑造着艺术创作者的心灵和情感，决定着艺术创作者看世界的视角。哲学决定了艺术创作者的目光所及之处，决定着人类独特的体验方式，从而深深地影响着艺术。

二、哲学影响艺术

哲学思想总是渗透在艺术创作者的观念中。面对同样的事物，不同的艺术创作者会创作出不同的作品。中国传统艺术是写意的表现手法，注重抒发情感，艺术创作更多地寄托了创作者的生命体验和情感顿悟。西方古典艺术是写实的表现手法，注重逼真地再现事物。西方现代艺术是抽象的表现手法，所描绘的事物发生了变形，甚至让人难以辨认。艺术创作不是对世界的简单复制，而是应当表现事物的主要特征，这种特征是艺术创作者独立观察的结果。为了把这个特征表现出来，艺术创作者就得有计划地改变事物本来的样子，把事物的某些特征加以集中并夸大，以达到表现某种观念或情感的目的。艺术创作的目的是表现事物某个主要的或突出的特征，也就是某个重要的观念，其对事物的表现比实际事物显得更清楚、更完全；为了做到这一点，艺术品必须是由许多互相联系的部分组成一个总体，而各个部分之间的关系是经过有计划的安排的，可见艺术创作者的观念在艺术创作中的重要性。没有一个艺术创作者能够不经过心灵构思而再现客观世界。艺术创作者在进行创作时，是在一定观念指导下结合自身的人生经历和生命体验进行构思，去寻找一个独特的创作视角。所谓观念，就是艺术创作者的世界观；世界观不同，看世界的方式也不同。世界观决定了人们怎样看世界以及能够在世界中看到什么。《周易》认为“无极生太极，太极生两仪，两仪生四象，四象生八卦，八卦生万物”，即世界万物是由阴阳这两个最基本的元素和符号相互作用生成的，而且阴阳互相包含，互相转化，你中有我，我中有你，从而构成了在流转互动中生生不息的自然万物。这种世界观在艺术中表现为一种盘旋往复的节奏感，如中国画散点透视和移步换景的表现手法、戏曲里委婉曲折的唱腔、舞蹈里优美回旋的曲线、诗歌里的意象排列等，不同的艺术表现形式都表现出了往复盘桓的自然之道。道家哲学思想认为世界是由“道”生成的，“道”是指天地万物的本质及其自然循环的规律，道是虚空的，道生万物，从无到有。即“道生一，一生二，二生三，三生万物”，“人法地，地法天，天法道，道法自然”。道家哲学思想主张顺其自然，无为而治。这种哲学思想影响中国传统艺术追求“诗情画意”的审美境界。如中国古典园林设计，一方面充分利用花园、假山、水池和林木营造一种小桥流水与曲径通幽的自然美，另一方面又非常讲究亭、台、楼、阁等建筑物的形式美，将二者有机结合起来。道家哲学思想还讲求虚实的辩证统一，这种哲学思想在中国古典园林设计中形成了“借景”“分景”“隔景”等处理空间的方法。如颐和园的设计，站在园内可以望见玉泉山的宝塔，仿佛是颐和园的一部分，在有限的环境中创造出无限的意境。西方理性的、主客二分的世界观塑造了西方人看待世界的独特方式，塑造了他们的心灵和情感。西方人眼中的世界是遵循视觉规律和物理规律的，这决定了西方艺术逼真地再现自然的审美情趣。中西方不同的哲学思想决定了中国画和西方油画审美情趣的不同。中国画用黑白两色来表现丰富多彩的世界，在画面上留下大量的空白，给人无限的遐想。油画把各种颜料层层叠叠地涂上去，不留空白，赋予图画充分的质感和立体感，用绚丽多彩的颜色逼真地再现事物。总之，哲学对艺术的渗透主要表现在对人们的观念的影响，观念不同，人们观看世界的角度和方式就不同，世界呈现在人们眼中的样子也不同。独特的观看世界的视角渗透了一定的哲学思想，哲学思想也塑造着人们的情感和心灵体验。哲学思想渗透在艺术创作者的观念中，决定了人们的目光所及之处，以及人类的独特体验方式。

艺术作品渗透着一定的哲学思想。好的艺术作品之所以感染人、感动人，是因为它有一定的思想性，能引起人的共鸣。尼采说过：“可曾有人发现，音乐解放精神，为思想添上双翼？一个人越是音乐家，就越是哲学家？抽象概念的灰色苍穹如同被闪电划破；电光明亮足以使万物纤毫毕露；伟大的问题伸手可触；宛如凌绝顶而世界一览无遗。”① 同样，黑格尔说：“人类的艺术，过去是，现在是，将来永远是人类的导师，我们从艺术中获得了对真理的感悟。”如现代艺术流派之一的表现主义，其受到康德哲学、柏格森的直觉主义、弗洛伊德的精神分析学、尼采的生命哲学的影响，在艺术创作上颠覆了在欧洲长期占据主导地位的“模仿论”美学，不追求对客观事物的逼真再现，而注重表现事物的内在实质，注重对人的内心世界和情感的表现。表现主义有影响力的艺术家和作品有奥地利小说家费朗茨·卡夫卡的《变形记》、美国剧作家尤金·奥尼尔的《毛猿》、挪威画家蒙克的《呼号》、德国音乐家勋伯格的《华沙幸存者》等。让·保尔·萨特是法国存在主义哲学的集大成者，他非常喜欢用形象思维的方法和小说、戏剧等形式来表达自己的哲学思想。《禁闭》就是他的一个代表性剧本，反映了存在主义哲学关于人际关系的基本观点，揭示了西方社会人们的痛苦生存状态和卑鄙的生活态度。黑格尔在他的《美学讲演录》中提到过一个例子：在希波战争中，三百名斯巴达士兵为赢得战争的胜利全体阵亡。他们是希腊的英雄，人们要悼念他们。于是，著名诗人西门尼德在墓碑上写了一首诗，只有短短两行：“过路人，请传句话给斯巴达人，为了他们的嘱咐，我们躺在这里。”西门尼德用短短两行诗铭刻了三百名士兵的英勇牺牲精神。这就是诗歌的魅力，语言的艺术。文学常常用人物命运来表达作者的思想感悟。品读《红楼梦》，我们可以感受到曹雪芹对中华民族的文化思想的探索。金陵十二钗分别代表了某种思想。薛宝钗代表了儒家思想，薛宝钗能否挽救这个将要颓废的家族，她自己的结局给出了答案；迎春代表了道家思想，她天天在家里阅读道家的《太上感应篇》，追求个人自在；探春是法家的代表，她代替王熙凤理家，实行了一系列法家的措

① ［德］尼采：《曙光》，田立年译，漓江出版社2007年版，第125页。

施，结果也挽救不了贾氏家族。从以上事例中不难看出，艺术作品的生命力就在于其内含的思想性，哲学思考会让人思想深刻，越是探求关于人类社会本质、规律的思想，越是表现人类生命体验和情感经历的作品，越能经得起历史的考验。

艺术是一种特殊的社会意识形态，能够反映社会生活，满足人们的精神需要。就像宗白华所说："艺术是精神和物质的奋斗。"艺术的形式多种多样，包括绘画、建筑、音乐、舞蹈、戏剧、电影、文学、曲艺等。当然，艺术作为一种文化现象，也能满足宣泄情感的需要，所以也是娱乐的一种特殊形式。艺术与哲学同属于人类的精神产物，源于实践，又服务于实践。在漫长的历史发展过程中，它们相辅相成，互相促进与补充，在矛盾统一中不断变化与发展。我们必须认识到，艺术和哲学都是真理的负荷者，艺术一旦开始拒绝思想和真理，就意味着对自己的背叛与抛弃。

第二节　哲学之益于艺术

案例精选

材料一：

广州军区战士杂技团创作的杂技剧《天鹅湖》由俄罗斯著名芭蕾舞剧《天鹅湖》改编而成，这部杂技剧是西方经典艺术芭蕾和中国传统的杂技相结合，创造的一种新的艺术形态，被誉为"杂技的革命"。杂技芭蕾舞剧《天鹅湖》在保留柴可夫斯基原汁原味的音乐的前提下，将世界顶尖杂技同芭蕾舞剧《天鹅湖》的情节相结合。最具代表性的是"头顶芭蕾"这一世界顶尖杂技表演："白天鹅"踮起脚尖，在"王子"的手臂、肩膀、头顶上一次次旋转。而此时，观众能做的只有屏住呼吸。这一表演曾获得世界杂技界最高奖"金小丑奖"。该剧自2004年创排以来，成功进入国外主流文化市场，在10多个国家巡演500多场次。每到一个城市，都好评如潮。2008年，《天鹅湖》在伦敦皇家歌剧院演出，演出的100多张站票也销售一空。《泰晤士报》在报道中评价说："这些来自中国的杂技演员们的优雅和准确不亚于任何一个芭蕾舞团。"《天鹅湖》成功了，它精妙地实现了"用国际符号传达中国文化"，实现了柴可夫斯基的音乐和中国艺术的完美契合。它的成功不仅实现了艺术演创者的价值诉求，也为我国艺术的发展开拓了新思路、新模式、新境界。

一部好的艺术作品，必须是着眼于人民群众日益增长的精神文化需求的，切合时代诉求的，与时俱进的。一名优秀的艺术人，必须服务于人民群众的精神文化生活，引导好人民群众的精神文化生活，把握时代方向，崇尚开拓创新。一个伟大民族的艺术事业，必须是敢于推陈出新，革故鼎新的；是善于面向世界，博采众长的；是追求时代精神，实现民族文化的大发展、大繁荣的。可见，是伟大的哲学不断给养于艺术之树，给了艺术成长、发展的正确导向，光明的未来及不朽灵魂。

材料二：

《响九霄》剧情简介：清末时期，梨园名伶响九霄用生命的投入进行着艺术的探索和改革，他将二黄引入河北梆子剧目，进行了“京梆两下锅”的大胆尝试，使已呈萧条之势的演出市场出现了勃勃生机。他沉浸在自己钟爱的艺术领域之中。晓霞深爱着师父响九霄，响九霄却将真情压在心底。艺术，在真情之间凸显了圣洁和崇高。在国家命运出现危机的关键时刻，响九霄自己也选择了危机，他冒着杀头之罪，趁给慈禧太后演戏之机，将一封攸关变法的密信转送光绪皇帝。为此，他付出了惨重的代价，晓霞为掩护响九霄不幸身亡，响九霄孑然来到晓霞孤零零的坟头，给深恋着自己的孤魂唱了一次“堂会”！荒郊野外，大雪纷飞，一曲千古绝唱感天动地！哭罢，他愤然出走，去寻找和追索他理想中的艺术绿洲……

本剧由河北省京剧院创作，裴艳玲主演。一向以擅演须眉男儿、英雄豪杰而闻名遐迩的生行翘楚、著名的戏剧表演艺术家裴大师在该剧中要贴片子、反串青衣，随着剧情的发展，她充分展现出能兼演青衣、老生、武行等行当的出众而高超的演技，令观众耳目一新。而当她唱到“戏是我的天，戏是我的魂，戏是我的命，戏是我的根，梦里魂里都是戏，我是一个戏中人”时，观众已经分不清楚究竟是响九霄在唱还是裴艳玲在唱，传达出的是他们形影交汇、身心交融的共同心声。

思考与讨论

结合实际案例，谈谈你对“伟大的哲学不断给养于艺术之树，给了艺术成长、发展的正确导向，光明的未来及不朽灵魂”的理解。

要点提示

马克思主义哲学不仅要通过正确的发展观告诉人们关于社会发展的根本观点，以及在追求社会发展中人类应当遵循什么，会受到什么样的制约，而且要告诉人们应当不断反思人的存在过程中的审美活动，以及在此活动中所出现的美的情感和美的表现形式，并形成美的哲学理论；因此，哲学既开拓了艺术形式的领域，又提升了艺术活动的境界。

一、哲学引领艺术形式的走向

虽然哲学和艺术都具有各自的特点，但它们并不是固步自封的，事实上它们时时刻刻在追求着新的发展与超越，这种超越既表现为对终极的追问，也表现为被他人和社会接受和认可。因为有了社会的接受与认可，艺术才有可能成为人类社会实践活动的一种方式。因此，艺术既应该具有个性化的特点，又必须社会化地存在着。

一般来说，哲学作为人们对自身所处时代的存在状态的自我意识，它要不断反思人的存在过程中的审美活动，反思审美活动中出现的美的情感和美的表现形式，从而形成关于美的各种理论和观点，而这种美的哲学理论和观点在很大程度上决定着这个社会的审美情趣。某一具体的艺术形式要想在一定的社会范围内被接受和认可，就必须努力适应这个社会的审美情趣。因此，哲学影响了整个社会的审美情趣，并且它直接或间接地引领了一个时代、一个社会的艺术形式的发展和走向。例如，在影响中国画色彩审美意象的产生、发展与历史进程的诸多因素当中，传统哲学思想是中国画色彩意象形成的主要诱因，表现为"阴阳五行"的哲学色彩学说、"言志尚礼"的儒家色彩主旨、"见素抱朴"的道家色彩诉求、"虚静空灵"的庄禅色彩意境。因而中国画的色彩表达呈现出多元化的发展态势。作为中国传统精神组成部分的中国画色彩审美意象正经历着一次历史性的蜕变与更新，要想建立起符合中华文化精神的科学体系，适应时代发展的要求，我们必须学会将中国画色彩审美意象融入当代文化发展的语境，实现色彩文化与传统笔墨文化的同生互补。只有这样，我们的艺术形式才能更加鲜活，焕发出新的勃勃生机。

在经济飞速发展的今天，物欲的膨胀与精神的迷茫、疲惫压得人们喘不过气来，但是人们又往往苦于无法找到恰当的方式来释放这些压力，走出迷惘与彷徨。这时候，难免有些人就妄图用非常规性的，甚至是扭曲的审美标准来评判是非、鉴别美丑，试图另类化地表达自己内心的反抗与对自由的向往，如此就诞生了人们常说的社会审美"乱象"。这些"乱象"的出现是极具时代性与必然性的。审美"乱象"作为事物的外部联系和表面特征，是事物的内部联系和根本性质的表现。要想解决这一问题，探寻艺术发展的出路，关键环节就是确立一套完善和科学的核心价值体系，引领社会的道德风尚，引导艺术前行的脚步。

二、哲学提升艺术活动的境界

任何艺术品的创作都是人类有意识、有目的的创造行为。每一件艺术品的诞生都是创造者在自身心灵深处创造一个别样的梦想世界的活动，是心灵构造意义的活动。而这种心灵状态一定摆脱不了各种社会意识形态的影响，尤其是要受到哲学的影响。每一次艺术活动都是一种能动的自我意识活动，它会通过自己的活动来不断拓展自己的心灵空间：在进入人的心灵状态之后，进而反思人的心灵状态，以致影响人的心灵状态。尽管这些艺术活动的心灵状态很复杂，但它们所具有的思想特征足以说明哲学对它们的构成是有影响的。哲学往往通过影响艺术品创作者的主观世界来影响艺术活动的方式，提升艺术活动的境界。例如音乐、诗等艺术形式的严整结构体现着感觉的逻辑严密性，绘画中的色彩、构图等也显示出了构思的整齐划一。这些思想性特征，正体现了人类哲学思想对心灵世界的影响和渗透。

在文艺复兴时期，有这样一则轶事。有一天，"文艺复兴三杰"之一的米开朗琪罗在山区发现一块大石头，石头并不起眼，可米开朗琪罗却走上前饶有兴致地来回观察。采矿工人见他喜欢这块石头，就慷慨地送给了他。有人好奇地问："要这么大的石头干什么呢？有什么收藏价值吗？"米开朗琪罗笑着说："这块石头目前还不能收藏，因为石头里的天使还没有诞生呢。"人们听后，认为他一定是在说胡话，石头里是不可能诞生出天使的。谁知几个月后，这块石头被米开朗琪罗雕刻成举世无双的微笑天使——汉斯雕像，成为了一件艺术史上难得的珍品。所以我们说，一个卓越的艺术家，他的精神世界是深邃的，作品是永恒的。每一次艺术活动都是在追求一种心灵的高远境界，以实现对心灵状态的超越。对这种境界的追求实质上是人的生命本质的必然要求。哲学与艺术所向往和追求的境界本质上是一致的，都是人的自由境界。哲学与艺术相比具有更大的自由度，它能通过各种方式来超越人类已有的物质和精神上的存在空间，引领人们朝着更为全面自由的方向发展，哲学所扩展的自由空间也必将有利于艺术境界的提升。正是在哲学提升艺术境界的意义上，人们才说哲理是艺术的深层底蕴，哲学是艺术家的深层教养。

三、哲学明确艺术实践的诉求

马克思主义哲学告诉我们，只有人民群众才是社会实践的主体和历史的创造者，是推动历史发展的决定力量。所以，在人们认识世界和改造世界的过程中一定要树立群众观点，走群众路线。1942 年，毛泽东在延安文艺座谈会上阐释了人民群众是文化艺术的生命之源的深刻道理。他指出，文艺工作者必须深入生活、深入群众，并强调文艺工作者必须到火热的斗争中去，到唯一的、最广大的、最丰富的源泉中去观察、体验、研究，分析一切生动的生活形式和斗争形势，分析一切文学和艺术的原始材料，然后才有可能进入创作的过程。因此，要建设社会主义先进文化，实现文化的大发展大繁荣，广大艺术工作者必须要在邓小平理论和“三个代表”重要思想指导下，深入群众，走群众路线，把人民放在心中的最高位置，努力为人民群众奉献精美的艺术食粮。艺术家们只有更加自觉、更加主动地承担起为人民书写、为人民放歌的历史责任，坚持以人民为中心的创作导向，艺术之树才能常青。

无论什么时候，艺术“为人民服务”都是个不能回避的信条。它是艺术家必须去实践、去身体力行的。因为艺术源于人民，也必须回馈人民。为人民服务依然是摆在艺术家面前的首要任务。人民的思想是不断发展变化的，他们喜欢更丰富、更新的事物。因此，无论是艺术作品的创作方法，还是艺术作品的形式与内容，都应该与时俱进，满足大众的需要，为大众所喜闻乐见。所以，我们的艺术家必须在时代的启迪下，结合人民的需求，把自己的艺术天赋和前瞻性结合起来进行创作。只有这样，我们的艺术才有强大的生命力和远大的发展前途。党的十七大以来，党和政府为艺术创作提供了强大的物质和政策支持。各地的艺术创作进入了一个全新的发展时期。艺术家创作热情高涨，艺术事业持续健康发展，各门类艺术呈现普遍繁荣的良好局面。广大文艺工作者始终坚持面向基层、服务群众，把更多反映时代精神、适合人民群众需要的精神文化产品送到广大人民群众身边，极大丰富了基层群众的精神文化生活；同时也增进了文艺工作者与人民群众的血肉联系，使广大文艺工作者从中受到思想教育和精神洗礼。

四、哲学推动艺术创新与发展

艺术活动既是艺术创作者的创造活动，也是艺术接受者的接受活动。这种接受活动是艺术活动中十分重要的组成因素，是指艺术接受者对艺术作品的一种感悟和评价。而哲学作为时代精神的精华，构成了不同时代艺术接受活动的文化背景，不同的哲学会给接受者提供不同的思维方式，从而影响着接受者对艺术品的选择、意义发现和意义解读。例如，传统哲学的艺术“模仿说”与艺术“表现论”使得艺术接受者在接受时重在对作者所要表达的恒定意义的寻找和发现，从而达到与作者在情感上的共鸣。与前者不同的是，后现代主义哲学的艺术理论则从艺术接受者出发，强调对艺术作品的阐释和解读的多样性，从而使得接受者在接受时更加注重自身对作品的理解，注重在与作品的对话中不断地发现自我、发展自我。由此可见，哲学通过影响艺术接受者的接受观念，不断促进艺术的发展。

在经济、科技飞速发展的今天，呈现在人们面前的是一个空前多元化的人类社会，人们渴望开拓，渴望创新，渴望展现个性和完善自我。如何让我们的传统艺术跟上时代的步伐，如何迎合受众多元化的审美情趣，成了当前艺术工作者面前最大的难题。山西艺术职业学院华晋舞剧团在别出心裁地托起了大型民族舞剧《一把酸枣》后，又为大众呈现出一部精美舞剧《粉墨春秋》，让传统剧目焕发出新的生机与活力。该舞剧以中国古典舞为主要表演风格，借鉴中国戏曲及山西地方戏曲的诸多表现形式，用现代思维和视角表现人性、人情、人理，挖掘人的本质和中国戏曲所独有的内涵与魅力，传递了山西丰厚历史人文资源的精髓，歌颂了中华民族不畏艰难、创新变革的民族精神。之所以称《粉墨春秋》为一部不可多得的艺术佳品，是一部集独创性、艺术性、思想性于一身的舞台经典力作，不仅仅是因为它较好地展现了戏曲艺术的魅力，更是因为它体现了戏曲人对人生目标执着不懈的追求，体现了“丑小鸭”蜕变为“白天鹅”所历经的磨难和辉煌。它有力地弘扬了民族文化，倡导了民族美德，是一部极富思想性的作品。在整个社会都在为实现文化大发展、大繁荣而不懈努力的今天，舞剧《粉墨春秋》的惊艳亮相对创造性地继承传统文化资源，对“中国文化走出去”具有重要的现实意义。因而，当前艺术院校应有主动服务于社会转型跨越发展的文化自觉，应有在艺术创作上的自觉追求，更应有艺术创新发展的紧迫感。

第三节 基于哲学的艺术生命

案例精选

阿炳（公元1893—1950年），原名华彦钧，民间音乐家。他经常在无锡二泉边拉琴，创作《二泉映月》时已双目失明。据阿炳的亲友和邻居们回忆，阿炳卖艺一天仍不得温饱，深夜回归小巷之际，常拉此曲，凄切哀怨，尤为动人。阿炳的朋友陆墟曾这样描写过阿炳拉奏此曲时的情景：“大雪像鹅毛似的飘下来，对门的公园，被碎石乱玉堆得面目全非。凄凉哀怨的二胡声，从街头传来……只见一个蓬头垢面的老媪用一根小竹竿牵着一个瞎子在公园路上从东向西而来，在惨淡的灯光下，我依稀认得就是阿炳夫妇俩。阿炳用右胁夹着小竹竿，背上背着一把琵琶，二胡挂在左肩，咿咿呜呜地拉着，在淅淅沥沥的飞雪中，发出凄厉欲绝的袅袅之音。”

这首曲子开始并无标题，阿炳常在行街穿巷途中信手拉奏，卖艺时并未演奏此曲；阿炳曾把它称作“自来腔”，他的邻居们都叫它《依心曲》，后来在杨荫浏、曹安和录音时联想到无锡著名景点“二泉”而给它命名为《二泉映月》（江苏无锡惠山泉，世称“天下第二泉”）。《二泉映月》将人引入夜阑人静、泉清月冷的意境，听毕全曲，犹见其人——一个刚直顽强的盲艺人在向人们倾吐他坎坷一生的经历。乐曲以长小引子导入，旋律由商音上行至角，随后在徵、角音上稍作停留，以宫音作结，呈微波形的旋律线，恰似作者端坐泉边沉思往事。接着它从第一乐句尾音的高八度音上开始，围绕宫音上下回旋，打破了前面的沉静，开始昂扬起来，流露出作者无限感慨之情。然后，旋律在高音区上流动，并出现了新的节奏因素，旋律柔中带刚，情绪更为激动，深刻地揭示了作者内心的生活感受和顽强自傲的生活意志。全曲将主题变奏五次，随着音乐的陈述、引申和展开，所表达的情感得到更加充分的抒发。其变奏手法，主要是通过句幅的扩充和减缩，并结合旋律活动音区的上升和下降，来表现音乐的迂回前进的。它的多次变奏不是为了表现不同的音乐情绪，而是为了深化主题，所以乐曲塑造的音乐形象是较单一集中的。全曲速度变化不大，但其力度变化幅度大，用弓轻重有变，忽强忽弱，音乐时起时伏，扣人心弦。

作为人类文化智慧的一部分，音乐深受哲学的影响。音乐从它诞生之日起就和哲学建立了密切的联系，并通过感情与理性的高度统一揭示自然、社会和人类思维的普遍规律。

思考与讨论

请结合相关案例，谈谈在具体艺术形式中哲学的独特魅力。

要点提示

艺术作为人类社会活动的一种方式，是对世界的审美反映，涵盖了文学、舞蹈、音乐、美术、戏曲等多个领域，与哲学有着密不可分的联系；哲学为艺术提供了源源不断的创作源泉，艺术作品也常常表现出深刻的哲学思想。

一、哲学让文学流光溢彩

一部好的文学作品，不该是低俗的、肤浅的，而应具有深邃的哲理；一部好的文学作品，不该是单调的、乏味的，而应充满多种多样的生命体验；一部好的文学作品，也不该是闭锁的、孤芳自赏的，而应能够使受众产生情感共鸣。从这个角度来讲，丰腴的文化沃土与先进的哲学思想无疑就是文人的至高追求了。

在鲁迅先生的《野草》题辞中，作者由野草而引发的思考，也正是对人性的一种深度剖析：

当我沉默着的时候，我觉得充实；我将开口，同时感到空虚。

过去的生命已经死亡。我对于这死亡有大欢喜，因为我借此知道它曾经存活。死亡的生命已经朽腐。我对于这朽腐有大欢喜，因为我借此知道它还非空虚。

生命的泥委弃在地面上，不生乔木，只生野草，这是我的罪过。

野草，根本不深，花叶不美，然而吸取露，吸取水，吸取陈死人的血和肉，各各夺取它的生存。当生存时，还是将遭践踏，将遭删刈，直至于死亡而朽腐。

但我坦然，欣然。我将大笑，我将歌唱。

我自爱我的野草，但我憎恶这以野草作装饰的地面。

地火在地下运行，奔突；熔岩一旦喷出，将烧尽一切野草，以及乔木，于是并且无可朽腐。

但我坦然，欣然。我将大笑，我将歌唱。

天地有如此静穆，我不能大笑而且歌唱。天地即不如此静穆，我或者也将不能。我以这一丛野草，在明与暗，生与死，过去与未来之际，献于友与仇，人与兽，爱者与不爱者之前作证。

为我自己，为友与仇，人与兽，爱者与不爱者，我希望这野草的朽腐，火速到来。要不然，我先就未曾生存，这实在比死亡与朽腐更其不幸。

去罢，野草，连着我的题辞！

鲁迅先生的散文诗集《野草》尽管篇幅不长，却是他送给新文学的一份很厚重的礼物。虽是小感，却隐含着一个启蒙思想家在沙漠里走来走去，孤军奋战的痛苦和沉思。这是一种内在感情哲理化的结晶，通俗地说就是把自己的内在感情艺术化了，哲学化了。有人说，读懂了《野草》也就开启了了解鲁迅内心世界的窗口。鲁迅先生也曾向朋友表白，他的哲学思想都包含在他的《野草》里。通读《野草》，你就认识了一个活生生的，饱含战斗精神，并勇于向麻木复仇的革命勇士。我们说，一部成功的艺术作品不是拿来供奉的，而是用来与受众分享的。人民期待的作品，不是文人们的孤芳自赏的“阳春白雪”，而是能够走进人民生活、饱含生活智慧、传达时代强音的巨作。

二、哲学促舞蹈灵肉和谐

舞蹈与哲学看上去似乎是一对矛盾的组合，然而这两个领域却共有着一段纷纭万端、难解难分的历史。自笛卡儿以来，物质与精神、身体与思想之间即建立了严格的分界，舞蹈在西方基督教文化传统中扮演的一直是一个次要的、有时甚或被忽视的角色。但只要对近年来当代舞蹈领域稍加环顾便会发现，舞蹈家们对哲学问题的探索“盛极一时”。从某种程度上说，舞蹈是技艺，更是编者及舞者艺术思想的传达。有人把人脑的意识称作舞蹈的核心，因此舞蹈创作的法则是辩证唯物手段的科学运用。哲学思维是其他学科发展到一定程度的标志，是舞蹈人科学用脑的前奏，更是舞蹈人追求的创新思维目标。在20世纪20—30年代的身体革命运动及“现代舞蹈”的诞生过程中，鲁道夫・冯・拉班曾给“舞者”下了这样的定义——舞者就是试图有意识地将明晰的理性、深刻的感受以及强烈的意愿糅合为一个和谐均衡、各部分相互关联却处于运动状态的整体的群体。这种理论将舞蹈中的主体描述为一种动态的统一，一时间吸引了诸多舞蹈创作者和理论家的目光。简而言之，舞蹈的直觉给舞蹈编导和舞蹈者的智慧插上幻想的翅膀，使之直接跳跃至最普遍的原则和最高的公理，实现更好地认识事物、升华哲学思维。而哲学为舞蹈这种艺术形式在时间、空间中实现静态与动态的统一、精神与肉体的和谐提供了强大的理论支撑和思想风帆，它是舞蹈得以发展的本源，更是舞者健全思维的一种重要手段。

2012 年春晚，著名舞蹈艺术家杨丽萍和搭档王迪合作表演的舞蹈《雀之恋》清新脱俗，如评论家所云“美得令人窒息”。她本人也认为《雀之恋》既不是原生态的，也不是民族舞，而是创造性的，是一种新颖的美学，一种新东方美学。杨丽萍对于艺术作品的创作与演绎有着自己独到的见解。她认为有生命力的艺术一定要既追求民族化又实现国际化，从灵魂上努力探寻人类共同的东西。因而她的《雀之恋》就一直试图追求这精神上的东西。所以，一部优秀的艺术作品之所以能够打动观众的心，被人接受，受人追捧，是因为从人的角度出发，关注生命本身。艺术创作不能自以为是，只有尊重和关注大众才能达到艺术的至高境界。

三、哲学使音乐活力四射

音乐和哲学有着十分密切的关系。历史上各个时期的音乐创作总是受一定时期哲学思想的影响，音乐美学研究中的许多问题都不同程度地牵涉基本的哲学立场。而音乐作为人类文化智慧的一部分，从它诞生之日起就和哲学建立了密切的联系，通过感情与理性的高度统一揭示自然、社会和人类思维的普遍规律。音乐受哲学、美学、文学及其他姊妹艺术的影响较大。透过音乐思维的发展脉络，探视音乐发展赖以存在的文化背景，可以看出哲学对提高音乐素养颇有裨益。

我国的音乐教育呈现了开放式、多维式的发展趋势，中西方的教育哲学思想在这里碰撞、结合，为我国音乐教育事业的发展提供了新的契机。如何实现传统哲学与我国当代音乐教育相融合，如何提炼和汲取哲学精华服务于当代艺术的发展，是当今每一位艺术工作者都必须要身体力行的。近年来，在日渐成熟的音乐教育哲学思想的支持下，我们的音乐教育事业取得了长足的进步。音乐教育无论是内容还是形式都会随社会变革而发生变化，它在“大众性”的基本原则和宗旨的科学引领下，更加具有民族性、科学性、大众性，并且有力地推动了社会主义文化建设的大发展、大繁荣。通过大量的艺术实践我们也不难发现，音乐中存在着能够驱动人类身心两面的极其微妙的多种作用。历史上，人类在教育和宗教方面尝试着运用神秘的音乐，创造出许多优秀的作品。在这个充斥着物欲与权力欲的年代里，尽管人类音乐洞察能力的进步不断经受社会变革的波及动摇，但仍然面向崭新的未来坚持不懈地继续着。我们可喜地看到，越来越多的音乐作品被大众接受和喜爱，越来越多的音乐人被人们所熟知和爱戴。音乐正凭借其特有的介质，行云流水般地给人们身体的各种机能带来相当强烈的影响。基于这一点，正如叔本华曾说的："所有的艺术都向往音乐的状态。"

四、哲学助戏曲繁荣昌盛

早在原始社会，艺术就从社会意识中分化出来，试图通过塑造具体生动的美的形象来表达创作者的思想，表现人们对社会生活的理解和愿望。所以，艺术是一定阶级和一定社会势力的思想、意愿和情感的反映。在任何历史时期，各社会阶级或阶层，都有宣泄其情绪、抒发其内心情感的意识载体。而作为七大艺术门类之一的戏剧戏曲同样承载着这样的社会功用。同时，在中国古代，戏曲与诗歌相比，具有更强的通俗性、形象性、生动性，因而更易于被大多数阶层的人士所接受和欣赏，受到人们的追捧。当然，与其他艺术形式一样，戏曲作品的创作与演绎也离不开社会发展的大背景。脱离整个社会崇尚的核心价值追求去创作戏曲，发展戏曲，是没有意义的，这样的戏曲艺术作品也就失去了它的思想价值，没有了灵魂与生命。所以，中国戏曲作为中国文化的重要组成部分，它既是独立的，又是受历史观念制约的。纵观中国古代一千余年的戏剧史，就是一部与各种哲学思想互相依存、密切联系的历史。享誉世界的中国戏曲艺术，不论在表现形式上，还是在人物性格的塑造、艺术形象的刻画和审美心理的挖掘上，都能在中国哲学史中找到理论支撑。

新编历史剧《响九霄》堪称当今曲坛的经典力作。裴艳玲扮演响九霄，可谓本色演出，表演出神入化，艺术技巧娴熟。观演中你不仅会被裴大师高超的技艺、声情并茂的演唱和精湛独到的表演深深折服，而且作品中散发出来的强大的人性光辉会使你受益匪浅。我们欣赏到的不仅是被塑造得栩栩如生、光彩照人的响九霄这位梨园领袖，更是老一辈艺术家们的风骨和深刻的内心世界。正如《响九霄》中唱词："戏是我的天，戏是我的梦，戏是我的根。"这是裴艳玲人生的真实写照。正因为如此，她才有骄人的业绩和荣誉，而她不张扬的低调人生，也生动诠释了"德艺双馨"四字。

五、哲学保美术形神兼备

美术的起源和发展都与哲学思想有着密切的联系，两者相互依存、相互促进。通观美术的发展历程，儒家、道家和禅宗佛学为中国传统美术奠定了坚实的哲学思想基础。中国传统美术的产生和发展深受古代哲学的影响，而这种影响是如此的广泛而深远。每一部能够引起人们共鸣的作品，都是集思想性与艺术性于一体的作品，会对人们的价值取向、审美情趣、生活态度产生潜移默化的影响。随着改革开放的脚步一路走来，我国的美术创作也得到了持续发展，无论是题材主题的丰富，还是风格形式的多样，无论是思想内涵的挖掘，还是艺术表现的拓展，都远远超过了以往。美术不仅仅是人们娱乐消遣的载体，更在满足人们的文化需求、丰富人们的精神世界方面发挥着越来越重要的作用。

著名美术大师徐悲鸿笔下的骏马深受人们的喜爱，让人们折服的不仅是大师的精湛技艺，更重要的是其中蕴含的真感情。他把这种情感化作一种精神，以马为载体表现得淋漓尽致。在中国，马是人才的象征，寄寓着民族振兴的希望。徐悲鸿执着地画马，尽抒胸臆。他笔下的马从来不戴缰辔，有人问这是为什么，徐大师笑着说："马也和人一样，愿为知己者用，不愿为昏庸制。"徐悲鸿笔下的马，还寄托了一个爱国志士郁结难言之悲愤和爱国忧世的心情。如 1932 年，上海"一·二八"事变爆发，徐悲鸿画了一匹昂首屹立的马，命名为《独立》，表达出希望祖国独立强盛的时代意识，使人感奋。又如他的《嘶马图》，不仅有一匹在荒野里"哀鸣思战斗，迥立向苍苍"奋跃前蹄的马，还有一匹"相期效死得长征"的奔马，这样借马的形象表达着热切期望中华民族觉醒、奋起自救的情怀。

课后思考

1. 联系历史与现实，谈谈你对艺术与哲学的关系的理解。
2. 结合某部艺术作品，谈谈哲学在艺术形成和发展中的作用。
3. 结合自身专业实际，分析哲学学习在自身艺术生涯中的重要性。

第七章

艺术人生价值的实现

漫漫人生路，充满了酸甜苦辣。人怎样活着才有意义？这是我们每个人都会遇到的问题。行走在追求艺术的道路上，我们该如何走好它？这是艺术院校的学生们都要面对的重大问题。我们只有找到了关于生活意义的正确答案，才会在漫长而又短暂的人生中坚定地朝着既定目标奋力前行，找到实现自己艺术人生价值的最佳方式与途径，从而创造有价值的艺术人生。

第一节　自我认识　自我定位

案例精选

石头的价值

曾经有一个孤独的孩子，悲观地请教一位年长的智者："像我这样没有人看得起的孩子，活着究竟有什么意思呢？生命的价值在哪里呢？"智者递给他一块石头，并对他说："你拿这块石头到市场去卖，但要记住，不论别人出多少钱，绝对不能卖！"

第二天，这个孩子拿这块石头到市场叫卖，意外地看到有好多人愿意买这块石头，而且价钱越出越高。回到院内，男孩兴奋地向智者报告："想不到这块石头值那么多钱呢！"

智者笑笑："明天你再拿它到黄金市场去，记住，不论人家出多少钱都不能卖。"

在黄金市场，有人出比头天高十倍的价钱要买那块石头，男孩大为惊讶，但仍然没有卖。

第三天，智者又叫男孩拿石头到宝石市场上去展示。结果，石头的身价又涨了十倍。

男孩兴冲冲地将这一切告诉了智者，智者徐徐说道："人的生命价值就像这块石头，在不同环境下就会有不同的意义，你明白吗？一块不起眼的石头，由于你的珍惜而提升了它的价值，你不也像这块石头吗？只要自己看重自己，热爱自己，生命就有了意义，有了价值。"

（出自：http：//www. stzp. cn/art/printpage. aspx？ArticleID＝5194，2013-07-21）

思考与讨论

问题一：什么是价值？

问题二：你能正确评估自己的价值吗？

要点提示

提示一：要回答“我有价值吗?”这个问题，需要弄清价值和人生价值的涵义，这是实现艺术人生价值的前提。

提示二：每个人都有自己存在的价值，最重要的是你能否发现属于自己的价值。

一、价值与价值观

1. 价值

价值是指某一事物或对象对满足人们的需要所具有的作用和意义。比如食物、衣服、房子、汽车能够满足人们的吃穿住行的需要，书籍、电影、网络能够满足人们精神文化方面的需要。这些客观事物对作为主体的人都有一定的作用和意义，因此它们就有了价值。

彩虹看到弧形的石桥，向她说道：“石桥姐姐，我真羡慕你！你的生命比我长，并能给行人以方便，而我……”“妹妹，你是那样美丽，”石桥回答，“你在人们的记忆中是美丽的、永恒的，而我……”

彩虹的生命没有石桥永久，石桥的外表没有彩虹美丽。但是，没有美丽外表的石桥，却一年四季稳固地架于河流之上，默默地承载着人们从其上通过，这就是它的价值所在。没有长久生命的彩虹，它在雨过天晴之后留给人们的美丽却深深地印在人们的脑海中，给人们以美的享受，这同样也是生命的价值。

2. 价值观

价值观就是人们关于什么是价值、怎样评判价值、如何创造价值等问题的根本观点。价值观的内容，一方面表现为价值取向和价值追求，凝结为一定的价值目标；另一方面表现为评判尺度和准则，成为人们判断事物有无价值及价值大小的标准。

在不同的社会历史条件下，人们对价值的理解和对价值的追求是不一样的。在封建社会，“三纲五常”“忠君”是对人们的道德要求。那时的艺术是为帝王将相和王公贵族服务的，艺人地位低下，“悦君”成为人们的价值取向。在社会主义社会，文艺创作的指导思想是“二为”和“双百”，即坚持为人民服务、为社会主义服务的方向，坚持百花齐放、百家争鸣的方针。因此，反映人们生活状况、鞭挞世间丑恶现象、讴歌社会新人新事的优秀文艺作品就反映了社会主义社会人民的价值取向，豫剧大师常香玉说“我的戏要跟着老百姓的脚印唱”，讲的就是这个道理。

二、人生价值

1. 人生价值的涵义

人生价值是一种特殊的价值，是人的生活实践对于社会和个人所具有的作用和意义。选择什么样的人生目的，走什么样的人生道路，面对生命历程中个人与社会、现实与理想、付出与收获、身与心、生与死等一系列矛盾，人们总是有所取舍、有所好恶，对于赞成什么反对什么、认同什么抵制什么，人们总会有一定的态度和标准。这种态度和标准就是人们从价值角度考虑人生问题的根据。

2. 人生价值的分类

马克思主义认为，人既是个体的人，又是社会的人。社会是一个庞大的服务站，每个人既是服务者，又是服务对象，人们为社会服务的同时，也在为自我服务。判断一个人的人生是否有价值，不应仅仅考虑“人本身”还应考虑人与人、人与社会的关系。

人生价值包括自我价值和社会价值。人生的自我价值是指个体的人对自身的肯定，即为了满足自己的需要，实现自我完善和发展。人生的社会价值是指人对社会的责任和贡献，体现为个人对社会的意义。

人生的自我价值和社会价值既相互区别，又密切联系。一方面，人生的自我价值是个体生存和发展的必要条件，同时又构成了个体为社会创造更大价值的前提。另一方面，人生的社会价值是实现人生自我价值的基础，没有社会价值，人生的自我价值就毫无意义。

3. 人生价值的体现

（1）献身美好事业。有的人将自己的生命和全部的精力献给了人类的解放事业，他觉得这样的人生才有价值，这正是无数革命先行者的人生写照，一代伟人毛泽东当年求学长沙时就这样写道：“一个之我，小我也；宇宙之我，大我也。”① 毛泽东从青少年时起便已确立并在后来的革命实践中完善了“大我”的价值意识。为了中国革命的胜利，他的一家作出了巨大的牺牲。他之所以在人民群众中拥有崇高威望，是与他毕生“全心全意为人民服务”的高尚人格分不开的。

（2）追求人生理想。有的人，一生坎坷，历经磨难仍百折不回，不向命运低头，凭借坚定的信念和毅力实现了自己的人生追求。如著名的音乐大师贝多芬，他父亲是宫廷唱诗班的歌手，碌碌无为、嗜酒如命；母亲是一个女仆，心地善良、性情温柔。艰辛的生活剥夺了贝多芬上学的权利。他自幼酷爱音乐，从4岁起就整天没完没了地练习羽管键琴和小提琴。7岁时首次登台，贝多芬获得巨大的成功，被人们称为第二个莫扎特。恰在此时，贝多芬发现自己耳朵变聋了。对于一个音乐家来说，没有比失聪更可怕的了。贝多芬在感情道路上也非常不顺，他曾喜欢过的女孩选择和一位伯爵结婚，这使得他终生未婚。然而，命运的不遂并没有影响他对理想的追求，历经磨难的他终于完成了震惊世人的巨作《第九交响曲》。

（3）维护国格尊严。有的人，在敌人的威逼利诱、软硬兼施面前，始终保持一颗中国心，不屈服，不胆怯，用自己的实际行动书写了爱国与尊严，如蓄须明志的京剧大师梅兰芳。2007年，国家邮政总局、澳大利亚金币公司在全球发行的《国粹——梅兰芳舞台艺术金银币·邮卡全集》一经问世，就引起巨大争议；争论的焦点在于该收藏品系列中的一枚金币。该金币正面采用了梅兰芳穿西服、蓄长须的生活照。对此，有些

---

① 李锐：《毛泽东的早期革命活动》，湖南人民出版社1980年版，第153页。

人表示不理解和感到失望。梅兰芳艺术馆馆长刘占文说，这张照片是梅兰芳先生爱国情操的体现。抗战时期，在日伪政府的多次威逼利诱下，梅兰芳没有为他们唱一场戏。京剧被世界各国称为中国的国粹，如果连国都没有了，哪来的粹？要粹何用？所以梅兰芳蓄须明志的行为，是本着对民族、对历史、对国家负责的态度而做出的决断。没有家，哪有国？没有国家利益又何谈个人利益？

三、认识你自己

1. 认识自己

“梅须逊雪三分白，雪却输梅一段香”，这是南宋诗人卢梅坡对梅与雪的品评。事物都有自己存在的意义，都有自己的价值。人们很容易看到物的价值，却经常对人的价值，特别是对自己的存在意义认识不足。究其原因，人们总爱拿己之短比他人之长，岂知“一蜂至微，亦能游观乎天地；一虾至微，亦能放肆乎大海”①。微小如蜂，也能在无际天空中飞翔，微小如虾，也能在浩瀚大海中畅游，何况万物之灵的人呢？最重要的是发现自己的“梅之香”、“雪之白”、“蜂之飞”、“虾之游”。

（1）正确认识自己是基石。尼采说：“聪明的人只要能认识自己，便什么也不会失去。”正确认识自己，说起来容易，其实有时候也很难。正如觅食的狐狸一样，狐狸欣赏着自己在晨曦中的身影说：“今天，我要用一只骆驼作午餐！”整个上午，它为寻找骆驼奔波着。但当正午的太阳照在它的头顶时，它再次看了一眼自己的身影说：“一只老鼠也就够了。”狐狸之所以犯了截然不同的错误，与“晨曦”和“正午的阳光”有关。晨曦不负责任地拉长了它的身影，使它错误地认为自己就是万兽之王，并且力大无穷、无所不能，而正午的阳光又让它对着自己被缩小了的身影妄自菲薄。自卑者常常看不到自身的优点和长处，而自负者也很难发现自己的缺点和不足。因此，真正了解了自身的优点和缺点，我们就掌握了正确规划人生的第一手材料，这是赢得成功人生的基础。只有正确认识自己，才能正确确定人生的奋斗目标；只有有了正确的人生目标，并充满自信地为之奋斗，才能实现自己的人生价值。

刘天华是我国20世纪30年代的国乐大师，他对当时被国人鄙视为“叫花子胡琴”的二胡进行改造和创新，使之步入大雅之堂。1932年，一名外国女音乐家邀请刘天华到美国去开音乐会，他婉言谢绝了。有人问他为什么不去，他回答说：“不去的理由有两点：第一点是因为我自己的技术还没有能达到顶点，我作曲的内容还不能算丰富；第二点是因为同行的外国人，她的钢琴独奏技术并不出人头地，恐怕到了美国，不但不能把国乐的优点充分地表现出来，倒反带累了国乐，使它在国际间不能获得应有的地位。”世上之物都如棋子一般，具有自己的特点和天性，我们应当认识到它们的特点和价值，恰如其分地对待它们，让它们发挥各自的优势，这样我们才能不断地进步。所

① 英炜：《人生价值哲学》，中华工商联合出版社2007年版，第3页。

以，请坚信，每个人都有自己的价值!① 鲁迅说：“能做事的做事，能发声的发声。有一分热，发一分光，就如萤火一般，也可以在黑暗中发一点光，不必等候炬火。”②

（2）正确认识自己的方法是关键。无论是自然界，还是人类社会，都处在不断运动之中，运动是物质的根本属性和存在方式。而人不管是身体还是思维，也是在不断发展变化之中的。歌德说：“依赖观察无法认识自己，只有依靠实行才能认识自己。”③在实践中，你能找到兴趣所在；在实践中，你能发现自己的所学之长；在实践中，你能感到自己的存在价值。实践是检验认识正确与否的唯一标准。所以，我们应该在实际的学习、生活、工作中不断地观察和锻炼，找到自己的优势，发现自己的不足。

“认识你自己”这句话被公认为希腊哲人最高智慧的结晶。一个不断认识自己、批判自己进而改造自己的人，才有可能慧眼识“我”，迈向成功。

2. “我”在哪里

我们必须知道自己在哪里，以及未来往哪里走。因为人的生命是动态的而不是静止的，不可能停留在某一个点上。

（1）学会自我定位。王蒙说过：“一个人应该知道自己能够做什么，应该做什么，必须做什么；更应该知道不应该做什么，不要做什么，其实做也做不成什么。”④ 人们经常感到痛苦，原因很多：有的是因为在互相比较中受折磨；有的是因为在做自己不喜欢做的事，比如所学的专业或所选择的职业不符合自己的兴趣；有的是因为自己想得到却得不到的东西。其实，人类的痛苦很多是因为把自己摆错了位置。大画家齐白石，从小并未学画，而是做了一名普通的木匠。为了养家糊口，他掌握了雕花木匠的细木活，并在不断钻研中他的细木活越来越受到大家的喜爱。后来他又通过为别人画神像之类的活计来补贴家用，并在此过程中逐渐产生了对画画的兴趣。当他有机会真正学画的时候，已经是27岁的“高龄”了，而他在艺术上的成名则到了60岁。直到95岁他都没有停止过学习和创作。在艺术的道路上，不管是少年天才还是大器晚成者，最重要的是了解自己并找准自己的位置。找到奋斗的方向，再凭借百折不挠的精神、坚韧不拔的毅力和崇高的人格，才能走向成功的彼岸。

（2）活出自己的精彩。第二次世界大战后，丘吉尔见到了铁托，于是对他大声说道：“你可知道，在战争期间，我可不大喜欢你。但是现在，由于你所采取的立场，我比较喜欢你了。”铁托笑笑说：“我可不是为了你的喜欢而活着。”⑤ 人生在世，怎么可能只为了别人的喜欢而活着呢？芸芸众生，你一个人又怎么可能得到所有人的喜爱呢？不随流俗转，但以我心适。与其去当一个自不量力、痛苦不堪的轮轴，不如去做一枚愉快的小螺丝钉。社会就像一部大机器，是由轮轴、齿轮和许多小螺丝钉组成的。对一部

---

① 余世存：《非常道Ⅱ：20世纪中国视野中的世界话语》，中信出版社2011年版，第179页。
② 英炜：《人生价值哲学》，中华工商联合出版社2007年版，第6页。
③ http://www.eduwx.com/xiaoyuanwenxue/200602/20060225102155.html，2012-02-13。
④ http://www.bookbao.com/view/200910/28/id_XMzIzODg=.html，2012-01-16。
⑤ 余世存：《非常道Ⅱ：20世纪中国视野中的世界话语》，中信出版社2011年版，第26页。

机器而言，轮轴与齿轮固然重要，但小螺丝钉也缺一不可。对于艺术职业院校的学生而言，每一个人的天性禀赋、环境机遇不一样，因此，不可能人人都成为大师大家，名震天下，流传千古。但是这并不影响我们对艺术的喜爱和执着追求。我们可以成为一名优秀的艺术教师，教书育人，桃李天下。我们也可以成为一名普通的文艺工作者，为人们提供丰富的精神文化产品。巨木参天入云，小草含英咀华；姚黄魏紫，各擅胜场；重要的是活出自己的精彩。

3. 自信、自负与自卑

自信、自负与自卑，都与对自己的认识有关，一字不同却“差之千里”。

（1）相信自己是自信。第二次世界大战后，阿登纳仅仅以一票的优势当选为德国总理。当有人问他是否自己给自己投了一票的时候，他自豪地说：“当然！这是件鼓舞人心的事情。”① 给自己投票，这是很多人想做却不敢做的事情，因为这种行为违背了中国人传统教育中“谦虚”这个原则。给自己投票，意义不仅在于这一票可能有举足轻重的作用，而更在于这一票所展现的个人自信。自信，是一种品质；自信，是一种魅力；自信，是获得别人信任的基础。卓别林具有一种绝不承认失败的自我意识。有一次，他告诫他的儿子小查尔斯说：“你必须相信自己，这就是成功的奥秘，我硕果累累是因为我完全相信自己。”卓别林回忆说：“甚至还是一个伦敦穷孩子的时候，我就认为自己是世界上最伟大的演员。”② 凡是事业上有所成就的人，都有一条成功的秘诀：自信，对事业和追求充满必胜的信心。自信的意识和自信的力量，足以使一个人潇洒自如地直面人生，以艰苦卓绝的奋斗牢牢把握自己的命运，实现自己的人生价值。

（2）过高估计自己是自负。自负，是过度自信。自负一般表现在以下几个方面：第一，自视过高。总认为自己了不起，把自己摆在一个极高的位置。固执己见，唯我独尊，总是将自己的观点强加于人。第二，看不起别人。总认为自己比别人强很多，把别人看得一无是处，不屑与人为伍，对别人的批评意见置若罔闻。明知别人正确，也不愿意改变自己的态度或接受别人的观点。第三，过度防卫。当别人取得一些成绩时，妒忌之心油然而生，极力去打击别人、排斥别人；当别人失败时，幸灾乐祸，不向别人提供任何有益的信息和帮助；在别人成功时，用“酸葡萄心理”来维持自己的心理平衡。被赞为“歌剧之王”的意大利歌剧作家威尔第，其作品《弄臣》《茶花女》《奥赛罗》被列入西欧十大歌剧之中，受到了世界人民的喜爱。威尔第年轻时十分狂妄，所有前辈都不放在眼里，后来随着年岁增大，他才认识到自己的局限。他曾有一段妙论：“20 岁时，我只说我；30 岁时，我改说我和莫扎特；40 岁时，我说莫扎特和我；而50 岁以后，我只说莫扎特。”③ 年轻时心高气傲的威尔第，是不是到了老年，就开始不自信了呢？不，这恰恰是随着年龄的增长，他逐渐克服了自负心理，对自己和他人有了正确的认知。

（3）过低估计自己是自卑。自卑，就是低估自己的能力，觉得自己各方面不如人。

---

① 余世存：《非常道Ⅱ：20 世纪中国视野中的世界话语》，中信出版社 2011 年版，第 176 页。
② 余世存：《非常道Ⅱ：20 世纪中国视野中的世界话语》，中信出版社 2011 年版，第 250 页。
③ 余世存：《非常道Ⅱ：20 世纪中国视野中的世界话语》，中信出版社 2011 年版，第 22 页。

它表现为对自己的能力、品质评价过低，也可能伴有一些特殊的情绪体现，诸如害羞、不安、内疚、忧郁、失望等。有的人，会因为普通话不标准而不敢大声说话，但或许他拥有绘画的天赋；有的人，个子不高，但小巧灵活；有的人，文化成绩不太好，但动手和创新能力很强……每一个涉世未深的年轻人都可能有一种自卑的心理。有的人早早地甩掉了这个思想包袱，成为较早成功的人；而有的人却迟迟不能从自卑中走出来，最终落得一事无成。人人都有优点和缺点，如果我们常常在比对中贬低自己，就是自寻烦恼。自卑会成为我们走向成功的可怕敌人。一个高傲的武士，前往拜访禅宗大师。当他看到大师俊朗的外形、优雅的举止时，猛然自卑起来。他对大师说道："为什么我会感到自卑？仅仅在一分钟前，我还是好好的。但我刚跨进你的院子，便突然自卑起来。以前我从没有过这种感觉。我曾经无数次面对死亡，但从没有感到恐惧，为什么现在感到有些惊恐了呢？"大师说道："看看这些树，这棵高入云端，而它旁边的这棵，还不及它的一半高，它们在我的窗户外面已经存在好多年了，从没有发生过什么问题。这棵小树也从没有对大树说：'为什么在你面前我总感到自卑？'一个这么高，一个这么矮，为什么我却从未听到抱怨呢？"武士说道："因为它们不会比较。"大师回答道："那么你就不需要问我了。你已经知道答案了。"① 相信自己，不要自卑。

借一双慧眼，让我们真切地体认自我，在艺术的海洋里上下求索。用勇气和魄力，选择自己喜欢做的事；用信心和坚忍，把自己送到成功的彼岸。在奉献社会中，实现自己的人生价值。

第二节　仰望星空　心怀理想

案例精选

有的人

——纪念鲁迅有感

有的人活着，
他已经死了；
有的人死了，
他还活着。

---

① http：//new.060s.com/center/stalnn/all/t-% 253DYqyzTr2XjP7Dfb3wSLwwesNkdzN _ 226520.html，2013-04-16。

有的人，
骑在人民头上：“呵，我多伟大！”
有的人，
俯下身子给人民当牛马。

有的人，
把名字刻入石头，想“不朽”；
有的人，
情愿作野草，等着地下的火烧。

有的人，
他活着别人就不能活；
有的人，
他活着为了多数人更好的活。

骑在人民头上的，
人民把他摔垮；
给人民作牛马的，
人民永远记住他！

把名字刻入石头的，
名字比尸首烂得更早；
只要春风吹到的地方，
到处是青青的野草。

他活着别人就不能活的人，
他的下场可以看到；
他活着为了多数人更好的活的人，
群众把他抬举得很高，很高。

——1949年11月1日于北京　臧克家

思考与讨论

问题一：人民群众对待不同的人有不同的态度，这说明了什么？
问题二：你愿意做哪种人呢？为什么？

要点提示

提示一：要回答“我的人生价值是什么?”这个问题，需要了解人生价值的评判标准和树立正确人生价值观的方法，这是艺术人生价值实现的基础。

提示二：我有价值，但是我的价值在哪里？这需要我们在社会和人生的交响曲中，找到代表自己的那个音符。

一、人生价值的评判标准

为什么有的人死了，大家却能永远记住他，而有的人想要不朽，却“身名齐臭”呢？这就涉及如何来评判人生价值的问题。

1. 人生的社会价值是人生价值的基本内容

人作为社会人总是生存和活动于各种各样的社会关系当中，并受到一定社会关系的制约，社会性是人的根本属性。在现实生活当中，人们会选择自己的人生道路，通过一定的方式实现自己的人生目标，以独特的思想和行为赋予生活实践以个性特征。不过，任何个体的人生意义只能建立在一定的社会关系和社会条件的基础之上，并在社会中得以实现。离开一定的社会基础，个人就不能作为人而存在，当然也无法创造人生价值。人的社会性决定了人生的社会价值是人生价值的最基本内容。一个人的生活具有什么样的价值，从根本上说是由社会所规定的，而社会对于一个人的价值评判，也主要是以他对社会所作的贡献为标准。个体对社会和他人的生存和发展贡献越大，其人生的社会价值就越大。如果个体的人生活动对社会和他人的生存和发展不仅没有贡献，反而起到某种破坏作用，那么，这种人生的社会价值就表现为负价值。

2. 人生的价值在于奉献

衡量人生价值的标准就在于一个人的人生活动是否符合社会发展的客观规律，是否通过实践促进了历史的进步，是否以自己的劳动和聪明才智为国家真诚奉献、为人民尽心尽力服务。裴多菲说：“生命的多少用时间计算，生命的价值用贡献计算。”个人对社会的贡献既有物质贡献又有精神贡献。有的表现为重大的发明创造，有的表现为惊人的英雄壮举，而大量的则表现为平凡工作中的默默耕耘。

二、人生价值观的树立

作为中国特色社会主义事业的建设者和接班人，我们广大学子要从人与社会的关系出发，站在人类历史发展的高度，站在构建社会主义和谐社会的高度，站在为民族文化增彩添色的高度，一方面仰望星空、心怀理想，一方面脚踏实地、孜孜以求。这样才能树立正确的人生价值观，实现自己的人生价值，为实现社会主义文化的大发展大繁荣作出自己应有的贡献。

1. 心怀理想，心忧天下

理想是人们的世界观、人生观和价值观在奋斗目标上的集中体现。理想是一种精神现象，是人类社会实践的产物。理想是人们在实践中形成的、有可能实现的、对未来社会和自身发展的向往与追求。列夫·托尔斯泰说："理想是指路明灯。没有理想，就没有坚定的方向；没有方向，就没有生活。"人们在改造客观世界和主观世界的实践活动中，既追求眼前的生产生活目标，又憧憬未来的生产生活目标，期盼满足更高的物质和精神需求。对现状不满足、对未来不懈追求，是理想形成的动力源泉。如果把现实和理想看作是此岸和彼岸，那么实践便是由此岸驶向彼岸的巨轮，而人生价值观就是这艘轮船的导航仪。只有树立正确的人生价值观，指导自己一步一个脚印地坚持努力，才会实现自己的人生理想。因为有理想，鞋匠儿子的安徒生成为了童话大王；因为有理想，身体虚弱的李小龙成为了功夫之王；因为有理想，父母早亡的香奈儿成为了时装女王。

（1）仰望星空，理想才更高远。中国前总理温家宝在题为《仰望星空》的诗中写道："我仰望星空，它是那样寥廓而深邃；那无穷的真理，让我苦苦地求索、追随。我仰望星空，它是那样庄严而圣洁；那凛然的正义，让我充满热爱、感到敬畏。我仰望星空，它是那样自由而宁静；那博大的胸怀，让我的心灵栖息、依偎。我仰望星空，它是那样壮丽而光辉；那永恒的炽热，让我心中燃起希望的烈焰、响起春雷。"是啊，仰望星空，可以激起对无穷真理的求索；仰望星空，可以引发对凛然正义的敬畏；仰望星空，可以促使对自由的追寻；仰望星空，可以诱发对博爱的思考。在寥廓而深邃、庄严而圣洁、自由而宁静、壮丽而光辉的星空下，我们有着对真理、正义、自由、博爱的思考，对国家民族、人类共同命运的关怀，有着"先天下之忧而忧，后天下之乐而乐"的气概。

（2）心忧天下，理想才更切实。"身无半亩，心忧天下；读破万卷，神交古人"，这是左宗棠的自勉联。左宗棠是晚清重臣，著名的军事家、政治家、湘军将领、洋务派首领。他5岁时就随父到省城长沙读书。但少时屡试不第，转而留意农事，遍读群书，钻研舆地、兵法，后竟因此成为清朝后期著名大臣，官至东阁大学士、军机大臣，封二等恪靖侯。他不仅攻读儒家经典，更潜心于经世致用之学，对那些涉及中国历史、地理、军事、经济、水利等内容的名著视为至宝。他在任期间，创办了求是堂艺局（又称船政学堂），发展造船技术，培养海军人才。后又创办了福州船政局（又称马尾船政局），成为中国第一个新式造船厂，为中国近代工业的发展奠定了基础。左宗堂的这副对联，上联讲立志，即自己虽然家无半亩土地，收入难以解决温饱，心里却时刻关心着国家民族的前途和命运。下联讲读书，说只有广泛阅读各类书籍，向古代贤哲仁人请教和做精神上的交往，才能发挥所长，经世致用。因此，我们在树立理想之时，不应"只顾自身利"，而应"放眼天下事"。

（3）热爱祖国，理想才有根基。有人说："艺术是没有国界的。因此，从事艺术的人，只需关心自己的艺术事业，其他的可以不太在意。"这种观点是极其错误的。作为我国社会主义现代化建设主力军中的一员，我们艺术职业院校的大学生同样要以国家繁荣、民族振兴为己任，怀抱崇高理想，践行求真务实之风。艺术虽然没有国界，但艺术家有国界。我们要向那些德艺双馨的艺术大师们学习，学习梅兰芳先生蓄须明志的爱国之心，学习齐白石先生闭门谢客的勤勉之心，学习常香玉先生倾囊相助的无私之心。在当下，有一批艺术工作者用他们的行为书写了对人民命运、对祖国未来的关注。2008年，王广义、卢昊、张晓刚、岳敏君四位艺术家，作出了非常之举。2008 年 4 月 14 日，王广义和卢昊宣布：鉴于法国对北京 2008 年奥运会的抵制态度，他们决定退出 2008 年 6 月在法国巴黎马约尔美术馆的展览。王广义说他们的出发点非常单纯，当时为奥运火炬在巴黎传递所受的干扰而不舒服，加上法国总统萨科齐“不排除拒绝出席奥运会开幕式”的说法，导致爱国情感的迸发。东北人王广义说：“难道别人拿石头打碎你们家玻璃，你还要把石头吞下去吗？你当然得把石头扔回去！”“我承认我是一个国家主义者，一个民族主义者！国家荣誉对我很重要。”几天之后，张晓刚和岳敏君相继公开发表声明，对王广义和卢昊表示支持，宣布从这个名为“中国金”的法国展览中退出。张晓刚在声明中说：“艺术家不是政治家，不是阴谋家，但中国艺术家首先是中国人，这一点是不用多想不用讨论的，这是一个基本的态度问题，一个关于良知和尊严的问题。”①

让我们从现在开始，树立崇高理想，定下远大志向，努力使自己成为对祖国、对民族、对人民有用的人。温家宝说：“一个国家、一个民族，总要有一批心忧天下、勇于担当的人，总要有一批从容淡定、冷静思考的人，总要有一批刚直不阿、敢于直言的人。”我们就当成为这样的人。

2. 抵制错误的人生价值观

市场经济，利益多元，信息时代，泥沙俱下，可谓“乱花渐欲迷人眼”。苏联作家安德烈·查哈尔洛夫说：“我们都是凡人，而不是神，这一简单的事实已经使我们能够正视自己。在我们的灵魂中，既有崇高圣洁的境界，又有卑微庸俗的本能；既会被美好的事物所吸引，又会被鄙俗的东西所诱惑。”作为艺术职业院校的大学生，很容易在价值观的问题上陷入种种误区，因此，我们要自觉地抵制错误的人生价值观。

（1）摒弃拜金主义。拜金主义价值观是一种金钱至上的人生价值观，它认为金钱可以主宰一切，把追逐金钱作为人生的至高目的，把金钱看作是衡量人生价值的唯一标准。

毋庸讳言，当下的高校，宁静不再，悦耳的读书声中夹杂着“拜物”“拜金”的噪音。“向钱看”而不是“向前看”，助人需要“付费”，谈恋爱是为了“饭票”，当干部可以“买选票”，找工作的首要条件是赚的钱多。如今，网络已成为大学生生活、学习、交友、娱乐的重要工具，新兴网络文化产品如论坛、博客、微博等层出不穷，网络消息流通速度快，资讯信息量大，网络语言不断涌现，对学生们的影响不容小觑。网络为学生们提供了了解社会的平台。如何面对五光十色的演艺圈，如何面对金钱的诱惑，如何看待社会的种种拜金现象，值得我们深思。

金钱本身没有罪恶。富裕是社会发展、国家强盛的标志。但必须懂得：拜金销蚀理想，炫富展示低俗。被世人誉为“石油大王”的洛克菲勒创业初期勤劳肯干。可当富甲一方后，他变得贪婪冷酷。他 53 岁时，疾病缠身，医生向他宣告了一个残酷的事实：

① http：//www. qingdaonews. com/content/2008-05/08/content_ 7847533. htm，2013-06-16。

他必须在金钱、烦恼、生命这三者中选择一个。这时他才开始领悟到，是贪婪的恶魔控制了他的身心。他听从了医生的劝告，开始过一种与世无争的平淡生活。更重要的是，他开始考虑如何把巨额财产捐给别人。近些年，我们欣喜地看到，不但像陈光标那样热心慈善的企业界成功人士渐次涌现，还出现了以数十年节衣缩食积聚的资金倾囊资助贫困学子的感人事迹。他们获取财富的方式不同，他们拥有财富的多寡不一，但他们对待和支配金钱的价值取向是高度一致的，他们的行为令人钦佩和感动。

（2）远离享乐主义。享乐主义人生价值观是从人的自然本性出发，把吃喝玩乐作为人生的唯一目的和乐趣，认为人生的目的和意义在于追求物质享乐。

现在的青年学生，出生在经济腾飞与和平发展的年代，很多人从小就是家里的“小皇帝”、“小公主”，有着较为优越的物质条件，一直是“衣来伸手”、“饭来张口”、“有求必应”。他们比较注重生活的享受，也喜欢在生活物质方面进行攀比：衣服要讲究名牌，吃饭要出入高档饭店，手机、电脑等电子产品要最新最时尚，等等。诚然，对幸福生活的追求是每一个人的权利，在辛勤劳动之余的享受生活，既可以使人调整身心，以便更好地工作，还有利于经济社会的发展。但是，一定不要把人生的唯一目标和全部内容定义为感官享乐。“感动中国 2008 年度人物”，扎根大凉山悬崖 18 年、撑起“天梯学校”二坪小学的彝族教师李桂林、陆建芬夫妇，就用他们的实际行动告诉我们，人生应该有更多的东西值得我们追求。二坪小学建在四川省凉山州大渡河大峡谷一座海拔 2800 米的二坪山上。要进出这所建在悬崖上的学校，要上下攀爬 5 架 20 多米高的木制云梯。1990 年，二坪村停办十几年的小学准备复课，当地居住的都是彝族群众，不会说普通话，而找会说彝语的老师非常困难。于是，彝族教师李桂林自愿到二坪村当代课教师。一年之后，他又动员在汉源教书的妻子陆建芬一同上了山。因为是代课教师，夫妻俩的工资少得可怜，他们自己种菜、养鸡喂猪解决生活困难。他们白天教课，晚上在油灯下批改作业，周末的时候自己动手改建学校。经过十几年的辛劳，校舍从原来的茅草屋变成了砖瓦房。每次放学、上学，李桂林夫妇都要把一个个孩子从悬崖边、从云梯上背上背下，而他们和自己的两个孩子只能在寒暑假的时候见上一面。他们采用彝、汉双语教学，使这个彝寨的孩子们能够走出大山、走向社会。感动中国评委会给他们夫妇的颁奖词是：“在最崎岖的山路上点燃知识的火把，在最寂寞的悬崖边拉起孩子们求学的小手，18 年的清贫、坚守和操劳，沉淀为精神的沃土，让希望发芽。”

（3）杜绝极端个人主义。极端个人主义人生价值观突出强调以个人为中心，否认社会和他人的价值，甚至不惜采用损人利己的方式来追求自己的人生目标。

极端个人主义有哪些表现，从下面这些网络流行语中可见一斑：“每当冲锋号响起，我就赶紧躲进壕沟里，因为，我是卧底！”；“后悔的事我不做，我只做让你后悔的事”；“我的原则是：客观地看待事物，主观地看待自己”；“握不住的沙，干脆扬了它”。透过这些有一定文化内涵，但缺乏基本素质的话语，任何有识之士所感觉到的都不会是调侃的轻松，而是对青年一代的沉重担忧。现在的大学生，主要来自独生子女家庭、留守家庭、单亲家庭，家庭环境的影响使得很多学生自我意识很强，特立独行，不关心别人，集体观念淡薄，不会与人相处，只注重自我利益不可侵犯，容易形成极端利己主义和狭隘功利主义。我们应当明白，一台文艺晚会绝对不是一个人所能撑起的，需要的是台前演员和台后工作人员的密切配合；一个电视节目，构思、采访、编辑、录制、剪辑、播出等，每一个环节都不能放松；一部影视作品，导演、演员、摄影师、灯光师、服装师、化妆师等，一个都不能少。一个舞蹈家，需要他的舞伴；一个歌唱家，需要他的伴奏者；一个演奏家，需要他的合作者；一个主持人，需要他的搭档……要在艺术上有所造诣，要在人生中有所成就，绝不能只以自我为中心，要关注别人，培养合作意识。

正确的人生价值观，会引导人们认识和评价事物，引导人们改造世界的活动，引导人们选择正确的人生道路，从而引领人的一生。因此，我们要在与错误人生价值观的斗争中确立正确的人生态度。正如前总理温家宝2007年5月14日在同济大学建筑城规学院的演讲中所说："一个民族有一些关注天空的人，他们才有希望；一个民族只是关心脚下的事情，那是没有未来的。我们的民族是大有希望的民族！我希望同学们经常地仰望天空，学会做人，学会思考，学会知识和技能，做一个关心世界和国家命运的人。"

三、做最适合的自己

美国演技派电影明星达斯丁·霍夫曼在"金球奖"的颁奖典礼上接受终身成就奖时，提到了一个真实的小故事。他为电影《毕业生》做宣传时，碰巧与音乐大师史达温斯基在同处接受采访。主持人问起史达温斯基，何时是他一生中最感到骄傲的时刻，是新曲首度公演时，还是功成名就、掌声四起时。史达温斯基都予以一一否认。最后他说："我坐在这里已经好几个小时了，这之间，我一直不断地在为我新曲中的一个音符绞尽脑汁，到底是1比较好，还是3？当我最后发现那一个音符的一刹那，是我人生中最快乐、最骄傲的时刻！"人的一生中，最重要的是通过自我认识、自我定位，找到最适合自己的位置，找到代表自己的那个音符。

1. 我之兴趣所在

兴趣是指个体以特定的事物、活动及人为对象，所产生的积极的和带有倾向性、选择性的态度和情绪。每个人都会对他感兴趣的事物给予优先注意，进行积极的探索，并表现出心驰神往。

兴趣的作用，从古至今，论述颇多。孔子曰："知之者不如好之者，好之者不如乐之者。"诺贝尔奖得主杨振宁博士回国后寄语广大学子："兴趣是学好一切知识的前提，是青年人成长成才最好的老师。"美国农业部青年科学家奖获得者潘忠礼在接受采访时指出："兴趣决定了一个人的快乐和对事业的付出程度。"我国著名书法家蔡玉生在总结自己的成长之路时这样说："在写字当中感到乐趣，从乐趣变成兴趣，从兴趣一步一步走到现在。"兴趣对一个人的作用具体表现在几个方面。首先，对未来活动具有准备作用。例如：当你去聆听了一场钢琴演奏会，被炫丽的舞台、高超的琴技、如雷的掌声所吸引，立下了当钢琴家的志向。那么，这会激励你不断地学习和训练，为今后的登台表演打下基础。其次，对正在进行的活动具有推动作用。一种具有浓厚情感的志趣活动，可以使人集中精力去获得知识。钢琴曲是优美的，但是却是一次次练习、一串串音符、一个个动作不断累积而成的，这个累积过程既枯燥又辛苦，而兴趣是使你战胜困难的最好法宝。最后，对活动的创造性态度具有促进作用。兴趣会促使人深入钻研，创造性地开展工作和学习。对艺术的兴趣，会促使人刻苦钻研，并开发其创造性思维。

著名书法家王羲之有七个儿子，对前六子他竭尽全力、精心培养，但其书法水平都不理想。于是他总结教训，改变教法，对第七子王献之来了个“欲擒故纵”，每当写字时故意不让献之进书房。献之好奇，就在书房楼上的地板上挖了个洞，偷偷往下看，见父亲笔走龙蛇、出神入化，顿生羡慕，久而久之对书法产生了浓厚兴趣。王羲之见时机已到，便开始教他。但教授时不再像对前六子那样竭尽全力，而采用启发点拨的方式，很多道理让献之自己去观察、自己去琢磨、自己去思考。王献之如饥似渴地学习，书艺与日俱进，终成巨匠。应当说，人的生理差异其实并不太大，只是人在学习兴趣和后期勤奋刻苦上有所不同。鲁迅先生说过：“没有兴趣的学习，无异于一种苦役；没有兴趣的地方，就没有智慧和灵感。”可见，是否对某事物感兴趣，对人在某方面的成功与否起着至关重要的作用。

2. 我之能力所及

能力，是指顺利完成某一活动所必需的主观条件，是直接影响活动效率，并使活动顺利完成的个性心理特征。能力总是和人完成一定的活动联系在一起。个人能力包括组织能力、沟通能力、领导能力、创新能力、学习能力等。德国哲学家费尔巴哈说：“一个完善的人，必定具备思维力、意志力和心力。思维力是认识之光，意志力是品性之能量，心力是爱。理性、爱、意志力，这就是完善性，这就是最高的力，这就是作为人的绝对本质，这就是人生存的目的。”我们应该对自己的能力进行分析，发现自己的长处，选择适合自己的职业。

3. 我之个性所适

个性就是个别性、个人性，是一个人在思想、性格、品质、意志、情感、态度等方面不同于其他人的特质，这个特质表现于外就是他的言语方式、行为方式和情感方式等。任何人都是有个性的，也只能是一种个性化的存在，个性化是人的存在方式。俄国作家屠格涅夫说：“一个人的个性应该像岩石一样坚固，因为所有的东西都建筑在它上面。”松下集团创始人松下幸之助说：“我们不必羡慕他人的才能，也不须悲叹自己的平庸；各人都有他的个性魅力。最重要的，就是认识自己的个性，而加以发展。”每个人都有自己的个性。有的人活泼好动，喜爱表现，如果强迫他静下心来，坐“科研”的冷板凳，可能是种煎熬；有的人沉默寡言，喜欢思考，如果强迫他从事推销工作，可能是种痛苦。有的人爱好写作，你却要他从事体育运动；有的人喜欢唱歌，你却要他画画。这些情况，都不适合一个人的发展，不适合一个人人生价值的实现。

人生最大的成功，不在外来的掌声、名利或权势。因为掌声会停，名利、权势也不过是过眼云烟。人生应该找准方向，选定目标，坚持不懈，找到最能感动自己灵魂的“那一个音符”。当代著名语言学家、散文家、东方文化研究专家，被称为“学界泰斗”的季羡林曾这样形容自己：“在学术工作方面，有人说，我对自己太残酷。已经到了望九之年，虽然大体上说来，我的身体还算是硬朗的，但是眼睛和耳朵都已不太灵光，走路有点飘。可我仍然是不明即起，亮起了朗润园里的第一盏灯，伏案读写，孜孜不倦。难道我不知道，到圆明园或颐和园去溜弯，再远一点，到香山去爬山，不比现在这样更轻松愉快吗？难道我在名利方面还有什么野心吗？都不是的。我知道溜弯舒服，但我认为人活着不是为了多溜几年弯，那不是追求的目的。至于名利，我现在不虞之誉纷至沓来，利的方面，爬格子爬出了点名堂，稿费也是纷至沓来。可以说，在名利两个方面我都够用了，再多了，反而会成为累赘。那么，我这样干的目的究竟是为了什么呢？我不愿说谎话，讲些为国为民的大道理。我只能说，这样做能使自己心里平静。如果有一天我没能读写文章，清夜自思，便感内疚，认为是白白浪费一天。”一个人的一生，不一定要追求所谓的丰功伟业、轰轰烈烈，只要用心地认真做好一件事情，一件最适合自己个性的事，就已经足够伟大了。

第三节　追求卓越　不厌平凡

案例精选

黄禹锡，韩国著名生物科学家，曾任首尔大学兽医学院首席教授。2004 年 2 月，他领导的研究小组在世界顶级学术刊物美国《科学》上发表论文，称在世界上率先用卵子成功培育出人类胚胎干细胞。2005 年 8 月，他宣布成功培育出世界上首只克隆狗——美国《时代》周刊后来将那只名叫“史纳比”（Snuppy）的可爱小狗评选为年度头号发明，并在 8 月 4 日出版的《自然》杂志上发表了他们的研究成果。一系列里程碑式的研究成果，给黄禹锡带来了巨大的声誉和利益，也增强了韩国人的民族自豪感，他被称为韩国民族英雄，被视为韩民族摘下诺贝尔奖的希望，被评为韩国首位“最高科学家”。但这位“民族英雄”先是被指控违背研究伦理，紧接着又被指控欺世盗名、伪造研究成果。2005 年 11 月，媒体披露他领导的研究小组在研究人类胚胎干细胞时接受了两名下属女研究员捐赠的卵子，并向其他被采集卵子的妇女提供了酬金。科学界一般反对这种做法，因为她们与研究项目存在利益关联，并且可能屈从于某种压力而捐献卵子。随后，他的研究小组成员指出 2005 年论文中有造假成分，而首尔大学的调查也证实，黄禹锡发表在《科学》杂志上的干细胞研究成果均属子虚乌有。一位“民族英雄”就此倒下，社会哗然。

（出自：http：//news. sohu. com/20051217/n241009267. shtml，2013-07-12）

思考与讨论

问题一：在人生价值的实现过程中，什么才是最重要的?

问题二：什么是成功? 怎样才能获得成功?

要点提示

提示一：要回答“我的人生价值怎样实现?”这个问题，需要弄清在人生价值的实现过程中，何为先，何为重，这是艺术人生价值实现的关键。

提示二：一个人人生价值的实现就是成功。成功来之不易，它需要目标、坚持、挫折、实践和超越。

一、士先器识而后文艺

一个有志之士，通过自我认识和自我定位，对自己了解清楚和对人生价值有正确理解后，才能在仰望星空中，树立远大的人生理想，才能在不断追求与探索中，实现自己的人生价值，为社会作出贡献。

1. 器识与文艺的关系

器识可以狭义地理解为器量与见识。器，即比之以物，乃其材质、格局、容量之统一体，故有成才成器之说。用今天的话说就是视野、洞察力、对客观规律的把握能力、科学精神、哲学素养等，是指高于“文艺”并统摄一般知识的形而上之“道”。文艺是指文化（文学）与技艺。早在两千多年前，我国伟大的思想家、教育家孔子就对教育提出了非常精辟的见解：“弟子，人则孝，出则悌，谨而信，泛爱众，而亲仁。行有余力，则以学文”①；“志于道，据于德，依于仁，游于艺”②。孔子认为“艺”（礼、乐、射、御、书、数）只不过是“据德、依仁”之余事，即“道”“德”“仁”先于“艺”，重于“艺”。唐代刘晏总结孔子等人的教育思想，明确提出了“士先器识而后文艺”的教育观，强调“士”要先培养自己的器量、胸怀，培养自己对社会、对人生的基本信仰和价值观，然后才是学习礼制、音乐、射箭、骑马、文学、算数这“六艺”。在“修身、齐家、治国、平天下”中“修身”居前；在“德才兼备”“德艺双馨”中，“德”字居首。爱因斯坦在给居里夫人近600字的悼词中，只用了30多个字谈到居里夫人的科学功绩，其他都用来赞扬她的品德力量。由此可见，居里夫人更多是以她崇高的道德品质赢得了世人的敬仰。

2. 时代呼唤“器识”教育

走近当代大学生，发现很多人“对人不感激，对事不满意，对物不爱惜，对己不严厉”。中国科学院院士、著名教育家、华中理工大学（现华中科技大学）原校长杨叔

---

① 《论语·学而》。

② 《论语·述而》。

子先生针对当今教育培养的学生提出了“五精五荒”的尖锐批评，即“精于科学而荒于人学，精于电脑而荒于人脑，精于网情而荒于人情，精于商品而荒于人品，精于权力而荒于道力”。杨院士将其原因归结为大学教育“重治学，轻育人；重科研，轻教学；重研究生教育，轻本科生教育；重教师学术的博大精深，轻教师的品德优秀对学生的影响；重市场对高等学校的功利需要，轻学校对学生人格尊严的培养。也就是重视近期的有形、有用，轻视长期的无形、‘无用’”。“大学之道，在明明德，在亲民，在止于至善”，用我们今天的话来说，就是大学教育要提高人的思想道德素质，要培养人的创新能力与创新精神，要更好地求得人的完善，服务于社会的建设与发展。我国近代力学奠基人之一钱伟长先生说：“我们培养的学生首先应该是一个全面的人，是一个爱国者、一个辩证唯物主义者，一个有文化艺术修养、道德品质高尚、心灵美好的人；其次，才是一个拥有学科专业知识的人，一个未来的工程师、专门家。”知名华人作家刘墉说：“我们要拥有着一颗很热的心、一对很冷的眼、一双很勤的手、两条很忙的腿和一种很自由的心情。”很热的心，就是对祖国的忠心、对社会的热心、对他人的爱心和对自己的信心。只有在热心的感召下，我们才能用冷静的眼睛、勤劳的双手和忙碌的双腿，为社会奉献自己的力量。我们莘莘学子，在进行专业学习、艺术创作的同时，应该树立正确的人生价值观，拥有“仰望星空”的器量、“心忧天下”的胸怀，找到代表自己的音符，为国家、为社会作出自己的贡献。

二、卓越与平凡

艺术的真谛是求真、向善、致美。艺术并不玄妙，也不高深，更不神秘；她真切实在，大美无华，艺术家和艺术工作者同样如此。艺术源于生活而又高于生活。我们正在艺术道路上前行的学生，艺术是我们的理想追求，也是我们的职业选择。追求卓越，不厌平凡，应该是我们矢志不移的奋斗目标。

“卓越”的含义就是不甘平庸、精益求精和敢于超越。创新为“卓越”之灵魂。追求“卓越”，要勇于超越，敢于创新，具有开阔的胸怀、深远的见地、变革的精神和高尚的品格。开阔的胸怀就是：不贪大求全，不囿于形式，对自身的优劣有清醒的认识，坚持有所为有所不为。深远的见地就是：十分清楚做事不能“毕其功于一役”，关键在于持久，正所谓“十年树木，百年树人”，应注重人的可持续发展，全面提升素质。变革的精神就是：不能停留在自我欣赏的“象牙塔”里，要做到身在校园、心怀天下，“家事国事天下事，事事关心”，要着眼于新理念、新形势，不断创新。高尚的品格就是：海纳百川、有容乃大，不求全责备，不拔苗助长，实现共同提高和发展。

“平凡”实为普通之意。老子说过：“大成若缺，其用不弊；大盈若冲，其用不穷。”“平凡”绝非平庸，而是心境平静、心态平和、心路平实，最终以平凡成就伟大。脚踏实地是“平凡”之法则；哗众取宠、好高骛远是大忌。不事张扬是“平凡”之本质；谦虚谨慎、低调做人是成功的不二法宝。淡薄名利是“平凡”之灵魂；艺术之魂，人生之道，不应该是为了名车洋房，俊男美女，而在于自我价值实现。当代学子，应始终怀抱着对艺术的热爱，坚持“心中有艺术，脚下是舞台”的信念，扎根基层，深入群众，甘于奉献，注重实效，夯实基础，凝炼特色，平平淡淡生活，认认真真做人，在平凡中成就不平凡。

卓越与平凡是彼此依存的辩证统一体。我们应追求卓越，不厌平凡。追求卓越就要谋求创新，在创新中超越自我。实现卓越必须有前提，前提就是日常的艺术实践，就是日复一日的平凡。“追求卓越”与“不厌平凡”的内在统一主要体现在三个方面。其一，“不厌平凡”是基础。“卓越”是一种创新和超越，超越不是无源之水、无本之木，它来自于日常实践的积累。其二，“追求卓越”是方向。超越性是人的重要本性，打破陈规陋习、寻求美好生活、从不完善走向完善，是人类的永恒追求。我们要不断地激发创新精神、提高创新能力和构筑创新环境。其三，“追求卓越”与“不厌平凡”相互依存，不可偏废。“卓越”有利于社会革新，“平凡”有利于社会稳定，社会的发展既需要精英栋梁，也需要普通一兵，卓越和平凡构成了人类的社会现实。当代青年既要追求卓越，力求“语不惊人死不休”；又要不厌平凡，像“龙套大师”黄宗洛先生说的那样，“我爱春光，我爱鲜艳的红花和衬托它的绿叶，我也爱伴随着红花绿叶的生机勃勃的小草。我愿意为它们贡献出自己的一生”。“追求卓越”引领我们在人生大舞台上心怀理想、仰望星空，努力成长为一名德艺双馨、受群众拥戴的人民艺术家；“不厌平凡”敦促我们脚踏实地，扎根基层，甘于平凡，做一名热爱艺术、传承与弘扬艺术、为人民大众服务的普通艺术工作者。我们要把握好“两个舞台”：把握好艺术大舞台，做一个讴歌美、弘扬美、塑造美的艺术工作者；把握好生活大舞台，做一个和善和谐、真诚真实的爱心天使！我们要把求真、向善、致美尊奉为自己的艺术理念，把求真、向善、致美内化为自己的生活行为。在艺术表演、艺术欣赏和艺术创作的实践中，崇尚卓越，坚守平凡。

三、成功的召唤

每个人心中都有一个关于成功的标准。有人认为流芳百世是成功，有人认为逍遥快乐是成功，有人认为为人民服务是成功，有人认为挣大钱是成功。美国心理学家亚伯拉罕·马斯洛认为人的最高需求应该是自我实现的需求，所以成功的最高标准应该是自我价值的实现。只有确定目标，坚持不懈，不惧挫折，勇于实践，敢于超越，我们才能在人生价值的实现中到达成功的彼岸。

1. 成功始于立志

想取得成功，必须有远大的志向，确立切实可行的目标。美国前总统罗斯福的夫人年轻时从本宁顿学院毕业后，想在电信业找一份工作，她的父亲就介绍她去拜访当时美国无线电公司的董事长萨尔洛夫将军。萨尔洛夫将军非常热情地接待了她，随后问道：“你想在这里干哪份工作呢？”“随便。”她答道。“我们这里没有叫‘随便’的工作，”将军非常严肃地说道，“成功的道路是由目标铺成的！”

哈佛大学商学院有一个非常著名的关于目标对人生的影响的跟踪调查。① 校方调查了一群智力、学历、环境等条件差不多的年轻人，结果发现：27%的人没有目标；60%的人目标模糊；10%的人有清晰但短期的目标；3%的人有清晰且长期的目标。25年的跟踪研究发现，那些3%有清晰长期目标者，25年来坚持自己人生目标的人，几乎都成了社会各界的顶尖成功人士。那些10%有清晰短期目标者，大都生活在社会的中上层，成为各行各业的不可或缺的专业人士，如医生、律师、工程师、高级主管等。其中占60%的目标模糊者，几乎都生活在社会的中下层，他们能安稳地生活与工作，但都没有什么特别的成绩。其余27%的那些25年来都没有目标的人几乎都生活在社会的最底层。他们常常失业，并且常常抱怨他人，抱怨社会，抱怨世界。可见，成功在于立志，在于选择，你选择什么样的目标，就会有什么样的人生。

19世纪美国哲学家、诗人爱默生说："一心向着自己目标前进的人，整个世界都给他让路！"目标使你产生积极的心态，目标使你看清使命、产生动力，目标使你自我完善、永不停步，目标使你成为一个成功的人。

2. 成功贵在坚持

成功是刻苦努力与坚持不懈的结果。作为当今国际著名钢琴家、世界古典音乐领军人物的郎朗，拥有诸多殊荣。他从小喜欢音乐，幼年时就获得了很多好成绩，被称为"音乐神童"。于是在他9岁那年，父亲辞了职陪他到北京学琴。"到北京第一天被邻居骂，第二天警察上门查户口，第三天居委会说你别弹琴了，你的琴声吵死人了，第四天楼下小孩说就因为你我的功课从100分降到70分了，再弹一个星期我就不及格了。在学校也被同学取笑，嘲笑你的口音是东北农民……"他虽然拼命苦练但却意外地遭到了钢琴老师的当头棒喝："钢琴老师不喜欢我，每天都在说你不可能成为钢琴家，劝我回沈阳算了。"求学之路异常心酸，但郎朗没有放弃自己的爱好，没有放弃自己的选择，这才有了今天这个世界著名的钢琴家。

无论是艺术人生还是人生艺术，成功是我们不二的追求。"台上一分钟，台下十年功"，成功何其难，成功何其远。"合抱之木，生于毫末；九层之台，起于累土；千里之行，始于足下……慎终如始，则无败事。"② 是随遇而安虚度一生，还是奋起一搏成就人生？新东方创始人俞敏洪在作励志报告时说了一番大实话："任人评说、我行我素、无意名利的是超人；努力拼搏、执着追求以期获得成功的是常人。"我们是常人，我们钟情艺术，我们坚持不懈，我们必然成功。

3. 成功不惧磨难

"自古雄才多磨难，从来纨绔少伟男"，"宝剑锋从磨砺出，梅花香自苦寒来"。古今中外卓有成就的人物都经历过人生的挫折和磨难。司马迁受宫刑而作《史记》；屈原遭放逐乃赋《离骚》；方志敏在狱中写了《可爱的中国》；奥斯特洛夫斯基在双目失明，体力十分衰弱的情况下写成了《钢铁是怎样炼成的》；我国著名的数学家陈景润在"四

① bbs. pinggu. org/thread-1108327-1-1. html，2013-03-13。

② 《老子》第六十四章。

人帮”横行时，不顾嘲笑和诽谤，在六平方米的斗室之内进行着艰苦的研究工作，他尽管重病缠身，但仍然专心致志地向“哥德巴赫猜想”这个数论的城堡挺进，终于获得了重大成就。囚禁、病残可以成为锻炼意志的熔炉，落榜、失恋也是磨炼意志的砺石。三次落第的著名医学家李时珍写出了《本草纲目》；四次落第的清代文学家蒲松龄写出了《聊斋志异》；德国著名文学家歌德由失恋激发出创作冲动，写成了不朽之作《少年维特之烦恼》。燧石只有用力敲打才能闪光，雄鹰只有迎风翱翔才能练硬翅膀。自然界最软的矿物石墨，在几万个大气压的高压条件下，会变成硬度最强的金刚石。一个人的意志在克服困难和战胜挫折的过程中能变得坚韧不拔、百折不挠。

2012 年 2 月 5 日晚，中央电视台王牌栏目《星光大道》2011 年度总决赛现场，盲人歌手刘赛经过四轮才艺比拼，最终成为年度总冠军。这位年轻的盲人歌手四岁时患上眼疾，只能感受到一米以内模糊的光影。但她克服重重困难，坚持跟正常孩子一样上学和生活。刘赛在湖南艺术职业学院毕业后不久，被中国残疾人艺术团录用。她先后出访以色列、日本、印度、新加坡等国。2008 年 5 月 1 日，她在新落成的国家大剧院登台演唱；同年 8 月，她在首都天坛参加残奥会圣火采集仪式时放声高歌；残奥会结束后，刘赛受到胡锦涛、温家宝等中央领导及萨马兰奇、菲利普·克雷文等奥运官员的亲切接见，菲利普·克雷文称赞说：“你的笑容是我见过的最美丽最灿烂的笑容。”

每个人都希望在人生道路上一帆风顺，但现实常常很残酷。在漫长的人生道路上，时时会遇到困难和挫折。乔丹被称为“穿着球鞋的上帝”，他曾说：“如果有人轻视或者怀疑我……那将成为我前进的动力。”草木不经霜雪，则生意不固；人不经忧患，则德慧不成。遇到挫折并不可怕，可怕的是不知如何应对挫折，找不到战胜挫折的办法。我们不能回避困难，因为只有困难才能使你长得更茁壮，使你的生命更丰富。

4. 成功基于实践

人生价值需要在实践中得以实现。有了卓越的目标，有了平和的心态，有了宽阔的胸怀，再将其熔铸于实践中，我们才能实现人生价值。

（1）客观条件是人生价值实现的基本元素。人生价值是在社会实践中实现的，人的创造力的形成、发展和发挥都要依赖于一定的社会客观条件。它既包括一定的社会生产力水平、生产关系状况、社会的制度及体制因素、科学文化教育状况等，又包括家庭环境、学校环境、工作环境等因素。如果脱离社会条件这个基本元素，谈人生价值就是空谈。

（2）个人素质是人生价值实现的主观条件。个人素质包括思想道德素质、科学文化素质、专业素质、身体素质和心理素质等方面，它们是实现人生价值的重要条件。我们要不断提高自己的能力和素质，提高实现人生价值的本领，在平凡的岗位上作出“卓越”的成绩。

（3）社会实践是人生价值实现的必由之路。人生之所以有价值，是因为人能够认识和改造客观世界与主观世界，创造物质财富和精神财富。社会实践之所以重要，是因为实践是认识的来源。采风、体验生活、深入群众，这是艺术工作者终生的必修课，因为艺术创作的雏形在生活中，艺术创作的灵感来源于生活。离开了生活的创作如同无源之水、无本之木。实践是认识发展的根本动力。在实践过程中，会不断出现新情况，涌现出新问题，在探索、研究、解决这些问题的过程中，人类的认识得到了不断发展。实践是检验真理的唯一标准。马克思指出："人的思维是否具有客观的真理性，这不是一个理论的问题，而是一个实践的问题。人应该在实践中证明自己思维的真理性，即自己思维的现实性和力量，亦即自己思维的此岸性。"① 这就非常清楚地告诉我们，一个理论，是否正确地反映了客观实际，是不是真理，只能靠社会实践来检验。毛泽东说："真理只有一个，而究竟谁发现了真理，不依靠主观的夸张，而依靠客观的实践。只有千百万人民的革命实践，才是检验真理的尺度。"② 实践还是认识的目的。我们进行科学研究，进行艺术创作，目的不是孤芳自赏、纸上谈兵，而是要解决生产、生活中的实际问题。

"纸上得来终觉浅，绝知此事要躬行"，神农尝遍百草始成医药之祖，徐霞客游历天下成就千古名篇。实践出真知，学习书本知识，打下坚实的知识功底重要，把所学知识运用于改造客观世界和主观世界的实践中更重要。

5. 成功重在超越

成功并不意味着结束，而是新的开始。人生如逆水行舟，不进则退。人如果没有更高的追求，就会在现实中沉沦下去。我们不能站在过去的辉煌上，而是应该展望未来，不断超越。超越过去使个人进步，超越历史使社会发展。人不仅要超越他人，还要不断地超越自我。超越是永不停止的前进，没有最好，只有更好。毕加索的名字之所以妇孺皆知，一方面是因为他一生创作了众多作品，题材广泛，形式多样，特别创作了许多主题鲜明的政治宣传画，令世人瞩目；另一方面，则在于他独特的艺术风格，他在长达92 年的生涯中进行了顽强不息的绘画风格探索与尝试，最终达到了艺术的顶峰。

艺术人生应该如何度过，艺术人生价值应该如何实现，一位智者的四句话，值得我们沉思。第一，把自己当别人。当你感到忧伤和难过时，把自己当成别人，痛苦自然就减轻了；而当你欣喜若狂时，把自己当别人，那些狂喜也会变得平和一些。第二，把别人当自己。这就是换位思考。站在别人的角度思考问题，就能真正同情别人的不幸，理解别人的需求，在别人需要的时候给予及时的帮助。第三，把别人当别人。充分尊重每个人的独立性，任何情况下都不可侵犯他人的核心领地。第四，把自己当自己。认识自己，了解自己，准确定位自己，用自己的努力来实现自己的艺术人生价值。

课后思考

1. 犹太人要进教堂做礼拜时，耶稣带着门徒站在会堂门口。当时做礼拜必须要捐钱才能进去，许多富人投了不少钱，有一个寡妇悄悄捐了两毛钱，深怕被发现。耶稣看

① 《马克思恩格斯选集》第 1 卷，人民出版社 1995 年版，第 55 页。
② 《毛泽东选集》第 2 卷，人民出版社 1991 年版，第 663 页。

到了这种情形，就告诉门徒，这个寡妇所捐的两毛钱，在天父的眼中，比那些富人捐的钱还要多。因为别人都是将有余的部分拿出来捐，而寡妇是捐出自己所有的钱。结合这个小故事，谈谈你对人生价值的理解。

2. 弗里茨·哈伯，德国化学家。1909 年，他成为第一个从空气中制造出氨的科学家，使人类从此摆脱了依靠天然氮肥的被动局面，加速了世界农业的发展，因此获得 1918 年瑞典科学院诺贝尔化学奖。一战中，哈伯担任化学兵工厂厂长时负责研制、生产氯气、芥子气等毒气，并使用于战争，造成近百万人伤亡，遭到了美、英、法、中等国科学家们的谴责。赞扬哈伯的人说，他是天使，为人类带来丰收和喜悦，是用空气制造面包的圣人；诅咒他的人说，他是魔鬼，给人类带来灾难、痛苦和死亡。结合此案例，谈谈人生价值观的重要性。

3. 2012 年 9 月 30 日晚上，火爆了一个夏天的节目《中国好声音》终于落下了帷幕，最终 21 岁的梁博成为黑马，拿下“中国好声音”年度桂冠。结合相关资料和本章内容，谈谈这个节目为什么会这么火爆以及你对成功的理解。

第八章

艺术生命的自我超越

艺术离不开人的生命。没有生命，艺术何以产生？没有生命，艺术无从延传。

生命催生艺术。没有艺术，生命必然黯淡无光；没有艺术，生命宛如一丘荒地，杂草丛生，满目凄凉。

“超越”就是认识自我、挑战自我、战胜自我、超越自我并超越他人而走向成功的过程。“自我超越”是由奥地利心理学家维克多·弗兰克提出的一个概念，他认为人真正追求的不是自我实现而是自我超越。这种追求包含了对自然界、人类社会和文化以及人在其中所处位置的理解和探索，目的是为了更好地把握人生，更有意义地生活。人生的意义，在于一种对自我的超越，表现为勇于承担责任，敢冒风险，不断地创造。艺术就是生命之花，生命就是艺术之根，艺术是自我超越的生命形式。

第一节　艺术源于生活　艺术高于生活

案例精选

歌舞集《云南映象》

大型原生态歌舞集《云南映象》是一台既有传统之美，又有现代之力的舞台新作。它将最原生态的乡土歌舞精髓和民族舞经典以全新的方式整合重构，再现云南浓郁的民族风情。在歌舞集中，原生、古朴的民族歌舞与新锐的艺术构思的碰撞，带给观众一种特定的“云南映象”。全剧全是真人真唱表演，百分之七十的演员是来自云南各地州甚至田间地头的本土少数民族演员，演出服装全部是少数民族生活着装的原型。他们的歌舞充满了生命的勃发，构成了一部“原生态”文明的宏大史诗。

《云南映象》艺术总监、总编导杨丽萍用了一年多的时间，深入云南各地采风，甄选了具有云南特色的音乐舞蹈的典型元素，花了 15 个月的时间精心排演，展示出崭新的舞台艺术创作风格。

思考与讨论

问题一：为什么有观众评价完全可以从《云南映象》这出舞台作品中了解云南少数民族的生活、习俗、精神以及对生命、对自然的崇拜?

问题二：该节目除了“杨丽萍”与“孔雀舞”这两大看点之外，到底还有哪些吸引人的地方，能创下连演百余场的纪录?

要点提示

提示一：艺术是对生活的提炼，艺术源于生活。

提示二：艺术是对生活的提炼、加工和再创造，是对生活的抽象和夸张表现，反映一定历史时期的本质、规律和社会生活的真正面貌，丰富和充实了人类的文化生活，推动了人类文明的进步。

一、艺术源于生活

艺术源于生活，艺术是对生活的提炼。生活如同奔腾的长河，艺术就是水流里翻滚的浪花，艺术的源头是生活，生活是艺术的母体。

俄国文艺理论家车尔尼雪夫斯基说：“艺术源于生活，而高于生活。”毛泽东在《在延安文艺座谈会上的讲话》中着重指出：“人民生活中本来存在着文学艺术原料的矿藏，这是自然形态的东西，是粗糙的东西，但也是最生动、最丰富、最基本的东西；在这点上说，它们使一切文学艺术相形见绌，它们是一切文学艺术的取之不尽、用之不竭的唯一的源泉。这是唯一的源泉，因为只能有这样的源泉，此外不能有第二个源泉。”① 这就是艺术与生活的关系。艺术源于生活是指艺术源于对生活的观察、感受或体验，并以此为基础进行提炼、分析、取舍、概括、综合等艺术加工，进而形成高于生活的艺术作品。

1. 生活蕴含艺术

生活是指人在自然界中的一切活动，如种田、吃饭、旅游、休息等。

（1）生活中处处有艺术。视觉上，蔚蓝海洋之宽阔、小河流水之细腻、花儿盛开之美丽、春风抚柳之温馨；听觉上，惊涛拍岸、高山流水、鸟儿争鸣；嗅觉上，花儿的清香；味觉上，酸甜苦辣；感官上，冷热温凉、粗糙光滑……从中我们会感悟到生活的美好，这就是生活对艺术最原生态的诠释。但每个人面临的生活是不同的，每个人的生活经历都是有限的，不是所有人都有机会、有能力登上喜马拉雅山、遨游太空。但这并不等于我们就不能感受喜马拉雅山的雄壮、太空的深邃，因为他人独特的生活体验和人生感受一旦以艺术作品的形式再现、传递，便能够深入人心，使更多的人感同身受，产生亲临其境、亲历其事的艺术快感。

---

① 《毛泽东选集》第3卷，人民出版社1991年版，第860页。

（2）生活不等同于艺术。艺术的形成需要对生活进行选择、取舍、提炼，而不是单纯地照搬生活。如果把金子比作艺术，那么沙子就是生活，沙子里面有金子，但沙子并非全是金子，要想获取金子，必须经过提炼。

生活最大的特点是驳杂庞大，这种驳杂庞大又使它具备另外一个重要的特性：奠基性。生活就像大型超市一样无所不包，成为一个供应基地，为各类专门化活动提供源源不断的原材料。① 法国思想家列斐伏尔把日常生活比喻为肥沃的腐殖质："一片没有花儿与森林的土地对过客来说是萧条的，令人沮丧；但花儿和树木并不会使我们忘记下面的土地，它有一个隐秘的生命和丰富的自我。"匈牙利文艺批评家卢卡契也曾经用比喻的方式来说明生活和各高级意识形态活动之间的这种关系。在美学专著《审美特性》中，卢卡契于开篇即点出："人们的日常态度是每个人活动的起点，也是每个人活动的终点。这就是说，如果把日常生活看作是一条长河，那么由这条长河中分流出了科学和艺术这样两种对现实更高的感受形式和再现形式。"在卢卡契看来，一切意识形态活动都是对客观的日常生活的反映，只是反映的形式有所不同罢了。

2. 艺术源于生活

艺术源于生活是指艺术素材的选取来自于日常生活。因此，对艺术家来说，要创作出好的艺术作品，丰富的日常生活积累必不可少，特别是自己亲身经历的或与自己的命运发生紧密联系的经历和深切感受，往往容易激发欲罢不能的创作冲动，从而使艺术家得心应手地构思和创作出内涵深刻、感人至深的艺术作品。"巧妇难为无米之炊"，即使是一个很有天赋的艺术家，如果长时间远离社会生活，或是对要表现的对象不熟悉、体验不深刻，也很难创作出好的作品。黑格尔认为："艺术家创作的依靠是生活的富裕而不是抽象的普泛的观念的富裕，在艺术里不像在哲学里，创作的材料不是思想而是现实的外在的景象。所以，艺术家必须置身于这种材料里，跟它建立亲密的关系，他应该看得多，听得多，而且记得多。他必须发生过很多行动，得到过很多经历，有丰富的生活。然后才能用具体的形象把生活中真正深刻的东西表现出来。"

（1）艺术家要有丰富的生活经验。生活是艺术的源泉，艺术是生活的反映。离开丰富的生活经验，不可能有深刻的艺术创作。大凡伟大的艺术家，都有丰厚的人生阅历。他们真正的艺术源泉是生活。否则，创作出来的东西只能是矫揉造作、无病呻吟的。

在艺术发展史上，艺术家们的经验反复验证这一理论。如列夫·托尔斯泰精辟地指出："艺术家在自己心里唤起曾经一度体验过的感情，在唤起这种感情之后，用动作、线条、色彩、声音以及言词所表达的形象来传达出这种感情，使别人也体验到同样的感情——这就是艺术活动。"画驴"圣手"黄胄也谈道："画了几千头驴，对驴观察有几十年，还常常感到对驴还不熟悉哩。三十年来，我手持画笔，蹲在田头地边和街市旁，凝神静想，成千上万次观察驴的动态，逐渐熟悉了驴的千姿万态，于是驴才在笔下活了

① 艾秀梅：《艺术何以源于生活，如何高于生活——从"日常生活批判"理论角度的重新解读》，《南京师范大学学报》2008 年第 10 期。

起来……贸然作画，那是肯定要失败的。”21世纪中国最有影响力的当代著名画家吴冠中先生由衷感慨“生活和命运造就了我的作品”。于希宁先生画的梅花是著名的。最近十余年间，先生不顾年事已高，曾五次去无锡梅园，苏州登尉山、香雪海、窑上村，杭州超山、余杭等地观察、揣摩梅花的气质生态。于希宁先生每次都是在梅花从含苞、初放到盛开的一个多月里，酝储于心，积稿千余，得诗百首，风尘仆仆，不辞艰辛，所以，才有了笔下气韵生动、气象万千的梅花。刘海粟先生八十岁时，还十上黄山，“搜尽奇峰打草稿”。齐白石先生40岁以后八次出游，走了半个中国……千古绝唱《二泉映月》中月光凄凉、泉水清冷的音乐形象，源于阿炳对现实中下层劳动人民凄凉生活的深刻体验与观察。没有这种深刻的体验与观察，哪能创作出如此惊世之作？在排演老舍先生的剧本《龙须沟》时，导演经常带着演员们到北京旧城区那条臭水沟的所在地深入生活。诸多电影的拍摄也都是如此。强调深入生活，其目的就是为了在艺术创作过程中有真切的感受。一言概之，艺术大师们都认可“生活是艺术创作取之不尽、用之不竭的源泉”。

艺术家缺乏生活体验会怎么样？画家石鲁说：“画无生活，若加工无原料，生活枯竭，画必凋败。”画画如此，其他艺术创作也是这样。著名剧作家老舍以《茶馆》《骆驼祥子》等名作著称于世，他谈到创作《青年突击队》失败的教训时，认为是自己对劳动人民的生活知道得不多、认识得不深，而又急于写作……他指出了自己的毛病在于以写作的热情代替了生活经验的积累。鲁迅先生在听说了红军万里长征的故事后，曾经萌动过写作的念头，也收集了一些资料，但最终没有写出描写长征的文学作品。原因可能有很多，没能亲身经历长征，恐怕是一个主要的原因。可见，艺术创作的原料，只能从生活中采撷。脱离了生活，再高明的艺术家也难为无米之炊。这是最客观的艺术法则，也是艺术创作的基本规律。

强调艺术源于生活，就是强调艺术家要把自己的情感完全地投入到表现对象当中去，面对生活中的山水、花鸟、人物，认真观察、仔细研究、用心领悟，从而概括提炼出自己的心中之象、心中之形。强调艺术源于生活的重要性，就是强调艺术来源于人民，艺术家应当以感恩、质朴的心守望人民大众的精神家园。

（2）艺术家要有真性情与高尚的人格境界。所谓真性情，是指人们对待世界的一种态度，它顺其自然、真挚诚恳，不矫揉造作。所谓人格，实际是指个性。诗人泰戈尔对人格的定义是：人格就是思想和事物、动机和行为的有机结合。人格存在高洁与卑下之分，所谓人格境界是指建立在真性情之上的自我道德完善的高度。真性情与人格力量是相互关联的：没有真性情，人格境界就无从谈起；人格境界低俗，其性情必然令人生厌。

艺术家需要真性情，特别是那种鲜活的、真真切切的情感。因为它可以使他们保持对世界与人生的真挚态度、探求兴趣、自由想象与大胆创造。人格境界构成了艺术家的精神实体。它不是指普遍道德意义上的品质，而是由灵魂深处生长起来的精神之树，以生命为树干，以真性情作枝叶，生成的一种独立的人格气象。中国艺术家视气节为生命之魂。这种气节在生活中表现为个人情操与人生理想。

艺术家的真性情和人格境界物化在作品中。艺术家的人格必然要通过艺术家作为精神载体的艺术作品表现出来，艺术作品是艺术家人格的写照，艺术品境界的高低取决于艺术家是否具有真性情和其人格境界的高低。文如其人，画如其人，风格即其人，艺品如人品，均说明了艺术家的人格对艺术创作的影响至关重要。比如，同是音乐作品，华彦钧的二胡凄切哀婉，莫扎特的小夜曲甜美欢快，贝多芬的交响乐深沉厚重；同是书法，曹操书如金花细落，嵇康书如抱琴半醉，王羲之书如壮士拔山；同是绘画，面对同一个模特，凡·高和高更却画出了迥然不同的作品。

艺术家的独特风格受制于其个体人格，甚至就是其人格的投射。杜夫海纳认为："当艺术家最终形成了自己的风格时，整个作品都是他的标记。"黑格尔指出："风格在这里一般指的是个别艺术家在表现方式和笔调曲折等方面完全表现出他的人格的一些特点。"南北朝时期文学理论批评家刘勰在《文心雕龙》中以专论形式阐述了人格对创作风格形成所起的决定性作用，明确提出"……情性所铄，陶染所凝，是以笔区云谲，文苑波诡者矣……各师成心，其异如面"，充分说明了人格与创作、人格与艺术风格的密切关系。比如，向日葵之所以成为凡·高最喜爱的题材之一，是因为生活窘迫的凡·高把太阳看作上帝的化身，是爱的象征，因而通过《向日葵》系列作品表达出对太阳的崇拜，对光与热的追求以及对生命的挚爱。弘一法师李叔同的书法清圆高洁、妙韵天成，正是他高尚人格境界的自然外化。因此，艺术创作不可忽略艺术家人格的陶冶与塑造，一个卑俗浅陋的人不可能创作出境界高尚的作品。

总之，真性情与高尚人格境界是艺术家不可缺少的。人格境界的标准会随着时代的变异而作出相应的调整，但它不会消失。

（3）艺术家要有发现的眼光。发现的眼光是艺术家的基本素质。艺术家必须有一双善于发现的眼睛，在平淡无奇的生活中发现艺术的内涵，在自然中寻找生命的契合点，作出对生活、自然和生命的独特思考，提炼出感性形象。从某种意义上讲，一个艺术家能否取得成功，在很大程度上取决于他是否有发现的眼光：一次偶然的触动、一个眼神、一句话、一把青菜或一缕彩霞，都可能引发艺术家的创作灵感。艺术家眼光的独特之处，就在于它于平常处见奇崛，于细屑中见宇宙，于单调里见斑斓。艺术家善于发现的眼光不同于政治家的眼光，也不同于商人的眼光。譬如同看一棵大树，政治家看到的也许是这棵树反映出来的绿化以及生态问题，商人看到的是木料在市场上的销售和价格问题，而艺术家看到的则是这棵树给人的精神启示，以及与人的理想、气节和情趣之间的内在联系。

发现的眼光要求艺术家具有敏锐的观察力。艺术家要运用高度的观察力，洞察事物的正反两面，全面地看待平凡的事物，站在不同于常人的角度寻找令人惊奇的形象。艺术家有着自己异于常人的思想，所以才能创作出"前无古人，后无来者"的经典之作。如天津泥人张的开山鼻祖张明山，因为他有敏锐的观察力，所以他的泥人艺术才有独到之处。他时常在集市上观察各行各业的人，在戏院里观看各种角色的表演，经成年累月的细心观察与刻苦揣摩，其捏塑泥人技术终获独得之技，练就出"触手成像"的惊人技艺。他只需与人对面坐谈，就能快速用泥捏出这个人的形象，且形神毕肖、栩栩如生；他还能藏泥于袖，悄悄抟塑人像。

（4）艺术家要有艺术技巧和文化修养。艺术技巧是完成艺术创作的最终手段。艺术家中不乏天才，但大部分都是靠刻苦修炼才达到艺术高峰的。即使是天才，他们也需要经过刻苦的练习。从某种意义上讲，“天才出于勤奋”这句格言同样适用于艺术家。匈牙利钢琴家李斯特虽然有超人的天赋，但他的成就与后天的刻苦钻研和勤奋实践有着更直接的联系。李斯特10岁时就到维也纳正规学校学习音乐，12岁时又只身来到异国他乡的巴黎，准备进音乐学院接受系统教育，因种种原因未能如愿；但他后来在巴黎期间，与流亡巴黎的波兰钢琴家肖邦交往，与德国作曲家舒曼通信，注意吸收巴黎各家各派钢琴演奏之所长；并且同当时法国的文学家雨果、乔治·桑等交往甚密，从中汲取了不少艺术营养；还注意从民歌中吸收养料，终于在艺术上取得了突破，形成了自己独特的风格和学派。

泥人张最精彩的作品《钟旭嫁妹》

具有艺术素质的人未必能成为艺术家，因为艺术家还必须具有广博的文化知识。艺术源于生活，艺术创作是创作主体与客观世界撞击的产物，艺术家要表现的对象是整个社会与大千世界，艺术的接受对象也是丰富多彩的，若仅凭精湛的技艺却无深厚的文化积淀，即使作品技巧再精彩，也只是“虽工亦匠”，不会产生深刻的社会影响。因此，艺术家脱离不了文化的滋养和浸润，文化素养是艺术家进行艺术创作的必要条件。好的艺术家想深刻了解生活，就必须有很好的文化修养。艺术家的文化修养包括学习和借鉴前人的经验，学习和借鉴同时代本国和外国艺术家的经验，学习和借鉴其他姊妹艺术的经验，以及学习哲学、历史、文学、美学、伦理学、心理学、社会学、自然科学等多方面的知识。艺术家自身真正具有博大深厚的文化修养，才能激发其创作灵感，产生巨大的创造激情，创作出优秀而鼓舞人心的艺术作品。艺术家的文化修养，同艺术技巧的培养一样，无不来自长期勤奋的学习、艰苦的探索和不懈的实践。达·芬奇之所以在绘画艺术中取得这样巨大的成就，除了超人的艺术天赋、刻苦的技巧训练外，同他渊博的科学文化知识也有很大的关系。他到佛罗伦萨后，除了学习绘画的技能技巧外，还向数学兼天文学家托斯卡奈里等人学习数学、透视学、光学、解剖学等多方面的科学文化知识，为他后来的艺术创作奠定了深厚广博的文化基础。

（5）艺术是生活的反映。马克思曾引用歌德的话说：“画家要成功地描绘出一种女性美，只能以他至少在一个活人身上曾经爱过的那种美作为典型。”① 这句质朴而深刻的话，有力地说明了艺术对生活的依赖关系。艺术家不论用哪种创作方法去反映

① 《马克思恩格斯全集》第1卷，人民出版社1965年版，第145页。

现实，其认识和素材总是源于生活的，是物质的。即使是神话中的角色，也是以艺术家在生活中所观察到的人的某些特征为依据的。正如鲁迅所说："描神画鬼，毫无对证，本可以专靠神思，所谓'天马行空'似的挥写了，然而他们写出来的，也不过是三只眼，长颈子，就是在常见的人体上，增加了眼睛一只，增长了颈子二三尺而已。"① 因此，艺术家在实践过程中积累的生活经验，是他全部创作的基础。这就是高尔基所说的"印象的库藏，知识的总量"。创作就是"从知识和印象的库藏中间抽出最显著和最有特征的事实、景象、细节，把它们包括在最确切、最鲜明、最被一般理解的语言里"。艺术家如果没有在多种日常生活实践中积累起来的"知识和印象的库藏"，他就没有进行艺术创作的原料，就创作不出能真正作用于日常实际生活的艺术作品。即便是艺术大师，一旦他的知识和印象的库藏枯竭了，他的艺术生命也就走到了尽头。

艺术源于生活，艺术中处处体现着生活。但艺术表现生活，不是生搬硬套，而是艺术家从生活中提取有价值的、有意义的内容，通过提炼、加工和再创造，运用到艺术中去。

二、艺术高于生活

毛泽东在《在延安文艺座谈会上的讲话》中曾指出"文艺作品中反映出来的生活却可以而且应该比普通的实际生活更高，更强烈，更有集中性，更典型，更理想，因此就更带普遍性"②。这六个"更"说明艺术不是对生活消极性的克服和否定，而是对生活的集中提炼和典型化，这六个"更"说明艺术源于生活，同时又高于生活。

艺术高于生活，指的是艺术是经过了修饰的生活。艺术高于生活，因此要求艺术家要以审美的眼光对一般生活材料进行艺术加工。

1. 艺术是对生活的提炼、加工和再创造

艺术绝不是对生活的生搬硬套或者重复，任何艺术都要求去掉生活中枯燥无味的东西，任何艺术都需要对生活有所取舍地进行加工，提取生活中的精华。单纯地对客观事物进行模仿与记录，称不上是"艺术"。艺术反映生活，并不是机械地、"纯客观"地反映，不是镜子式或照相式地反映，而是由艺术家在一定的思想指导下对生活进行加工、处理、想象，最后通过塑造艺术形象来完成的。比如含金量再高的金矿石，不经过一定工艺过程的提炼，只能算是一块好矿石，而不能称为好金子。艺术是从生活中提炼出来的精髓，自然高于生活。能够流芳百世的艺术作品是对生活精华的提炼。艺术家只有从生活中选取有价值的、有意义的内容，在尊重客观事实的基础上大胆地进行加工和提炼，才能创造出独具特色的艺术作品。比如由舞蹈家杨丽萍主创的原生态舞蹈作品《云南映象》，它整个作品素材全部来自云南少数民族生活中的宗教、信仰、习俗等一

---

① 鲁迅：《且介亭杂文二集·叶紫〈丰收〉序》。
② 《毛泽东选集》第3卷，人民出版社1991年版，第861页。

些原生的、朴素的元素。但她不是简单地搬用，而是经过提炼、升华，让最能表现每个民族特征的舞蹈典型化、形象化，让人一看就知道所要表达的东西，也让人们看后被这场舞蹈所震撼、感动，获得新的艺术享受。

2. 艺术是生活的抽象和夸张表现

艺术既要极丰富地反映生活和自然，又要运用抽象和夸张等手法去粗存精，集中、典型地表现现实生活。黑格尔认为："艺术美高于自然，因为艺术美是由心灵产生和再生的美，心灵和它的产品比自然和它的现象高多少，艺术美也就比自然美高多少。"① 艺术需经过在现实基础上的"加工"，而"抽象和夸张"无疑是最好的加工工具。以《柜中缘》为例，这出戏从时间上看最多也就属于中型剧目，但其所包含的故事情节真可谓是一波三折，从"不识偶遇"到"舍命救人"，再到"三躲衣柜"等。从理性角度看这些情节，它们在现实生活中偶尔也会发生，但绝不可能如此集中地出现。这种情节上的戏剧性都得仰仗于中国戏曲艺术所特有的抽象和夸张的表现手法。有了它们，作者完全可以打破现实生活的局限，使戏曲艺术更自由、更充分地塑造艺术形象。

3. 艺术能够反映一定历史时期的本质、规律和社会生活的真正面貌

清代山水画家石涛有句"笔墨当随时代"的名言。艺术是艺术家所创造的，艺术家无法脱离其所在的环境，在这个创作过程中，由于每个人的生活时代不同、内容不同、环境不同、感受也不相同等，所产生的作品也不相同。法国史学家兼文学评论家丹纳在他的著作《艺术哲学》中写道：任何成功的艺术品都具有强烈的时代特征。艺术作品无法脱离时代、种族、环境的影响，只有那种"综合了时代特征的艺术品"，才能获得巨大成功。例如创作于 1959 年，第一个反映彝族人民生活的舞蹈作品《快乐的啰嗦》，通过一群年轻男女快速摆动的手臂，轻盈灵巧的步伐，使人们在欢快跳跃的节奏中感受到彝族人民发自内心的欢乐。全舞在短短的几分钟时间里，讲述了从 1949 年到 1956 年凉山上的巨变，歌颂了凉山从奴隶社会到社会主义社会的翻天覆地的大变化，具有浓郁的生活气息、鲜明的民族风俗特色和强烈的时代感。《快乐的啰嗦》在发展和创造彝族新舞蹈中作出了历史性的贡献，正所谓"历史创造了艺术，艺术记录着历史"。

4. 艺术家创造性的想象力升华了生活

艺术家创造性的想象力升华了生活。一个艺术家不仅要熟悉生活、剖析生活，用好的手法来表现生活，还要有主观的激情和独到的创造力，最重要的是想象力。贝多芬的交响曲在过去的一个半世纪当中，一直受到大众的热爱，经过了上千次的演奏，至今依然能释放出无比的热力；主要的原因就是他"创造性的火焰"，持续激发着人们的想象力，不断唤起演奏者与聆听者心中的热情。爱因斯坦有句名言："想象力比知识更重要。"他是从科学研究方面来强调的。那么，对于我们的艺术创造来说，通过创造想象活动来升华生活就是艺术的生命线。齐白石画虾被称为一绝，他把虾养在家中，每日仔

---

① ［德］黑格尔：《美学》第一卷，商务印书馆 1996 年版，第 2 页。

细观察，因此对虾的结构、特点、习性、动态等了然于胸；画虾时，有取有舍，用浓墨将虾的眼睛画得非常突出，真虾的腿很多，他删繁就简，就画五条。通过创造性的取舍，他画的虾就显得非常生动，比现实中的虾还要活灵活现。

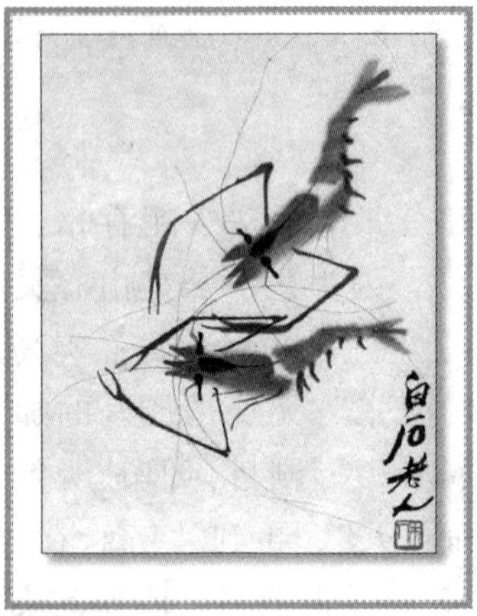

齐白石画虾作品——对虾

5. 艺术丰富和充实了人类的文化生活

艺术是把事物的本质用最形象的方法展示给人们。因此，艺术家们创作的诗歌、小说、绘画、音乐无不是触及人类心灵的深处，使我们的情感为之震颤，精神为之提升，思想为之开阔。优秀的艺术作品，我们百读不厌、百看不厌、百听不厌，每次都会获得新的感悟和启迪，从艺术中观照生命、观照人生。徐悲鸿的马，就是把马的精神直接形象地展示出来，所以他画的马比一匹真马要珍贵得多。随着当代中国经济的快速发展，人们从最初的满足简单的物质需求，更多地转向追求生活品质和精神层面的东西。随着生活水平和审美需求的不断提高，人们对艺术的渴求也越来越迫切。收藏书画金石古玩、听音乐会、看话剧、观展览……艺术丰富的内涵决定了它会以各种各样的形式走进人们的生活，正所谓“艺术可以改变一个人”。

6. 艺术反作用于生活，推动人类生活进步、文明发展

美国著名哲学家、教育家杜威曾说：“艺术是文明的生活的纪录与赞颂。”早在文字产生之前，原始艺术就已相当成熟，如我们在原始洞穴中所见到的那些壁画，不仅真实地记录下原始人的生活，其本身也是一种成熟的艺术，并成为现代艺术家如毕加索等人竞相模仿的对象。艺术也一直是文明的象征，历史上每一个伟大的文明，都创造出属于自身的辉煌艺术。马克思盛赞古希腊艺术，是因为希腊艺术对希腊文明在当时整个地中海地区的传播曾起到了十分重要的作用。从达·芬奇、伦勃朗到莫奈、凡·高、毕加索、康定斯基、安迪·沃霍、波拉克等文艺复兴以来的西方美术大师以及他们兴起的艺术潮流来看，无不与文艺复兴以来所倡导的人文精神相呼应，敏感地反映甚至推动了其所在时代的人类文明进程。事实证明，世界上任何一个国家，当其人民大众的物质生活水平达到一定程度的时候，文化艺术的影响力和推动力会比任何一种力量都显得重要。在21世纪里，世界经济、科技、文化日新月异，艺术的影响力和巨大的鼓舞推动作用将显得越来越重要。人类生活正是因为有艺术的存在，才有了丰富的精神及物质世界。

艺术既源于生活，又高于生活。艺术“高于生活”必须以“源于生活”为基础。即使是抽象艺术，艺术家的创作也是以对现实生活的感悟为依据而进行的非常规创作。艺术源于生活，但它并不是对生活的翻版和复制，而是对现实生活的总结、提炼与升华。

第二节　艺术家的人生

案例精选

从“北方盐碱地”走出来的画家徐铭，现为中国美术家协会会员，湖南省美术创作中心主任、法人代表、董事长。徐铭1972年出生于河南，父母都是文盲，家境很苦。1993年考入湖南株洲工学院，大学时代，徐铭破茧而出，进入个人创作的第一个高峰时期。他经三年酝酿、思索、记录、提炼，创作出《北方盐碱地》系列3幅作品，它们在中国美术馆举办的湖南省工笔艺术大展中成为最抢眼的作品，不少观众面对作品流下热泪。北京有22位美术评论家推荐图片展示的这幅作品：是对传统工笔画的突破，体裁、技法、材料、装裱非常完美地结合在一起，表达了北方盐碱地上人民生存的苦涩、顽强。这幅画先后获加拿大第三届国际水墨大展佳作奖、湖南工笔画大展大奖……其复制品被新加坡一位商人以8万元的价格收购。

求新求突破，徐铭的风格一变再变。他现在身体力行的新水墨画，是在中国传统绘画基础上，融入现代意识和技法，给人耳目一新的印象，被社会各界收藏近300幅。

思考与讨论

为什么徐铭在画风上追求一变再变？

要点提示

提示一：人生是一种体验；人生体验是艺术家创作的灵魂。
提示二：自我超越是什么？何谓艺术家自我超越的人生体验？

一、人生是一种体验

艺术与人生的关系必须从艺术家和艺术家的人生谈起。艺术、艺术家、人生三者之间有着紧密的联系。艺术，指人在自然界的一切活动中，对自然现象进行的体验、感悟、提炼、加工，包括美术、音乐、舞蹈、戏剧、电影、电视、文学、绘画、摄影、雕塑、书法、话剧、小品等。艺术家是艺术创作的主体，是人类审美精神产品的创造者，是具有独立人格和丰富情感的人，他们主要运用独特的思维和技能去表现人类丰富的情感。艺术家的人生就是艺术家全部的生活经历，是艺术家为了梦想和兴趣而进行的活动。艺术家能创造出高质量的艺术作品，一个至关重要的原因，就是艺术家投入了高

"成本"，也就是全身心地投入真切的生活并进行生命体验，因此才生成对自然、人生的独特领悟与理解。"艺术创作归根结底要表现艺术家感受和体验过的人生，而且必须有其独特的心灵世界的映照。"① 真切的生活及生命体验，是形成创作冲动及艺术生命的重要依据和前提。艺术家在不同人生遭际中生命体验的差异，对不同审美追求、创作风格的形成产生很大作用。艺术家对人生体验的深切独到与浮躁从俗之别，在艺术创作中有差异分明的体现。艺术家对实际人生的认识与理解决定了他的艺术高度。

艺术家创造艺术，艺术升华人生，是艺术家对人生的一种体验。

1. 人生与体验

人活着到底为了什么？这个古老的命题也许永远都不会有一个统一的答案。人活着总想得到自己所没有的东西。贫穷的人渴望财富，卑微的人渴望高贵，悲惨的人渴望欢乐，平淡的人渴望丰富，平庸的人渴望成功……而真正的大富大贵者对财富、地位常常又很麻木，他们往往会为金钱所累，为权贵所烦，渴望过上一种平静恬淡的生活。一生贫贱无疑是一种悲哀，而一生富贵也未必是一种幸运。透视尘世间的林林总总，可以说，人生其实就是一种体验。

（1）不断丰富自己的人生体验。人的生命是有限的，因此每一个人都有一种扩大自己人生体验的欲望，使自己有限的生命更加丰富精彩。在如今这个观念多元化的社会，体验自己所没有经历过的东西几乎已成为一种时尚，每个人都在自己的能力范围内选择自己的人生体验。比如说旅游，就是为了让自己能到更多的地方看更多的风景，从而了解更大的世界；乡下的人想到城里打工并体验城市的多彩世界，而久居闹市的人却开始在乡下购置别墅以享受田园风光。美国富商愿花 2000 万美元体验一下太空遨游，普通人则愿花 10 块钱体验一下过山车的感受。冯小刚的电影《甲方乙方》讲的就是这样一种关于人生体验的故事，电影中每个人都想用一些稀奇古怪的体验来愉悦自己。一个人一生只从事一种职业，他便只有一种人生体验；而一个人一生从事过十种职业，他便有了十种人生体验。

（2）正确看待人生体验。有的人生体验是自己主动选择的，而有的人生体验则是被迫感受到的。例如一个人不幸遭遇了人生中的各种挫折：童年因家境贫寒而失学，高考落榜，失恋，婚姻破裂，怀才不遇，被人欺压，事业遭受打击，甚至失足犯罪。如果你相信人生其实就是一种体验，也就大可不必为这些人生中的挫折而烦恼，甚至走向极端。假如你有足够宽广的胸怀，你甚至会对这些意想不到的变故充满感恩，因为它丰富了你的人生体验，使你对人生、对生活有了更深刻的理解。人常说：不经历风雨，怎么见彩虹；没有失败的痛苦，怎能体会到成功的喜悦。人生其实没有终极目标，有的只是过程，而过程就是一种体验。

人生是一种体验，最强烈的体验往往来自对比。一个出生在安乐窝里的人不会有什么幸福感，而一个出生在贫民窟的人也不会觉得自己特别不幸。最悲惨的是从富贵堕入贫穷，最得意的是从贫穷走向富贵。假如我们把人生所有的幸福与苦难、欢乐与悲伤、

---

① 童庆炳：《作家的童年经验及其对创作的影响》，《文学评论》1993 年第 4 期。

成功与失败、得意与失意、顺利与挫折都看成一种人生难得的体验，就不会为一时的挫折而自暴自弃、悲观绝望。追求幸福是人的天性，常人大多不愿主动去追求苦难，甘当苦行僧。一部美国电影中，女主角有一句话："人生就是吃苦。"不畏艰险、不惧苦难也应该是人的一种基本素质。体验幸福无疑是一种美妙的感受，而体验苦难则是一种人生的财富。

2. 人生体验是艺术家创作的灵魂

艺术家只有体验人生、热爱艺术、淡泊名利，才有可能产生不朽的艺术作品。人生体验是艺术家创作的灵魂。

（1）艺术家的人生体验是创作的原动力。艺术创作是艺术家生命自我展现的过程，这个过程不是僵化的，而是充满活力的。艺术家只有真切地感受到自身生命的快乐、痛苦和追求的时候，才能产生创作冲动，才会产生创作激情，才能创作出真正符合自身品位的作品。对生命无所感受、无所体验和无所忧虑的艺术家，不是真正的艺术家，他也不可能创作出优秀的、富有生命力的传世之作。

从经过历史长河的淘洗而在艺术史上闪现光彩的艺术家身上，不难发现，他们多半是些有美德、有才情而且极具个性的人。尽管各人情况多有差异，但有一点似乎相同或相近，即他们总是淡泊名利，或甘于清贫而与民众同甘苦、共忧戚，或潜心体察和表现与民众息息相关的人生苦乐，他们总有一种为民众鼓舞与欢呼的激情。唯其如此，才能创作出极具个性的传世之作。

在总结和借鉴历代艺术家的创作经验并建构所谓"创作学"时，不仅要学习诸如选材、构思、手法、技巧之类的操作程式以及技巧运用方面的东西，更要学习艺术家最可贵的东西：重视创作的原动力——生命体验、生命投入以及对其精神世界的营造与坚守。

艺术家的人生体验凝结为艺术作品。在对创作规律的探讨中，人们早已认同了这样一个事实：艺术家人生经历的坎坷和命运的不顺恰恰有利于其创作。就中国古代艺术家而言，多变的人生遭际是外在现象，而内核则是人生境界与人生态度。如果遇到挫折之后，或放弃自己的人生追求，改弦易辙成为中庸之士，或只顾抚摸自己受伤的心灵，长吁短叹，或干脆遗世独立、逍遥无为，都不可能在创作中有所作为。打开中国艺术史的长卷，许许多多艺术家的人生经历，都是一部执着追求、至死不渝的精神奋斗史。① 他们之所以立身于艺术史，经时间长河的淘洗后而光彩照人，最主要的原因是他们都不为流俗低头而坚守自己的精神支点、独立意志和人生信念。体验是前提，艺术作品是其结果，它们都凝聚在艺术家的人格里。他们并非以艺术为经历，而是以艺术为生命，这是人生意志的自然体现。有此人生体验，自然会产生不朽的艺术佳作。

（2）艺术家在艺术作品中探求新的人生价值。大凡艺术家的真诚创作，往往都会体现其对某种理想境界的向往。这种境界虽然与艺术家所处的特定现实状况有一定距离，甚至存在很大差异，在一段时期内可望而不可即，但艺术家通过自己独特的艺术构

---

① 崔子恩：《对艺术家的本质的沉思》，《文艺争鸣》1990 年第 1 期。

思与创作，将那美好的憧憬以及对世态人生的合理构想巧妙地在艺术创作过程中进行寄托和表达。这既不是逃避现实，也不是粉饰太平，而恰恰是艺术家根据自身有关现实人生的体验、领悟、理解而作出的审美创造。因此，优秀的艺术家面对现实人生中的缺憾，甚至在其现实人生遭受伤害或不幸时，不会以灰色的情感色彩来荒废虚度人生，而是依然用艺术创作去表达美好的人生向往，给社会和大众以温馨与鼓舞。

在艺术创作中，艺术家对精神家园的追寻或营造，其表现方式与情形多种多样，或外显，或内隐，或弥散于整个艺术创作过程，或落实于作品中的某个局部，或是于不如意中幻化而出，或是干脆含泪吟唱而成。无论表现手法如何，艺术家的精神取向一经形成，就会成为一种潜在的意脉而在整个创作过程中搏动，直至影响到作品的总体价值取向。艺术家的精神追求，同样是以真实的人生体验为依托，以深刻的社会感受为依据，是创作者心灵世界的呈现。发自内心的讴歌和鞭挞是艺术创作的必要前提。灵魂的战栗、精神的苦闷、情感的执着，更是孕育伟大作品的基因。这是因为心理的不平衡强化着艺术家的创作张力。德国社会心理学家勒温提出的张力理论认为，当人关注或关心某一对象并因而产生某种期盼时，在心理上就会产生一种张力。如果人的期盼很快得以实现或满足，其心理张力就会趋于松弛；反之，当期盼受到现实的阻遏，乃至现实状态与心理需求形成较大逆差时，这个张力系统就会长期保持，并且促使人产生旨在满足特定意向的意志活动。① 这种张力一方面从内部迫使创作者用最大的注意力关注现实，同时也使创作者不断强化探索与创造美好人生境界的愿望。艺术创作中，包括联想、想象在内的一系列活动，正是在这种心理张力的催动下展开的。艺术创作中常有这样的情形：艺术家在现实感受中的遗憾或不幸越多，心灵遭受的压抑越大，越是要去想象和幻化其所倾慕和向往的东西，而且幻设出来的境界总是那样富有情趣和魅力。艺术创作不囿于现实的苦痛，不沉湎于生命的压抑，而将情怀寄托在希冀新的生命、新的境界的诞生上。这是一种特殊的精神选择——缔构期盼中的境界，希望在艺术中寻求新的生命意义。

二、艺术家自我超越的人生体验

历代伟大的艺术家们为人类留下了无数宝贵的文化遗产和精粹的艺术硕果，为全世界谱写了一个个完美的卓越的艺术人生，也为后世树立了光辉的榜样。他们的事迹连同他们的奋斗精神，以及他们对人类艺术史的重大贡献，永远感动和激励着后来的艺术家和热爱艺术的人们。然而，当我们欣赏他们一件件成功而完美的作品时，所感受到的那种异常的冷静和耐心，以及扎扎实实、一丝不苟的态度，有条不紊的构思，绝不是像我们的赞美词那样简单浮华。在他们的一系列作品中，除了看到一次次突破的艰难和不同寻常的精美，无论如何也感觉不到——除了踏踏实实的工作之外的任何其他的企图。因

① 申荷永：《充满张力的生活空间——勒温的动力心理学》，湖北教育出版社 2001 年版，第 1 页。

为他们不想通过艺术来索求任何虚荣，而只是把艺术创作当作一种自我超越的人生体验。

1. 自我超越

“自我超越”是一种只有不倦追求才能触及的精神境界，又是一个几乎只有攀登、没有止境的艰难历程——这其中包含着矛盾，可是还得以有尽之生，直面矛盾往前奔。对于一个艺术家来说，不突破“超越自我”这一难关，就不可能取得更大的发展。爱因斯坦说过：“我不能容忍这样的科学家，他拿起一块木板，寻找最薄的地方，然后在容易钻孔的地方钻许多孔。”“超越自我”的历程中，最大的敌人是自己，对艺术家来说尤其如此。

2. 艺术家自我超越的人生体验

艺术家自我超越的人生体验，指的是他们超越实用功利和超越个体存在时的经历和感受。

艺术家生活在现实中，不能脱离社会实际。艺术家一旦讲究实用功利，在艺术上就很难真正有所创造。在现实生活中，艺术家为了坚持自己的艺术理想，常常需要作出牺牲，这就是对实用功利的一种超越。如《小城畸人》的作者安德森，他原在一家企业任职。一天，正在工作中的他突然放下工作、离开企业，义无反顾地走上了文学创作的道路，这就是典型的艺术家自我超越的人生体验。

艺术家的超越，包括对世俗艺术趣味乃至文化环境的突破。艺术家需要有自己的读者、观众，因而不能不考虑艺术消费者的要求。然而，艺术又有其特殊性，与物质生产、消费有所不同，艺术家不能像商人那样只看行情，什么好卖就销售什么，一切以市场需求为导向。艺术家与艺术消费者之间的关系是复杂的，事实反复证明，迎合世俗的艺术作品必然是平庸的。艺术家必须突破世俗的束缚，才能创作出超凡脱俗的作品。在这方面，欧洲 17 世纪最伟大的画家之一伦勃朗即是一例。伦勃朗生活的时代是一个经济日趋繁荣的时代，经济的繁荣促进了艺术的蓬勃发展，同时也对艺术产生了某些负面影响。当时的富商不懂艺术却又执意附庸风雅，往往是他们成为绘画作品的主要买主，结果自然是低俗的艺术趣味影响到了艺术家的创作，出现了一个以迎合富商艺术趣味为特色的艺术流派。这派艺术家追求形象的富丽华美，本质上回避社会矛盾、粉饰太平。当时的订购者大都是各行会、各社会集团的成员，他们要平均分摊订画的费用，就要求画家把每个人都画得清楚、细致。伦勃朗早期的绘画也受到这派艺术的影响，而且由此也得到了可观收入。正当伦勃朗声誉日隆、订单应接不暇之时，为了真正的艺术，他改变了群象中每个形象都平均受光、平均亮相的传统，用不同的光影变幻来表现不同人物。这种做法违背了世俗的欣赏习惯，他的作品自然受到冷落，在经济上也逐渐陷入困境。然而，最终他却因超越了世俗风尚，超越了自己而攀上了艺术的高峰。对此，美国艺术史学家多玛斯·克列文如此评价：伦勃朗“为了保持艺术家纯洁的良心和挣得绘画语言的自由，宁肯牺牲他早已赢得的声望和相当可观的收入，这不是一件轻而易举的事”。

艺术家自我超越的人生体验，还包括对个体存在的超越。即他们在感受社会时，将自己的感受与社会民众的感受融合在一起。西方有很多艺术家，大多一生中经历过坎坷、苦难和艰辛。如英国作家狄更斯小时候在鞋厂做工；法国作家巴尔扎克一生穷困潦倒，以致负债至老；苏联作家高尔基青少年时代饱受漂泊和奴役之苦，尝遍了人世间的贫穷和轻蔑；德国作曲家贝多芬受尽贫困，并且双耳失聪，但却写出了震撼亿万人心灵的不朽之作——《第九交响曲》。

艺术不同于哲学，艺术家也有别于哲学家。但艺术家确实已经并将继续用他们的作品表达哲学家已经表达和试图表达的观点和方法。更重要的是，艺术家还能够以自身的艺术，通过他们的创作行为和作品，深刻地表现哲学家无法通过语言表达的事物。艺术家和哲学家都是善于自我超越的智者，他们用各自独特的方式诠释自己的人生体验。可以说，艺术和哲学是人类实现自我超越与超越世界的相互补充的重要手段。

第三节　走向德艺双馨的艺术人生

案例精选

自由坠落

法国艺术家伊夫·克莱恩，行为艺术鼻祖。1961年，他张开双臂从高楼自由落体而下，称之为《自由坠落》，行为艺术由此而生。此后，不少行为艺术家纷纷效仿伊夫·克莱恩，从高楼上一跃而下，跌死在早已铺就的白纸上，进行“最后的创作”，为艺术“献身”。一时间，“新”“奇”“怪”甚至“暴力”“血腥”成为行为艺术的代名词。

这种对生命毫无敬畏之感的行为，与普世的伦理道德相去甚远，甚至背道而驰。

思考与讨论

应该如何看待与大众伦理道德相悖的艺术行为?

要点提示

艺术具有主观评价标准，艺术有道德底线。

一、失去道德底线的文艺灾难

在现代艺术中，我们常常听到这样一种声音："艺术是主观的，没有绝对的好与坏的标准。"换而言之，"艺术创作是自由的，不应该受任何约束"。

优秀的艺术作品，不仅赞扬美好、净化心灵、启迪智慧、陶冶性情，同时鞭挞丑恶和腐朽、警示世人。从这些作品中，我们可以看到它们的创作者必然是时代道德主流，是社会的正能量。但是，当前部分文艺作品的创作者却有着与常人不同的伦理道德认知。他们用思维的延展性、开阔性，用超越人伦道德约束的抽象性，向世人展示了艺术大美的无限可能与艺术天空的无限自由，这本应是艺术创作"源于生活、高于生活"的体现。然而，在这种冲破一切物质与世俗圈禁的精神指引下，他们创作出大量的非主流艺术作品，不断挑战着人类的视听神经与道德底线。那么，在艺术创作中，到底有没有普世的价值标准，或者艺术家是否应该有一条底线呢？

在当前令人目不暇接的艺术潮流中，创作者大有"语不惊人死不休"之势。无论从内容、取材还是从表现方式上，可说是只要能想到的，都可以拿来使用，不受任何约束。那些看似有争议的素材、看似怪诞的表现方式，一旦与艺术沾边，就可能被理解，被无限宽容，甚至被冠以"创新""突破"的名义，以致于人们开始小心翼翼地反省自己：是不是因为才学疏浅而看不懂，是否应该谦虚谨慎地努力学习与重新审视。

2012 年 4 月，一场名为《死亡变形记》的行为艺术表演将要在德国柏林施潘道地区某小型剧院上演。原本计划在表演中，表演者将在葬礼背景音乐下，先做一段简短的冥想，然后用尼龙扎带勒死两只小狗。面对外界对此举的质疑，这名艺术家却声称，自己采取如此极端的"艺术表现形式"，是为了抗议人类肆意杀害失去工作能力的阿拉斯加雪橇犬和西班牙猎犬。然而，他这种"以毒攻毒"的表演理念却并没有得到社会的普遍认可。柏林当地的行政法庭就依据《动物保护法》中"禁止在表演中以任何形式伤害动物"的相关规定，对这场表演下发了停演令。但这位艺术家显然并不服气，认为政府应该无条件地保障艺术自由。

艺术家的艺术表演形式与传统伦理观念的背离，说到底是艺术家的艺术操守与个人道德问题。很难想象一个人格德行不好、职业操守不佳、心胸狭窄、缺少爱心的人，他的艺术作品能蕴含多么美好的情操志趣，相反，只可能带来文艺灾难。

二、德艺双馨之境地

"德艺双馨"一词出于《论语·述而篇》，孔子以"志于道，据于德，依于仁，游于艺"来说明从事艺术的人应在德行和艺术（技艺）两个方面都具有良好的声誉。

1. 道德与艺术

（1）德为先，艺为本。道德是随着私有制的产生而出现的，是人类在物质生产达到一定规模，有了私有财产，为了维护财产分配等级制和宗族血统关系的纯净而产生的。

《道经》曰："道常无为而无不为。"意译为："道"是不变的自然规律，要顺其轨道行事不能随意而为。《德经》曰："上德不德，是以有德；下德不失德，是以无德。"意译为：有美好品德的人不炫耀自己的闪光点，这是有德行的表现；品德低下的人表现出自己不缺少优良的品质，这是没有德行的表现。"道"与"德"合二为一就是指人按照自然的规律来做事，后来转用到现代词汇，泛指人的言行要符合既定的规则。

艺术是反映社会生活，满足人们精神需求的意识形态，是人类特有的物质和精神产物。它是将客观现象与主观意象两相融合，利用技术或技巧，表现自然、社会或精神世界的行为，如文学、绘画、雕塑、音乐、舞蹈、戏剧、电影、曲艺、建筑等。从表现形式上分为视觉艺术、听觉艺术、行为艺术和综合艺术四类。

南京大学影视传播研究所周安华教授谈到，一个优秀的艺术家要时刻把"德"作为安身立命之根，以德为先，以艺为本。艺术工作者如果不加强精神的锻造，目光短浅，就会不辨美丑，不分良莠；同样，如果没有良好的德艺风尚，不珍惜应有的人格和追求纯洁的真理，也很难在艺术上站稳脚跟。艺术家的失德，是灾难性的失德；艺术家的失艺，是可怕的失艺。一个有着高尚道德情操和强烈社会责任感的艺术工作者，无疑应当把德艺双馨当作自己最重要、最关键的追求，使之成为自己立人、立艺的根本。

（2）艺术与道德之源。艺术作为一种文化形式，有着非常复杂而丰富的内容，与人的实际生活密切相关。艺术职业与其他职业一样，都是社会生活中不可或缺的一部分，对引导整个社会良性有序地发展起到非常重要的作用。因此在进行艺术创作的过程中，艺术创作也有自身的道德规范和职业素养。

马克思历史唯物主义观认为，艺术、哲学、道德同属于社会意识的范畴，都是社会存在在人脑中的反映，三者之间是相通的。哲学包含着对于艺术、道德的认知和思考；哲学、道德贯穿于艺术作品之中；道德是人们对于人与社会价值关系的哲学思考，以"善"作为追问的最终目标。道德与艺术有着共同的根源。艺术与道德、美与善，它们在根源上是一致的。无论是艺术还是道德，都产生于人类社会的生产生活过程之中，道德对于人的生存和发展具有重要影响，而艺术则反映了人提升精神空间的要求。归根结底，两者都是对"人"的无限追问。人类的各种艺术活动的根本在于人文精神关怀，否则，艺术创作本身便失去了存在的意义。艺术创作的目的，应该是将美的东西传导给人，关注人的生存世界。

托尔斯泰认为，艺术是"这样一项人类的活动，一个人用某种形态的标志有意识地把自己体验过的情感传达给别人，而别人为这些情感所感染，也体验到这些感情"。无论是艺术还是道德，都是服务于人类社会和人类崇高精神追求的，进而实现人对于此岸世界的超越，这也是艺术与道德的会通之处。"以人为本"是哲学问题和艺术创作的根本落脚点。

（3）艺术之于道德。"美是道德的象征"，康德用美来喻示头上的星空和心中的道德律令，用道德来解读美的无功利之功利、无目的之目的。

艺术是人们通过不同的艺术形式，从美的角度反映的社会文化生活；而道德是从善的角度出发，是人们对社会价值关系的反映。两者有着各自的特殊性，但是在人类社会生活的过程中，两者之间又是相辅相成、不可分割的。我们应该站在哲学的高度去认识艺术和道德的辩证关系。

艺术是道德的载体。美和善共同贯穿于艺术作品创作的过程中。一件好的艺术作品要蕴含美，那它首先必须是善的，只有善的艺术才是真正美的艺术。没有道德价值作保障的艺术就会显得很苍白，躲进象牙塔中成为一种无用的玩偶；而没有审美价值作基础的艺术就会变得乏味，由于其功利目的太强而最终沦为道德说教的工具。人们往往通过很多艺术作品去表达自己的价值观，去传递自己的思想、文化、道德观念，从而实现社会成员之间感情的沟通。艺术的创作者通过艺术形式表达自己的情感。道德的理念通过艺术的形式去表达，更具有亲和力和感召力。

艺术价值的“道德含量”决定了艺术魅力。艺术价值是很重要的精神价值，其客观作用在于调节、改善、丰富和发展人的精神生活，提高人的精神素质。优秀艺术家的作品能在一定程度上深刻而又形象地反映他们所处历史阶段的时代特征和社会风貌。我国著名的作曲家冼星海在民族危亡的严峻时刻，站在民族斗争的最前线，“为抗战发出怒吼”，他纵笔谱写歌曲《黄河颂》，希望在抗日战争时期激发起人民对中华民族的热爱和誓死保卫家园的民族意识。虽然其创作年代已与我们相去甚远，但其作品中那奔放、豪迈、铿锵有力的情怀，至今仍然能引起我们强烈的共鸣，唤起我们作为中华民族炎黄子孙的自豪感。

（4）道德之于艺术。道德对于艺术而言，是统帅、方向和灵魂，是艺术发展的内在动力，决定着艺术发挥作用的方向。马克思的艺术美育观告诉我们：艺术的审美教育目的，在于塑造人的情感，使人的情感获得解放，构建一种高尚的现代人的精神，实现人的全面自由发展。在人类通往精神自由的路上，以创造美为核心的文艺始终引领人们一路前行。

道德本身就是一种美，同样滋养与影响着艺术。最优秀的艺术是真、善、美的完美统一，这也是文艺的道德律。德艺双馨，德在先，艺在后，有道德贯穿其中的艺术才具有很强的生命力。有德才有艺术的延续。纵观中华上下五千年的历史，能在艺术史上留下重要一笔的人物大多是人格高尚、修养良好的有志之士。

我国著名的京剧表演艺术家梅兰芳是中国戏剧表演艺术的巅峰人物，是我国人民的骄傲。抗战爆发后，日伪想借梅兰芳收买人心、粉饰太平，几次要他出场均遭严词拒绝。梅兰芳考虑到在上海不能久留，遂于1938年赴香港。他在香港演出《梁红玉》等剧，激励人们的抗战斗志。香港沦陷后，日本人要求这位驰名中外的艺术家来演出，好美化他们的侵略行为，梅兰芳坚决予以拒绝。他为了表示自己的态度，甚至留起了胡须。因为他是旦角演员，留胡子意味着将不再登台表演。为了祖国尊严与利益，他宁愿割舍自己的艺术生命，完全无视侵略者的威逼利诱。

道德的自律、价值观的自觉，是文艺获得可持续健康发展的根本；文艺的进步、文化的繁荣，是核心价值提升和升华的动力。

2. 向善的共性

艺术影响道德还表现在，艺术由于生动、形象和能给予人以深刻印象等特征，对人民群众具有道德教育作用。托尔斯泰认为，把艺术等同于美是浅薄的，因为艺术的价值取决于“它在人生中的作用”。在托尔斯泰看来，艺术的价值存在于它的道德目的之中，优秀的艺术作品表达了善的一面，人们可以从中吸取善的品质。

《义勇军进行曲》由田汉作词、聂耳作曲，诞生于中华民族生死存亡的危急关头。1935 年，这首歌只是电影《风云儿女》的主题曲。这首歌曲唤起了中华民族的觉醒，吹响了抗日救亡的号角，表达了中华儿女誓死捍卫国家和民族尊严的坚强斗志和不屈精神。这首歌很快传遍了大江南北。在世界反法西斯战争胜利的前夕，这首歌成为庆祝世界反法西斯战争“盟国胜利的凯旋之歌”。在中华人民共和国成立前夕，中国人民政治协商会议第一届全体会议通过决议，《义勇军进行曲》为代国歌，它激励了一代又一代中华儿女在不同历史时期为中华民族的独立和繁荣发展无私奉献、舍生忘死。

奥斯特洛夫斯基的小说《钢铁是怎样炼成的》中，主人公保尔·柯察金的艺术形象鼓舞了很多年轻人，尤其是残疾人。电视剧《金婚》注重对忠贞爱情的渲染，《喜耕田的故事》注重对社会主义新农村新气象的描述，《幸福来敲门》注重对亲情的叙说，均得到了广大观众的认可和喜爱。由此看来，没有对善美的不懈追求，艺术之光就无法熠熠闪现。

三、走向德艺双馨艺术人生

作为即将走进艺术人生的高校艺术类大学生，应该积极向德艺双馨的艺术家学习，适应时代的要求，树立高度的社会使命感和责任感，立志做一名有理想、有抱负、有担当的文艺工作者，用自己的行动走在助推社会主义文化大发展大繁荣的前列，成为社会主义核心价值体系的坚定信仰者、积极传播者和模范践行者，使社会文化生活更加丰富多彩。

我们艺术高职院校的学生在平时的学习生活中，不仅要注重自己艺术职业技能的提高，还要更加注重加强自我修养和自我教育，建立高尚的道德情操，努力树立正确的世界观、人生观、价值观，合理规划自己的艺术人生。

1. 当代大学生的艺术道德追求

在我们中国特色社会主义大家庭中，艺术道德被赋予了新的含义。社会主义艺术道德，是指从事社会主义的艺术形象创造活动的人们，对社会和艺术鉴赏者所承担的义务、职责以及在艺术实践中理应遵循的行为准则。

1942 年 5 月，在延安举行的文艺座谈会上，毛泽东同志发表了重要讲话。讲话首先谈到的是文艺“为群众”以及“如何为群众”。毛泽东同志要求文艺工作者“站在无产阶级的立场上”“为这四种人服务”，其中又着重强调了“首先是为工农兵”服务；提出并解决了一系列带有根本性的理论问题和政策问题，明确提出了文艺为工农兵服务的方针，强调文艺工作者必须到群众中去、到火热的斗争中去，熟悉工农兵，转变立足点，为革命事业作出积极贡献。讲话总结了“五四”以后中国革命文艺运动的历史经验，发展和丰富了马列主义的文艺理论。

2012年3月2日，为进一步提高文艺工作者队伍整体素质，树立良好社会形象，引领文明道德风尚，规范职业行为，弘扬高尚的职业精神，中国文联在京举办新闻发布会，正式向社会发布文艺界核心价值观和《中国文艺工作者职业道德公约》，公约的核心价值观是“爱国、为民、崇德、尚艺”。具体内容主要包括以下几个方面：

（1）坚持爱国为民。忠于祖国，忠于人民，拥护中国共产党的领导，为人民服务、为社会主义服务，用优秀的文艺作品奉献人民、回报社会。坚决抵制一切分裂祖国、破坏民族团结和损害人民利益的言行。

（2）弘扬先进文化。继承和发扬中华民族优秀文化传统，吸收人类文明成果，自觉运用社会主义核心价值体系指导文艺实践，唱响主旋律，讴歌真善美，贬斥假恶丑，把社会效益放在首位。反对在文艺创作中歪曲历史、亵渎崇高、宣扬色情暴力和封建迷信。

（3）追求德艺双馨。坚守艺术理想和艺术良知，追求高尚的道德情操。诚实守信、勤奋敬业，深入生活、刻苦学习，锐意创新、精益求精，不断锤炼艺术品格，勇攀艺术高峰。反对粗制滥造、弄虚作假、急功近利，反对拜金主义和极端个人主义，自觉抵制低俗之风。

（4）倡导宽容和谐。坚持百花齐放、百家争鸣，尊重艺术规律，发扬艺术民主，开展积极健康的文艺批评。提倡相互切磋、取长补短、共同进步，积极营造团结和谐的氛围。反对门户之见、文人相轻。

（5）模范遵纪守法。勇担社会责任，弘扬社会正义，引领文明风尚。自尊自重、遵纪守法，热心公益、乐于奉献。反对损人利己、见利忘义，自觉抵制“黄、赌、毒、黑”。

2. 兼容并蓄，吸收世界文化精髓

艺术高职院校的学生要培养自己的审美趣味，扩大自己的欣赏视野，不断汲取哲学和艺术方面人类优秀的文化遗产，在艺术创作或艺术欣赏的实践中，逐步提高艺术修养水平。只有博采各家之精华，才能培养出较高的艺术创作能力和鉴赏能力。

徐悲鸿是中国现代美术事业的奠基者，杰出的画家和美术教育家，以画马享誉于世。他在绘画领域的成功源于对哲学和艺术的广泛吸收和内化。他自幼随父亲徐达章学习诗文书画，学习调色、设色等绘画技能。他20岁时到上海，考入法国天主教会主办的震旦大学，其间认识了著名的油画家周湘，岭南画派的代表人物高奇峰、高剑父，在画作上得到了他们的赞许和指点，增强了绘画创作的信心。他还结识了维新派领袖康有为，在其影响下确立了自己的创作思路，认为只有唐代吴道子、阎立本、李思训，五代黄筌，北宋李成、范宽等人的写实绘画才具精深之妙。在康有为的支持下，他观摩各种名碑古拓，潜心临摹《经石峪》《爨龙颜碑》《张猛龙碑》《石门铭》等，深得北碑真髓，书法得以长进。随后在日本，徐悲鸿饱览了公私收藏的大量珍品佳作，深切地感受到日本画家能够会心于造物的特点。徐悲鸿从日本归国后受聘为北京大学“画法研究会”导师。在京期间，他相继结识了蔡元培、陈师曾、梅兰芳及鲁迅等各界名人，深受新文化运动思潮的影响，自觉接受了民主与科学的思想。抵欧之初，他参观了英国的大英博物馆、国家画廊、皇家学院的展览会以及法国的卢浮宫美术馆，目睹了大量文艺复兴时期以来的优秀作品。在巴黎美术学校，他受教于弗拉芒格先生，开始接受正规的西方绘画教育。在德国柏林，徐悲鸿仍然不放过每一个学习的机会，求教于画家康普，到博物馆临摹著名画家伦勃朗的画作。徐悲鸿在旅欧的最后阶段还先后走访了比利时首都布鲁塞尔，意大利的米兰、佛罗伦萨、罗马及瑞士等地。美丽的异国风光令他陶醉，欧洲绘画大师们的佳作令他受益匪浅。长达 8 年的旅欧生涯，塑就了他此后一生的审美意趣、创作理念和艺术风格。徐悲鸿凭借他的非凡智慧、坚毅的精神和毕生的努力，成为近现代中国画坛上少有的能够全面掌握东西方绘画技法的艺术大师。

相声艺术大师侯宝林，以及擅长贯口的单口相声艺术大师刘宝瑞、马三立等老艺术家都有着丰富的社会生活积累和扎实的艺术功底，他们能以严谨的态度兼容并蓄戏曲、曲艺、小品等各类艺术，学什么像什么，绝无半点含糊。其表演夸张却不失真实，高于生活却忠实于生活，嬉笑却不失幽默，讽刺却不失理性。他们不仅是相声艺术大师，还是我国艺术界难得的语言大师，是真正的民族文化精英。

3. 净化心灵，加强自身德艺修养

艺术高职院校的学生首先要做到自律，不断提高自身德艺修养。修养不是一蹴而就的，需要长期积累，无论是技艺上还是精神上，均是日积月累、苦心修炼的结果。

江泽民同志在北京大学建校一百周年庆祝大会讲话中强调：“求知与修养相结合，是中华民族的一个优秀文化传统。没有好的思想品德，也不可能把学到的知识真正奉献给祖国和人民，也就难以大有作为。青年时期注重思想修养，陶冶情操，努力树立正确的世界观、人生观、价值观，对自己一生的奋斗和成就将会产生长远而巨大的作用。”

个人的思想道德水平是通过自觉约束和反省自己的行为，在实践中不断改造自己的思想而逐渐提高的。苏联苏霍姆林斯基说：“要做一个正派的人，就必须进行自我教育。”在从艺的过程中，只有保持内心的高洁宁静，不被功名利禄所诱惑，才能在艺术创作的过程中达到真正的自由，艺术作品的个性和灵魂才能得到真正的体现。

1943 年抗日战争期间，徐悲鸿在重庆中央图书馆举办了一次个人画展，其中一幅非卖品《灵鹫》被一位美国高级将领所欣赏。抗日战争胜利以后，蒋介石准备以厚礼答谢那位美国将领，那位将领只想得到徐悲鸿的《灵鹫》。蒋介石立即派要员找到徐悲鸿，希望高价买到这幅画。令蒋介石万万没想到的是，徐悲鸿坚决予以回绝，后来他们竟用威胁的手段逼迫徐悲鸿将《灵鹫》出手，但最终也没能够如愿。现在，这幅《灵鹫》陈列在徐悲鸿纪念馆里，俨然成为徐悲鸿独立自由人格的象征。这就是徐悲鸿先生的人格魅力。他所表现的民族气节，对国家和民族大业的重视，对国计民生的关注，对民族艺术的积极探索，对民族救亡的贡献，集中体现了中国文人的传统美德。

（1）艺术创作贵在创新。创新思维是艺术的生命，是艺术发展的不竭动力。如果没有创新，艺术就没有发展，就没有生命力。艺术创新是艺术发展与繁荣的必然规律，是由肯定到否定的发展过程，并且应该是肯定与否定不断交替的过程。

齐白石是我国著名的书画大师和书法篆刻巨匠，花鸟虫鱼、山水、人物无一不精，无一不新。在他的笔下，中国画的精神与时代的精神得到完美的统一。他的艺术成就的取得，正是源自重视创新和不断变化。齐白石60岁移居北京，对自己的艺术创作进行了“变法”。晚年“变法”的齐白石完全摆脱了前人的束缚，全力追求自然，“妙在似与不似之间，太似为媚俗，不似为欺世”。齐白石的艺术成就很大一部分归根于晚年的“变法”。每一时代都必然要接受前一时代遗留下来的物质和精神财富作为自己发展的基础和出发点。艺术家只有既勤于积累又勇于创新、既秉承传统又驰骋想象，才能创造出无愧于历史、无愧于所处时代、无愧于人民、无愧于艺术的，更具时代感和吸引力的优秀作品。

（2）关注民生、关注社会。毛泽东同志在《在延安文艺座谈会上的讲话》中深刻揭示了文艺本质上是为了谁。我们在艺术创作的过程中要更多地去关注民生、关注社会。只有关注社会、关注民生的作品，才能得以流传。作品能不能千古不朽，似乎不取决于作者当时的名气、地位是否显赫，而取决于作品的内容是否能反映当时的历史状况和国计民生。一个画家的绘画技巧固然重要，但是通过技巧表达出的情感更重要，与技巧相比，情感是决定性的。一个艺术家，倘若沉浸在自我的艺术世界，置国家和民族的命运于不顾，尽管技艺高超，也不会让人们尊敬他；艺术家的技艺固然是重要的，但更为重要的是通过技艺所表达出来的高尚情操与家国胸襟。

我国现代卓越的人物画大师和美术教育家蒋兆和，不仅技艺精湛，而且表现人物内心世界精妙深刻，使中国的水墨人物画由抒发文人士大夫审美追求的载体转换为表现人生、人性，表达人文关怀，呼唤仁爱精神的载体，在中国人物绘画史上达到了一个空前的高度。《流民图》是蒋兆和最重要的代表作，成为“为民写真”的现实主义杰作，显示了画家宏观上把握矛盾冲突、透视社会现象的构思才能和在水墨人物画方面的艺术创造精神。

表演艺术家赵丽蓉虽然没有接受过正规的学历教育，但却具有极高的艺术修养。她的小品精雕细琢，充满时代气息，让人百看不厌。小品《英雄母亲的一天》反映了一位普通母亲平凡的一天；小品《打工奇遇》向我们揭示了在利益的诱惑下，经营者应当保证“货真价实”；小品《如此包装》延续了一贯的朴实、通俗化的语言风格和鲜明的时代特色，把 Rap、报花名、现代舞和流行歌曲等多种元素有机融合在一起，反映了过度包装对传统艺术的冲击。这些作品的成功，都得益于她真切关注社会、真诚关注民生，这使其作品具有深厚的艺术根基和生活土壤。

4. 勇于担当，走向德艺双馨艺术人生

一个人获取知识的途径无非有两种：一种是读书，从文化遗产中间接获取知识；另外一种是直接从社会实践中获取智慧。社会实践是大学生养成教育的延续与深化，而大学生即将走向社会，所以对他们的养成教育离不开社会化教育。广大艺术职业院校的大学生应该走出艺术教育的象牙塔，走向社会实践的大课堂，深入了解社会，面对社会现实，提高认识社会、熟悉社会、分析社会、适应社会、融入社会的能力，并积极投身于改造社会的实践中，最终成长为引领社会风尚、净化社会风气、倡导文明的艺术天使。

（1）勇于担当社会责任。我们深入社会大课堂，无论是作为一名艺术家，还是作为一名文艺工作者，首要的是应当具备高尚的道德情操。在现实生活中以弘扬世界优秀文化艺术成果为己任，敢于讴歌真、善、美，勇于鞭挞假、恶、丑，关心人类社会命运，关心人的生存状态，以优秀的作品引导人民大众净化心灵、陶冶情操和启迪思想，履行自己应尽的一份社会责任。

功夫巨星成龙，他头顶众多璀璨夺目的“光环”——华人社会最具影响力的著名演员和导演、中国的影坛巨星、国际电影功夫巨星。成龙在追求自己的演艺事业的同时，始终没有忘记作为一名艺术家的艺术担当与社会责任。在接到受聘为禁毒宣传形象大使的通知以后，为了树立一个良好的社会形象，他戒了烟。成龙热心于社会公益事业，坚持作为社会的一分子尽心尽力为社会大众辛勤奉献，倾心付出，成为华人世界公认的社会公益事业形象代言人。他由衷地说自己从慈善中找到了人生的快乐和真谛，也希望有越来越多的人投身于慈善这份充满快乐和人生真情的事业中，到那时候，我们的国家将变得更强大，社会将变得更和谐。

直面现实，走向社会，在不断成长的艺术生涯中养成良好的职业操守，自觉抵制艺术行业的不正之风，履行好社会责任，做社会道德的楷模。文艺工作者只有具备高尚的道德，有一颗忧国忧民的心，具有以天下为己任的责任感，才能创造出旷世佳作，才能引起人民的共鸣。

（2）勤于实践，深入生活，不断提升艺术水平。俗话说“读万卷书，行万里路”，通过参加社会实践可以观察到摇曳多姿的自然万物、形形色色的社会现象，增加自己的生活阅历，锻炼大脑的艺术思辨能力，提高反应和记忆能力，捕捉到生活中真正的美。

黄宾虹是我国著名的画家，年少时坚持读书、写生不断，勤学异常，常常夜间读书到天明。黄宾虹 60 岁时，远游天台、武夷山、峨眉山等祖国山川大河，每到一处都写生作画；70 岁时的他，足迹已遍布祖国的名山大川。他 90 岁高龄的时候，毅然爬上了黄山。在长期的社会实践的基础上，他的画作“黑密厚重”“斑斓古艳”“明一而现万千”，画中山川层层叠叠、深沉浑厚、气势磅礴。对艺术高职院校的学生来说，应当与人民群众血肉相融，自觉深入人民的生活汲取主题、语言、诗情和画意，在与人民群众相结合的实践中使自己的思想受到教育、心灵得到净化、感情得到升华，努力攀登艺术的胜景和人生的高峰。

即将踏上艺术创作和工作之路，我们应当自觉践行社会主义核心价值体系，不断提高社会责任感，增强成就人生与艺术的信念和意志，加强自身艺术修养，坚守艺术创作的道德底线；用哲学的思维积极改造社会，努力成为砥砺道德品行和人格操守的示范者，成为优秀文化的生产者和传播者，成为人格、艺品俱佳的人类灵魂工程师；走德艺双馨艺术之路，为社会主义文化建设大发展大繁荣贡献自己的艺术才情。

课后思考

1. 结合课本“艺术形象能够集中反映一定历史时期的本质、规律和社会生活的真正面貌”这一知识，谈谈你对以下表述的理解：无论是一幅画、一首歌、一出戏、一部电影或者一个舞蹈，除了使我们得到艺术享受之外，还能使我们体察到某个时代、某个地区的生活状况。

2. “2012年5月，一段拍摄于动车车厢内的视频在网上广泛流传，视频中的外籍男子行为不端、丑态毕现，面对同车女乘客的阻止，又出言辱骂、用语下流。经网友搜索辨认并经北京交响乐团确认，该男子为北京交响乐团俄籍首席大提琴手奥列格·维捷尔尼科夫，后被除名。奥列格接受过严格系统的音乐训练，多次在各项国际音乐大赛中获奖，且在北京交响乐团担任首席大提琴手已经十年。如此一位理当具有深厚音乐学养和文化教养的艺术家，在公共场合做出狂浪下作之举，或许确属偶然，北京交响乐团对其予以除名处分，自是合情合理。”谈谈你对此事件的看法。

附　录

执着艺术　感悟人生

——艺术家的哲学人生撷萃

一、“中国舞蹈之母”戴爱莲的舞动人生

戴爱莲（公元1916—2006年），中共党员，历任中央戏剧学院舞蹈团团长，北京舞蹈学校校长，中央歌剧舞剧院芭蕾舞团团长，中央芭蕾舞团艺术指导、顾问，中国舞蹈家协会名誉主席等职。中国当代舞蹈艺术先驱者和奠基人之一、著名舞蹈艺术家、舞蹈教育家，被誉为“中国舞蹈之母”。

戴爱莲生于西印度群岛的特立尼达，祖籍广东，侨居海外多年。戴爱莲5岁开始学习舞蹈，10岁进入当地舞蹈学校学习芭蕾，14岁赴伦敦，在著名舞蹈家A. 多林的芭蕾工作室与M. 兰伯特芭蕾学校学习，之后又随芭蕾大师M. 克拉斯克学习，并以优异的成绩获得著名的尤斯-莱德舞蹈学校奖学金。在学校，戴爱莲学习了著名舞蹈理论家R. von拉班有关情感表现方法及舞台表演技术方面的理论与舞谱等，这对其后来的舞蹈创作产生了深远影响。

1939年，23岁的戴爱莲踏上了她梦寐以求的归国之路。戴爱莲返回祖国之后，辗转奔波于各地表演采风。她克服种种困难，进瑶山、入西康、赴新疆，向能歌善舞的少数民族同胞采风学习，悉心研究他们的舞蹈，并在此基础上相继创作了《马车夫之歌》《瑶人之鼓》《朱大嫂送鸡蛋》等舞蹈作品。她还从地方戏曲中吸收营养，从桂剧移植改编了《哑子背疯》。1946年，戴爱莲在重庆推出了一台由她创作并主演的多彩多姿的“边疆舞蹈大会”，作品包括充满活力的维吾尔族舞《青年舞曲》、优美的苗族舞《苗家月》、欢快的藏族舞《春游》、抒情的彝族舞《倮倮情歌》等，这些脍炙人口的作品展现了戴爱莲对祖国民族艺术的喜爱和挖掘。

戴爱莲的作品让观众目不暇接，令很多人惊叹：天下竟有这么多美妙的舞蹈！人们纷纷表示：作为中国人，过去只欣赏西洋舞蹈，看到戴爱莲的演出，才知道中华民族的舞蹈竟是这样的丰富多彩。戴爱莲的“边疆舞”，一时成为当时山城的热门话题，媒体盛赞她为“人民艺术家”。不久，她的“边疆舞”风又刮到了上海，并如燎原之火般迅速在上海大中学校的学生中传播。这个健康而进步的舞蹈运动，在学生解放运动的开展上，起到了团结同学的积极作用。“反饥饿、反内战、要民主、要和平”，学生运动遍及全国，有口号处就有边疆舞的歌声舞影。戴爱莲的“边疆舞”，成就了中国现代舞蹈史上的一段佳话。

新中国成立之初，中国没有一家专业的舞蹈团体。培养人才、组织建设、创作新作，成为发展中国舞蹈事业的当务之急。面对建国后中国舞坛的贫瘠景象，戴爱莲扛起了发展中国舞蹈事业的重担，她像一位辛勤的园丁，开始为祖国的舞蹈百花园育苗、施肥、浇灌。戴爱莲在华北大学文艺学院舞蹈队工作时，为新中国培养了第一批舞蹈演员。在中央戏剧学院，她主持组建了新中国第一个舞蹈团，该团后来成为中国中央歌舞团。当时国家的重要演出任务，都是由该团完成的，并在国际上屡次获奖。为庆祝世界和平大会的召开，戴爱莲参加编导并主演了中国第一部芭蕾舞剧《和平鸽》。作为第一任校长，戴爱莲于1954年主持了新中国的第一个舞蹈学校——北京舞蹈学校的教学工作。在她的领导下，一批又一批舞蹈人才，源源不断地成为中国舞坛上的生力军。新中

国第一个芭蕾舞团——中央芭蕾舞团，也是在她的领导之下成立的。作为中国当代舞蹈艺术先驱者和奠基人之一，戴爱莲与新中国的舞蹈事业息息相关，正是她的辛勤栽培，才让中国舞蹈事业从茫茫荒原变成绿色一片。

戴爱莲为新中国的舞蹈创作作出的贡献还表现在，她的创作从思想和艺术两个角度，深深影响了中国舞蹈艺术的发展。女子群舞《荷花舞》是戴爱莲一生最重要的代表作。《荷花舞》取材于流传在陇东、陕北的民间舞“荷花灯”。1953 年，戴爱莲以高超的编舞技法进行了再创造，以比兴的手法，表现了荷花出淤泥而不染的秉性，以“盛开的荷花”象征欣欣向荣的祖国。舞蹈形象鲜明、动作流畅、结构凝练，于简洁中颇显大师功力。在许多外国人的眼中，《荷花舞》几乎成为中国舞蹈的代名词。台湾著名舞蹈家林怀民来内地访问时就曾表示，他被戴爱莲的《荷花舞》感动得无以复加，他说舞蹈所表现出来的那种中国人所独有的大气和健康之美，让他感喟不已。

品性若荷的戴爱莲飞天而去。她用自己一生的作为告诉后人：一个舞者、一个艺术家、一个人，应该用什么样的行为，达到什么样的人生境界。戴爱莲留给人们的丰富而珍贵的精神财富，将继续丰富着人们的精神世界，并伴随后人走向永远。

二、表演艺术家田华的进取人生

田华，原名刘天花，中国著名电影表演艺术家，中共党员。曾任晋察冀军区、华北军区抗敌剧社演员。新中国成立后，历任华北军区文工团、沈阳军区政治部话剧团演员，八一电影制片厂演员、演员剧团团长，中国文联第四届委员，中国影协第二至五届理事，全国妇联第二届执行委员，第一届全国人大代表。主演的影片有《白毛女》《党的女儿》《秘密图纸》《法庭内外》等。主演的《白毛女》在文化部 1949 年至 1955 年优秀影片评奖中获一等奖，田华本人获得金质奖章，并曾获三级独立自由勋章、三级解放勋章。2010 年 10 月，获得第 30 届大众电影百花奖终身成就奖。

1928 年出生于河北一个贫穷农民家庭的田华，从小就饱尝了生活的艰辛。她的童年是在贫困、饥饿和眼泪中度过的，打柴、抬水、推碾子、挖野菜，幼小的她样样都能干。到了春天，青黄不接的时候，她还要采杨穗儿、柳穗儿来为一家人充饥度荒。虽然生活贫困，田华性格却很活泼，一有点空闲她就又说又唱的，还会像男孩子那样爬很高很高的树。12 岁时，田华离开了家乡，参加八路军晋察冀军区抗敌剧社。战争环境磨炼了她坚强的意志，严格的业务训练使她进步很快。剧社经常到各地进行宣传演出，田华有机会在许多话剧中担任主要角色，并迅速成长为一名出色的话剧演员。

和很多中国早期电影明星不同，田华是一名纯粹的在党的关怀培养下成长起来的电影演员。她一生为党的表演事业奋斗，塑造的银幕形象也多是对党无限忠诚或者是被党拯救培养的角色。田华真正走上银幕，是从 1950 年拍摄电影《白毛女》开始的。电影拍摄时，田华没有美丽动人的外貌，但她来自农村与部队，对农村生活和革命战争有深刻丰富的体验和积累，所以她能够对广大贫苦农民怀有深刻的理解与同情，能真心实意地体验角色的内心世界，这为她赢得了出演喜儿这个角色的机会。她塑造的喜儿善良勤劳而又不屈不挠，得到了观众的强烈共鸣和喜爱。白毛女这个形象的成功塑造，使田华在观众心目中留下了深刻印象，在电影银幕这块表演田地上站稳了脚跟，并打开了她日后表演的新天地。《白毛女》能成为新中国电影探寻民族风格的重要作品，田华功不可没。

主演电影《白毛女》之后，田华又相继主演了《花好月圆》《党的女儿》《江山多娇》《奴隶的女儿》等多部电影，特别是在《党的女儿》中，田华成功地扮演了李玉梅这个角色。虽然这个角色感情起伏较大，还要在殊死搏斗中显示出主人公的智慧、觉悟和爱憎分明的感情，但田华演起来却错落有致、拿捏得当、粗犷中含有细腻，这标志着田华的表演从个性化的展现，进入了性格化的塑造。茅盾在评价该片时曾说："田华同志塑造的李玉梅的形象，是卓越的。没有她的杰出表演，这部影片不能给人以那样深刻而强烈的感染。"田华塑造的众多人物形象，个性鲜明，感情逼真，她的表演朴实自然、情真意切。田华以其丰富的生活体验、成熟的艺术经验，为中国电影塑造出有民族品质、有血有肉的新东方女性。田华不仅在演技上逐渐成熟，同时也注意了她自身的气质与角色性格之间不同的再挖掘，她成为中国电影史上有着辉煌成就的艺术家。

田华曾任八一电影制片厂演员剧团的团长，全国妇联委员、文联委员、影协理事，现在也还有很多社会活动，是个不折不扣的大忙人。但她却总是一副精气神儿十足的样子。问到她的养生之道，她认为，在"老有所养，老有所乐，老有所学，老有所为"中，老有所为是最重要的。如今的田华年近八旬，顶着一头白发，成了一名真正的"白毛女"，但她仍以高昂的热情、率真的激情、本真的感情，频频参与各类与电影有关的大型活动，继续履行一个演员的社会职责。满头银发的田华，喜欢穿红色的衣服。她说一个人的生命会走向衰老，但一个人的心应该永远年轻。

三、藏族女歌唱家才旦卓玛的嘹亮人生

才旦卓玛（公元1937— ），中国文联副主席，西藏自治区政协副主席，藏族民歌手，女高音歌唱家，国家一级演员。西藏日喀则人，藏族。1961年加入中国共产党。曾获全国首届"金唱片"奖、"五洲杯金曲奖"、西藏首届"珠穆朗玛文学艺术基金奖"。

1964年10月，大型音乐舞蹈史诗《东方红》以其豪迈磅礴的气势和雄伟壮阔的场面在北京人民大会堂首次与观众见面。演出取得巨大成功，并成为"革命英雄主义"和"革命浪漫主义"相结合的时代经典。才旦卓玛在《东方红》中演唱了《百万农奴站起来》，她深情、高亢优美的歌声，打动了全国人民的心。才旦卓玛说："《东方红》演出结束后，毛主席接见演员代表，我就坐在他老人家的身后。当时，周总理看到了我，就介绍给主席，告诉主席我就是刚才唱《百万农奴站起来》的藏族姑娘。主席回过身，微笑着向我问好，然后把手伸向了我，主席握着我的手教导我要好好唱歌，要为西藏人民多作贡献，我当时兴奋得眼泪不停地流，根本说不出话来了。"当初没有留在北京或者是上海而回西藏，才旦卓玛说自己从来没有为此后悔过。她知道来内地，生活

条件和其他方面都比较好。但作为一个艺术工作者，特别是少数民族的歌唱演员，就愈加应该在自己的家乡扎根，为家乡人民效劳。才旦卓玛强调是周总理的一些话使她作出了留在西藏的选择。周总理曾对才旦卓玛说："你要唱歌，就为少数民族而唱吧。你假如不回去啊，你这个酥油糌粑的滋味就没有了。"作为翻身农奴的女儿，才旦卓玛感受着党和人民对自己的培养和希望，感受着国家对西藏人民深深的情义，才旦卓玛心中充溢着对祖国的感激和敬意，她决心把藏族人民的心声用歌声表达出来，她要为西藏、为人民讴歌一辈子。

1985 年西藏自治区成立 20 周年前夕，才旦卓玛在新落成的拉萨剧场举办了个人独唱音乐会，一共演唱了 31 首歌，其中 27 首是藏族民歌。在众多花环、荣誉的簇拥下，她总是低调对外，心中时刻装着藏族同胞，装着全国广大听众，致力于民族团结。虽然已年近花甲，但只要有演出任务，她一如既往，认真地对待每一场演出，把每个音符送到听众的心上。有一次到边防哨所为一个班的战士演出，她一气唱了八首歌。她说，"难得来一次，多唱几首还欠战士们的账。"她把自己几十年来获得的奖金、广告收入、出场费合在一起，建立了"才旦卓玛艺术基金会"，为发现和培养西藏新的艺术人才而努力付出。作为藏族人民的优秀儿女，才旦卓玛参加了 2008 年中国北京奥运会的圣火传递。并曾到过许多国家进行访问演出。能用藏、汉两种语言演唱。

才旦卓玛的演唱情感深切，音色甜净，风味浓郁，民族色彩鲜明。她用一副美好圆润、嘹亮委婉、具有浓烈藏族神韵的好嗓子，唱出了藏族人民的心声。一个通俗的藏族女孩，成为跨越民族桥梁的艺术家。每一个从 20 世纪 60 年代走过的人都记得才旦卓玛，她的歌声就像那个时代的血液，流淌在时代的脉搏里，也牢牢地扎根在每位观众的心中。

四、德艺双馨豫剧表演艺术家常香玉的奉献人生

常香玉（公元 1922—2004 年），豫剧表演艺术家，中共党员。曾被选为第一、二、三、五、六、七届全国人民代表大会代表，是中国文联荣誉委员，曾担任中国戏剧家协会副主席、河南省文联副主席、河南省戏剧家协会主席、河南豫剧院院长、河南省戏曲学校校长、沈阳音乐学院教授、河南大学名誉教授等职；荣获"全国劳动模范""文化部荣誉奖""中国文联优秀工作者"等称号。2004 年 7 月 27 日，国务院发布《国务院关于追授常香玉同志"人民艺术家"荣誉称号的决定》。2009 年 9 月 14 日，她被评为 100 位新中国成立以来"感动中国"人物之一。

常香玉，原名张妙玲，出身艺人家庭的她九岁随父张福仙搭班学戏，拜翟燕身、周海水为师，并随义父姓改名为常香玉，初学武丑、小生、须生，后专演花旦（旦角）。常香玉幼功深厚，10 岁登台，13 岁主演 6 部西厢名满开封，原唱豫西调后在演出中逐渐融合豫东祥符各调，并吸收曲剧、山西梆子、河北梆子、京剧等一些唱腔另创新腔。1938 年因病不能再演武戏而潜心钻研青衣、花旦。1941 年赴陕甘演出，1948 年在西安创办香玉剧社，致力于培养青年演员，1951 年为支援抗美援朝率剧社巡回西北、华南、

中南各地演出，以演出收入捐献“香玉剧社号”战斗机一架，有“爱国艺人”之美誉，飞机至今还在中国博物馆展出。

常香玉不仅是位杰出的豫剧表演艺术家，而且还是一位才华横溢的豫剧唱腔旋律作家。出自于他的，无论是唱腔的创作方法，还是唱腔的演唱方法，可以说在豫剧唱腔音乐发展史上都作出了特殊的贡献，占据着特殊的地位，发挥着承前启后的作用，而且在豫剧唱腔艺术的当代命运和未来发展中更显得弥足珍贵。常香玉不愧为豫剧艺术史上的一代宗师。其一，她创立了豫剧演唱的新方法——混声唱法（即真假声混合唱法，或曰头腔、口咽腔、胸腔联合唱法）。这种唱法的出现，为豫剧的演唱艺术开辟了新的途径，使豫剧传统唱法中单纯地运用真声（如豫西调的传统唱法）或假声（如豫东调的传统唱法）的唱法逐渐趋于统一，从而大大扩展了豫剧演唱艺术的音域，丰富了豫剧演唱艺术的色彩，统一了豫剧真假声结合的音型，提高了豫剧演唱艺术的表现力和感染力，也使传统的豫剧演唱艺术向专业化和科学化方向迈出了可喜的一步。其二，常香玉对豫剧唱腔艺术的贡献，还在于她最大限度地丰富了豫剧演唱艺术的形象性和色彩性。她通过运用声音的化妆技巧，能够在一出戏里，甚至一段唱腔里塑造出几个不同性别、不同行当、不同性格的艺术形象。如《花木兰》中，她既能通过口腔、鼻腔、头腔的自如衔接和以“小管”为主的演唱技法，把花木兰的那种温柔、善良、贤淑、勤劳的闺门女儿的形象刻画得栩栩如生，又能采用扩展咽腔、口腔、可变共鸣腔体，突出口腔、咽腔、头腔，以“中管”为主，使声音变得浑厚、激越、挺拔，从而塑造了一位戎马疆场、英武豪壮的武生形象。再如，她在《拷红》中能形象逼真地模仿出崔夫人（老旦）和张君瑞（小生）的声音形象，活泼调皮的嬉笑声、病入膏肓的呻吟声、唉声叹气的怨恨声、痛断肝肠的哭泣声，都淋漓尽致地表现出来。同时，也能将突快、突慢、渐快、渐慢、突强、突弱、渐强、渐弱等表情手段用来塑造各种不同命运、不同性格、不同年龄、不同性别的艺术形象，并最大限度地赢得了尽可能多的观众，受到了内行外行的最广泛赞誉。

常香玉对豫剧唱腔的创制，不是简单地取人之长和机械相加，而是有机融合，意在出新，适应时代。她创制的唱腔之所以能够经得起时间的考验，传唱至今，就在于它能入乎其内，出乎其外，达到了纳百川而后成大海的出神入化的境界。可以说，常香玉创制的唱腔对豫剧声腔来说是个质的飞跃，是豫剧唱腔艺术进入成熟期的主要标志。

五、“评剧皇后”新凤霞的智慧人生

新凤霞（公元1927—1998年），一代评剧皇后，是经历了新旧两个中国的世事沧桑，红极了近半个世纪的戏曲艺术大师。评剧新派创始人，主攻青衣、花旦。原名杨淑敏，小名杨小凤。生于苏州，后由人贩卖到天津。童年时期随“姐姐”杨金香学习京剧，13岁拜王仙舫、邓砚臣、张福堂等学习评剧，15岁即开始担任主演。1949年后历任北京实验评剧团团长，解放军总政治部文工团评剧团副团长，中国评剧院演员、作家，全国第七届政协委员。

新凤霞在艺术上从不保守，她敢于吸收、敢于创新，博采姊妹剧种表演之长，虚心学习各种唱法，积累了丰富的演唱经验。在中国评剧院这一良好的艺术环境中，新凤霞的艺术创作力得到了空前的发挥，新派艺术得到了长足的发展。推陈出新的传统评剧《花为媒》是新派艺术的经典之作。新凤霞以纯熟的演唱技巧，细致入微的人物刻画，塑造了青春美丽、富有个性的少女——张五可的艺术形象，从而将新派艺术推向了高峰。这出剧目拍成电影在全国（包括香港地区）、东南亚各国放映后，新派艺术又一次风靡全国和东南亚地区。全国各地的评剧女演员纷纷向新凤霞拜师学艺，评剧新派艺术得到了空前的发扬与传播。这一时期新凤霞主演了《志愿军的未婚妻》《会计姑娘》《春香传》《乾坤带》《金沙江畔》《无双传》《杨乃武与小白菜》《凤还巢》《三看御妹》《花为媒》《杨三姐告状》《阮文追》《调风月》《六十年的变迁》等几十出剧目。她所塑造的刘巧儿、祥林嫂、赵淑华、李秀英、春香、银屏公主、珠玛、无双、小白菜、燕燕、刘金定、张五可、杨三娥、阮氏娟等一系列的艺术形象为评剧画廊增添了一幅幅绚丽多彩的画面，为后人留下了宝贵的艺术遗产。不仅如此，她还和音乐工作者一道在这些剧目中创造了众多的新板式和新曲调，极大地丰富了评剧的唱腔艺术，为评剧向大剧种的发展作出了前所未有的贡献，推动了整个评剧艺术的发展与进步。“文革”期间，新凤霞被错划为右派受到了迫害，并被剥夺了做演员的权利，这对她的身心是巨大的摧残。1975 年，她因脑血栓发病导致偏瘫而不得不告别为之奋斗的评剧舞台。1979 年，新凤霞得到了彻底的平反。十一届三中全会以后，党的春风又一次吹进了新凤霞的心田，她以惊人的毅力，挺起她那受过伤害的身体，迈着蹒跚的步伐，又一次向新的艺术领域开拓进取。她讲学授艺，著书立说，教学不止，笔耕不辍。新凤霞拖着沉重的身体，坐在轮椅上给她的弟子、学生说戏，示范演唱，还克服行动的不便多次到剧场观看学生的演出，以鼓励和提携后人。在她无私的教诲下，谷文月、刘秀荣、王曼玲、赵三凤、戴月琴、高闯等一大批弟子成为光大新派艺术的优秀传人，成为今天评剧事业的骨干与中坚力量。新凤霞桃李满天下，使她成为我国戏曲界拥有众多子弟传人的功绩卓越的戏曲教育家。

新凤霞在戏曲艺术上的天分和颖悟，深厚的艺术功底，以及她由对新社会的热爱而焕发出的艺术创作力，使得新派艺术能在众多的评剧流派中标新立异、独树一帜，成为了评剧革新的代表。

六、蜚声中外导演谢晋的执着人生

谢晋（公元 1923—2008 年），绍兴上虞人。中国文联副主席，我国著名电影导演。1941 年入江安国立戏剧专科学校学习，1948 年毕业于南京国立戏剧专科学校导演系，1984 年加入中国共产党。后任大同电影公司、长江电影公司助理导演，上海大学影视学院首任院长。有人曾这样评价谢晋的一生：谢晋是为电影而生的，是电影的召唤，他才来到这个纷繁的人世间。

出生于浙江上虞书香门第的谢晋，其祖父是当地名士，父亲是香港有名望的会计师。两代前辈都寄厚望于这位长房长孙，让其子承父业光宗耀祖，考上名牌大学再出国留洋当专家博士。然而谢晋从小就有点反叛精神，他对当官不感兴趣，却特别热衷演戏，小学的旁边有一座傍水而筑的庙台，草台班子常常上戏台演出。谢晋身在课堂，心早已飞上了戏台。下课铃一响，他就蹦上乌篷船看社戏直至天亮还舍不得回家。10岁那年亲戚送他生日礼物——一套商务印书馆出版的《小学生文库》，让他如获至宝。《三国演义》《西游记》《水浒传》《岳飞》等精彩故事滋润了他那纯真的心灵。他立志像唱戏文的那样上台演戏，像作家那样写出动人的故事。后来，他随家迁到上海，对艺术的痴迷转向电影。在中学他是出了名的影迷，三天两头跑影院看片。结果，他与收票老头成了忘年交，有时找空位子一坐当免费观众，有时场子客满就加座在墙角看个痛快。到了高中毕业，终于发生家庭冲突，他要报考戏剧学校，父母认为“戏子”属下三流而坚决反对。但谢晋义无反顾地赴重庆考入国立戏剧专科学校话剧科，师从曹禺、洪深、焦菊隐等名家，从跑龙套、场记、剧务做起，直到1948年任电影《哑妻》助理导演，才开始了他的导演生涯。

50多年的导演生涯，谢晋拍了几十部电影。他执导的大部分电影与时代同步，塑造了众多开掘灵魂深处并由此引起社会反响与观众共鸣的人物形象。也正缘于此，几乎每部影片均受磨难。《女篮五号》刚拍完就被人指责搞金牌主义，片子公映却大受欢迎，并荣获世界青年联欢节银质奖。《红色娘子军》中洪常青与琼花的爱情戏因儿女情长太浓而被删剪，谢晋只得忍痛割爱，为了编圆故事只得加“革命口号”，变爱情为战斗友情。此片虽然获得电影“百花奖”最佳故事片、最佳导演、最佳女主角、最佳男配角四连冠，但每回看此片到断情处，谢晋都低头不看，心中不是滋味。《舞台姐妹》以情感人却被人贬为“人性论”，原先的结尾有句耐人寻味的对话：“今后应该做怎样的人，演怎样的戏。”但送审时，被个别领导改为“今后要做革命的人，演革命的戏”。《高山下的花环》中梁三喜牺牲还债单的动人情节，曾被人指责为“有损解放军形象”而要求删去。这回谢晋不买账，他坚持如果没有这神来之笔宁可不拍，总算保持了作品的原汁原味。《天云山传奇》《牧马人》《芙蓉镇》都因针砭时弊而遭到过种种非议，但片片得奖而且广受欢迎。

可见，在创作态度上，谢晋无疑是一个现实主义者。在继承传统和超越传统、承认现实和改造现实、过去和未来之间，谢晋的电影找到了一个最佳平衡点。这既是一种生存策略，也是一种成功策略。这既是一种创作风格，也是一种人生态度。同时，谢晋也是一个充满激情、勇于追求的人。其在花甲之年能够重辟蹊径，在古稀之年能够东山再起，显示了一种超越自我、超越生命、超越历史的渴望。如果是从审美角度看待作为一个艺术家的谢晋，这无疑是人生的一种理想境界。

七、国画大师齐白石的变法人生

齐白石（公元1864—1957年），汉族，湖南湘潭人，20世纪十大画家之一，世界文化名人，我国20世纪著名的书画大师和书法篆刻巨匠。其曾任北京国立艺专教授、中央美术学院名誉教授、北京画院名誉院长、中国美术家协会主席等职。曾被授予“中国人民艺术家”称号，荣获世界和平理事会1955年国际和平金奖。代表作品有《花卉草虫十二开册页》《白石草衣金石刻画》等。2011年5月22日，他的最大尺幅作品《松柏高立图·篆书四言联》被拍出4.255亿元人民币的天价。

齐白石出身十分贫寒，做过农活，曾居住于湖南省涟源市杨市镇。1877年，他跟随叔祖父学木匠，次年改学雕花木工，从民间画工入手，曾习古人真迹，临摹《芥子园画传》并据以作雕花新样。他学诗文书法，游山川名胜，作幕僚寓客，终于成了诗、书、印、画皆通的千古伟人；他将中国画的精神与时代的精神统一得天衣无缝，使中国画得到国际的重视；他朴实谦虚、自信自强的精神，使他的作品刚柔相济、工书俱佳。他不愧为人民的艺术家。齐白石因主张艺术“妙在似与不似之间”，与名重一时且具有独特的大写意国画风格的吴昌硕共享“南吴北齐”之誉。

在做人方面，国画大师齐白石为人耿直。日伪统治时期，国立艺专聘他为教授，他在装聘书的信封上写下“齐白石死了”五个字，原信退回。有一个伪警察想借机索要他的一张画，被他严词拒绝。但齐白石对自己的门徒却百加爱护。1933年，刚从杭州西湖艺术院毕业的李寄僧经潘天寿介绍，在北京齐白石门下深造。一次，齐白石对李寄僧说：“你的作品中有些地方用笔太小，必须改用大笔。”他继而又问：“你有大笔吗?”看到李寄僧摇头，他马上说：“我送你一支。”说罢，齐白石带着李寄僧走到一个堆积间，里面还放着一口“寿材”。大师用凳子作垫，一脚跨到了“寿材”顶上，把靠墙木架上的几个纸包拿下来，然后选取一捆长的说：“这都是长笔，你自己挑吧。”李寄僧高兴极了，当即取了两支，是特大羊毫笔。那时，李寄僧虽在北平艺专任教，但由于课时不多，收入很少，如今大师送他这样贵重的好笔，可谓雪中送炭。这虽不是什么大事，却让李寄僧终生难忘。

在作画方面，齐白石的笔下，大凡花鸟虫鱼、山水、人物，无一不精，无一不新，为现代中国绘画史创造了一个质朴清新的艺术世界。他成功地以经典的笔墨意趣传达了中国画的现代艺术精神，这得益于他坚持经典样式而又善于出新，故而他的画能够直接感动人心，向天下众生传达生命的智慧和生活的哲理。齐老的山水画表达了他对自己艺术创新的自信与深刻体悟，他的人物画则长于传神达情，而简约大方的书法、雄健浑厚的笔意融入人物画中，则完善了人物内在神情的表达。

八、配音演员曹雷的坚强人生

曹雷，配音演员。1940年出生，浙江浦江人。1962年毕业于上海戏剧学院表演系，留校任教。1965年到上海电影制片厂任演员，先后在《金沙江畔》《年青的一代》等影片中饰演主要角色。1982年起任上海电影译制厂配音演员兼导演，为《非凡的爱玛》《爱德华大夫》《国家利益》《总统轶事》《最后一班地铁》《蒲田进行曲》《姐妹坡》《鹰冠庄园》等译制片中女主角配音；并担任《斯巴达克斯》《战争与和平》《看得见风景的房间》《柏林之恋》等译制片的导演。

看过英国电视连续剧《亚瑟王》的观众都不会忘记那个冷酷、阴险的女巫摩根。尽管她戏不重、台词不多，可曹雷成功的配音使这一形象形神毕肖，更加阴森可怖。一位女大学生告诉曹雷："我小时候看了您配音的那个女巫被吓得浑身发抖。至今那个冷酷、阴狠的声音仍然令我心有余悸……"曹雷是位出了名的多面手。除了配音以外，她能演话剧、拍电影、朗诵诗歌。她的文学才华也相当出众。她曾写过音乐广播剧，并发表过有关影视理论的文章。

艺术来源于生活，表演精湛与否也与生活经历密不可分。过往的生活给了曹雷荣耀和光环，同时也给了她常人无法想象的磨难和挫折。由于父亲的关系，文化大革命时期，曹雷经受了被批斗的折磨。在长达6年的时间里，因为工作无法调动，她和先生一人在上海，一人在北京。也是在那6年时间里，她经历了两次失去孩子的磨难。等到"文革"结束，她已是将近40岁的女人。原以为从此可以重返舞台和银幕，一场大病却几乎夺去了她的生命。因为这场病，她不得不从幕前走到了幕后，到上海电影译制片厂做起了配音工作。在厂里，只要一钻进录音棚里，她就忘记了时间和病痛。正是这种对艺术的渴望和热爱，支撑着她战胜了病魔。曹雷得过两次大病，刚开完刀的她没有掉过一滴眼泪，非常理智地面对一切。曹雷是出了名的会讲笑话的人，在病房里还时常给病友讲笑话。说起这些往事，曹雷的脸上没有眼泪，只是浅浅的笑容。再深的悲痛她都只是深深地埋在心底，而时间，给了她豁达单纯的勇气和力量。

曹雷，这位充满艺术光彩的、精神矍铄的美丽长者，以她自然清新、独具特色的魅力嗓音感染了无数听众与观众。从《非凡的爱玛》到《爱德华大夫》，从《莆田进行曲》到《茜茜公主》，或是亲切可人的女孩儿，或是阴险毒辣的女巫，或是至高无上的皇族，或是凄惨悲切的少妇，曹雷凭着自己对人生的感悟和对艺术的灵性征服了大家的耳朵，而她走过的艺术足印，每一步都雕刻着人生的坚强。

九、"钢琴王子"肖邦的爱国人生

弗里德里克·弗朗索瓦·肖邦（公元1810—1849年），波兰作曲家、钢琴家。1810年3月1日，肖邦出生于华沙近郊，父亲是法国人，侨居华沙任中学法文教员，母亲是波兰人。肖邦从小就表现出非凡的艺术天赋，6岁开始学习音乐，7岁时就创作了波兰舞曲，8岁登台演出，不足20岁已出名。20岁参加战争，离开祖国18年之久，他不忘祖国，把自己关在小黑屋里创作，把一腔热血化为音符。后来肺结核病复发，39岁便离开了人世。

肖邦后半生主要生活在法国，创作了大量钢琴作品，如：4部叙事曲；10余部波兰舞曲，包括《军队》《英雄》；26首钢琴前奏曲，包括《雨滴》；27首钢琴练习曲，包括《离别》《革命》；4部谐谑曲，3部钢琴奏鸣曲，至少32首夜曲，59首马祖卡，2首钢琴协奏曲，幻想曲和大提琴奏鸣曲等。他由于一生的创作大多是钢琴曲，所以被誉为"钢琴诗人"。肖邦也因此成为历史上最具影响力和最受欢迎的钢琴作曲家之一，波兰音乐史上最重要的人物之一，欧洲19世纪浪漫主义音乐的代表人物。

肖邦在巴黎的岁月，也是他的祖国波兰遭受沙皇俄国蹂躏的年代。所以，肖邦这时期的很多作品都反映了他对被侵占的故国家园的怀念，对民族独立的渴望和忧国忧民的博大胸怀。思乡情、亡国恨，时常在他的作品里流露出来。当沙俄授予他“俄国皇帝陛下首席钢琴家”的职位时，肖邦严词拒绝，表现出一个爱国艺术家的高尚人格和民族气节。舒曼称他的音乐像“藏在花丛中的一尊大炮”，向全世界宣告“波兰不会亡”。肖邦晚年生活非常孤寂，痛苦地自称是“远离母亲的波兰孤儿”。临终时，他嘱咐亲人把自己的心脏运回祖国。

由于肖邦是第一个终生献身于一种乐器的作曲家，所以人们把他称为“从一而终”的爱国音乐家。为纪念这位伟大的爱国音乐家，波兰自1927年起，每五年在首都华沙举行一次“国际肖邦钢琴作品比赛”。这是国际上水平最高、影响最大的钢琴比赛之一。2010年为肖邦诞辰200周年，被波兰命名为“肖邦年”。

十、无臂钢琴师刘伟的阳光人生

刘伟，因在选秀节目中演奏钢琴曲一举成名。他是用脚弹奏的，他的表演感动了很多人，也因此成为一个坚强的符号，被广泛关注。2010年10月，观众短信投票结果揭晓，刘伟从著名导演陈凯歌和《中国达人秀》形象大使蔡依林手中接过冠军奖杯，成为第一位中国达人。

刘伟是北京人，生于1987年。10岁时的一次意外让他失去了双臂，但他并没有因此而消沉。伤愈后他加入北京市残疾人游泳队，2002年在武汉举行的全国残疾人游泳锦标赛上，刘伟一举夺得了两金一银。2005年、2006年他连续两年获得了全国残疾人游泳锦标赛百米蛙泳项目的冠军。19岁时，成绩优秀的他放弃高考，开始学习钢琴。凭着超凡的毅力，他每天坚持7个小时的练习，一年内就达到了钢琴7级的水平。刘伟还在2006年加入了北京市残疾人艺术团，并开始自己编曲填词。他说：“我能像正常人一样生活，养活自己，虽然我体会不到拥抱别人的幸福感，但我能够在琴声中感受到更多的幸福。”

刘伟的生活是忙碌而充实的。2008年4月30日，参加北京电视台《唱响奥运》节目，演奏钢琴曲《梦中的婚礼》，为刘德华伴奏《Everyone is No. 1》。2008年8月29日，CCTV-10《讲述》播出刘伟的故事《断臂琴缘》。2009年12月3日，参加在广州举行的全国双上肢障碍者书画及才能展示活动。2010年5月，参加湖南卫视《快乐男声》济南唱区预选赛。2010年7月，参加东方卫视《中国达人秀》比赛。在中国达人秀的现场，当袖管两空的刘伟走上舞台时，所有人都知道他要表演什么，但没人能想象他究竟要怎样用双脚弹奏钢琴。而当他坐到特制的琴凳上之后，那首《梦中的婚礼》响了起来，十个脚趾在琴键上灵活地跳跃着，优美的旋律从他脚下流出，全场陷入了一片安静。在刘伟表演结束之后，所有观众和三位评委都起身鼓掌。当评委高晓松问他这一切是怎么做到的时候，刘伟说了一句：“我觉得我的人生中只有两条路，要么赶紧死，要么精彩地活着。”

刘伟很少提“励志”二字，然而，他的笑有力地解构了伤残带来的困顿和人生命题的荒谬。后来的经历告诉他，拥有的永远比失去的多。“至少我还有一双完美的腿。”刘伟用这双腿吃饭、穿衣、打电脑、游泳、弹钢琴、开汽车，几乎手能做的事情，他都用脚完成了。刘伟用自己的亲身经验告诉那些身体有残缺的人，要善运用自己所拥有的，并且将它们发挥到极致。

后　记

《哲学与艺术人生》是全国高等艺术职业教育系列教材之一，本教材紧紧围绕高等艺术职业教育培养目标，根据艺术教育的规律，以学生为本，充分体现了高职教育的实用性和适度够用的原则，力求从理论和艺术实践的结合上写出新意和特色，针对性、知识性、可读性较强。

本教材主编鲁雁飞、杜明书，副主编余会春、李克非、马山堂、吴会丽。参加撰稿的同志（以撰写章节为序）有：马山堂、吕鸣章（第一章），杜明书、吴会丽（第二章），王含光、谭志斌（第三章），鲁雁飞、袁绍臣（第四章），李克非（第五章），张丽莉、高丽英（第六章），余会春、刘莎（第七章），吉莉莉、武晓静（第八章），吴会丽、高丽英、张明泉（附录）。本教材统稿人：杜明书、余会春；审稿人：鲁雁飞。

本教材在编写过程中，参考了大量的关于“艺术”“哲学”“艺术哲学”“艺术修养”“艺术人生”等方面的书籍，吸收了其中诸多的研究成果，在此基础上，编者们结合高职艺术教育的特点进行探索、研究、创造，反复研讨、斟酌，数易其稿，几经打磨，最终得以完成。由于目前国内没有一本现成的《哲学与艺术人生》教材，现编的本部教材无论是内容还是编写结构都是全新的，加之参编人员水平有限，本教材难免有不足和不妥之处，敬请专家、同行和读者指正。

编　者
2013 年 7 月 29 日